BREVIARIOS
del
Fondo de Cultura Económica

María Zambrano

El hombre
y lo divino

FONDO DE CULTURA ECONÓMICA

Primera edición, 1955
Segunda edición, aumentada, 1973
Tercera edición, 2020

Zambrano, María
El hombre y lo divino / María Zambrano. — 3ª ed. — México : FCE, 2020
412 p. ; 17 × 11 cm — (Colec. Breviarios ; 103)
ISBN 978-607-16-6582-9

1. Dios 2. Religión 3. Filosofía I. Ser. II. t.

LC BL51 Z3   Dewey 082.1 B846 V.103

Distribución mundial

D. R. © 1987, Fundación María Zambrano

D. R. © 1955, Fondo de Cultura Económica
Carretera Picacho-Ajusco, 227; 14738 Ciudad de México
www.fondodeculturaeconomica.com
Comentarios: editorial@fondodeculturaeconomica.com
Tel.: 55-5227-4672

Diseño de portada: Neri Ugalde

Se prohíbe la reproducción total o parcial de esta obra, sea cual fuere
el medio, sin la anuencia por escrito del titular de los derechos.

ISBN 968-607-16-6582-9

Impreso en México • *Printed in Mexico*

ÍNDICE

Prólogo a la segunda edición 11
Introducción 15

I
El hombre y lo divino

Del nacimiento de los dioses 29
De los dioses griegos 46
La disputa entre la Filosofía y la Poesía sobre los dioses   69
La condenación aristotélica de los pitagóricos . . . 81
Tres dioses 129
"Dios ha muerto" 138
El delirio del superhombre 157
La última aparición de lo sagrado: la nada 178

II
El trato con lo divino: la piedad

Sinopsis de la piedad 195
¿Qué es la piedad? 204
La tragedia, oficio de la piedad 220

III
LOS PROCESOS DE LO DIVINO

De la paganización	233
Las ruinas	250
Para una historia del amor	260
El infierno terrestre: la envidia	281
El futuro, dios desconocido	301
La huella del paraíso	311

IV
LOS TEMPLOS Y LA MUERTE EN LA ANTIGUA GRECIA

El templo y sus caminos	325
Apolo en Delfos	340
Eleusis	361
La máscara de Agamenón	370
La estela	377
In memoriam: el vaso de Atenas	379

V
EN LA TRADICIÓN JUDEOCRISTIANA

El Libro de Job y el pájaro	389

φήσας πειρᾶσθαι τὸ ἐν ἐμῖν θεῖον ἀνάγειν πρὸς τὸ ἐν τῷ παντὶ θεῖον

Dijo [Plotino al morir]: "Estoy tratando de conducir lo divino que hay en mí a lo divino que hay en el Universo".

Porfirio, *Vida de Plotino*

PRÓLOGO A LA SEGUNDA EDICIÓN

Los escritos que constituyen las secciones cuarta y quinta de este libro, agregados en esta edición, han nacido a tantos años de distancia dentro del mismo recinto que lo anterior y es que quizás quien esto escribe no tenga ningún otro ámbito.

"El libro de Job y el pájaro" viene del año de 1970; los capítulos de la segunda parte, todos referentes a la antigua religión griega, han sido escritos con posterioridad. Y así el contenido de *El hombre y lo divino,* en sus dos primeras impresiones, viene a adquirir, se me figura, un carácter introductivo en la mayor parte de sus argumentos. Un carácter de introducción a lo que ahora aparece y, quizás mayormente todavía, a todo lo que conservado en las carpetas aguarda el momento propicio de ser entregado a la atención del posible lector, por muy alejado y aun extraño que pudiera parecer. Y a todo también lo que se presenta indefinidamente en mi pensamiento. No está en este pensamiento hacer de *El hombre y lo divino* el título general de los libros por mí dados a la imprenta, ni de los que están camino de ella. Mas no creo que haya otro que mejor les conviniera. Aunque en verdad, quien escribe lo hace desde adentro y no puede ver el resultado desde afuera. Y no habiendo lucha, ni menos aún esa tan nombrada "angustia de la creación" en quien esto escribe, no deja de haber algo que impide el ver aun desde adentro, que, por lo demás, sería el único modo de visión apetecida en todo caso.

Pues que el ver desde adentro, si se cumpliera, no sería una visión subjetiva, sino una visión producto de una mirada que unifica, trascendiendo lo interior y la exterioridad. Objeto y sujeto, pues, quedarían abolidos en su oposición y aun en su siempre andar separados, sin conocerse mutuamente. Y como esta visión no llega, algunos tenemos que escribir lo que por lo pronto vemos, en lo que entra inevitablemente el pensar. Inevitablemente, ya que el ver es lo que se apetece de la manera apuntada, lo que se da desde su origen mismo hacia la comunicación.

Y el individuo se libera al dar a ver lo que él ve, dando lo que se le da. Pues que dado es siempre, aunque mucho se pene para que aparezca. Que no haya lucha ni asomo tan siquiera de "angustia de la creación" en quien escribe, no quiere decir que no le suceda algo, algo que se querría hacer saber al lector para que perdone, y no ya "las muchas faltas", sino esa especie de sombra de una falta original que empaña todo lo que se escribe pensando que será publicado. Muchas de las páginas de este libro, en verdad fueron escritas sin pensamiento alguno acerca de su publicación; casi todas las que ahora doy, más que darlas yo, parece que sean ellas mismas las que se vayan como huyendo de la quema. Seguramente dentro de estas páginas habrá algunos párrafos en que la conciencia de estar eso que se llama "escribiendo", haya venido a interferirse, cuando se cree que hay que explicar algo, que hay que sostenerlo con una cierta argumentación; cuando se lo quiere hacer verídico sin conformarse con que sea simplemente verdadero. Momentos de exteriorización en que el cristal se empaña o se rompe. Mas no es esto, este discurrir como añadido o sobrepuesto al curso espontáneo del pensamiento, el íntimo suceso cuando se escribe. El verdadero suceso ha de buscarse en el escribir sin sombra de temor —ni de esperanza— de que vaya a ser publicado. Y creo que se da en…, iba a decir —mas ¿por qué no?— los abismos del tiempo. Del tiempo, que habría que escribir con mayúscula, total; de la inmensidad del tiempo que paradójicamente nos apresa y limita, del tiempo que no nos deja. Pues que el tiempo es, tan diversamente de lo que con tanta insistencia se ha dicho, lo que no nos abandona. Nos sostiene, nos envuelve. Y en tanto que sostiene, el tiempo alza y eleva al ser humano sobre la muerte que siempre está, ella antes que nada, ella y no la nada, ahí. Y el tiempo media entre la muerte y el ser que todavía tiene que vivir y ver, que recibir y que ofrecer, que consumir y consumirse. De la muerte el tiempo algo tiene y algo trae. El aviso de la finitud, se diría, mas ello se sabe por reflexión. Y el tiempo, aun antes de que permita reflexionar, reflexionarse diríamos, sobre el sujeto humano, muestra ya su parentesco con la muerte. No de sustancia, ciertamente.

El tiempo es el horizonte que presenta la muerte perdiéndose en ella. Con lo que se dice que así la muerte deja de estar yacente en el fondo para los conscientes mortales y se va más allá, más allá del océano del tiempo, tal como una flor inimaginable que se abriera desde el cáliz del tiempo.

Ya que el tiempo se nos da a beber, su inmensidad oceánica se recoge y se da a beber en un vaso minúsculo; instantes que no pasan, instantes que se van, vislumbres, entrevisiones, pensamientos inasibles, y otro aire y aun otro modo de respiración. Y el cáliz del tiempo inexorablemente ofrece el presente. Siempre es ahora. Y si no es ahora, no es nunca, es otra vez sin el tiempo, la muerte que no es un más allá del tiempo.

Y el escribir a solas, sin finalidad, sin proyecto, porque sí, porque es así, puede ofrecer el carácter de una acción trascendental, que sólo porque se trata de una humanísima acción no podemos llamarla sagrada. Mas algo tiene de rito, de conjuro y, más aún, de ofrenda, de aceptación del ineludible presente temporal, y de transitar en el tiempo, de salirle al encuentro, como él hace, que no nos abandona. Y como al fin el tiempo se mueve, hace moverse al ser humano; moverse es hacer algo, hacer algo de verdad, tan sólo. Hacer una verdad, aunque sea escribiendo.

MARÍA ZAMBRANO

INTRODUCCIÓN

Hace muy poco tiempo que el hombre cuenta su historia, examina su presente y proyecta su futuro sin contar con los dioses, con Dios, con alguna forma de manifestación de lo divino. Y, sin embargo, se ha hecho tan habitual esta actitud que, aun para comprender la historia de los tiempos en que había dioses, necesitamos hacernos una cierta violencia. Pues la mirada con que contemplamos nuestra vida y nuestra historia se ha extendido sin más a toda vida y a toda historia. Y, así, solamente tomamos en cuenta el hecho de que en otro tiempo lo divino ha formado parte íntimamente de la vida humana. Mas claro está que esta intimidad no puede ser percibida desde la conciencia actual. Aceptamos la creencia —"el hecho" de la creencia—, pero se hace difícil revivir la vida en que la creencia era no fórmula cristalizada, sino viviente hálito que en múltiples formas indefinibles, incaptables ante la razón, levantaba la vida humana, la incendiaba o la adormía llevándola por secretos lugares, engendrando "vivencias", cuyo eco encontramos en las artes y en la poesía, y cuya réplica, tal vez, ha dado nacimiento a actividades de la mente tan esenciales como la filosofía y la ciencia misma. Sólo los arriesgados "novelistas" o los ambiguos pensadores se han adentrado, imaginándola desde su particular perspectiva, en aquella vida vivida bajo la luz y la sombra de dioses ya idos. Y en cuanto al nuestro —a nuestro Dios—, se le deja estar. Se le tolera.

Y así pasamos de largo, confinándolos en un nombre,

ante fenómenos de la más honda significación, considerándolos como un hecho y cuando más, buscando su explicación en las causas que nuestra mente actual estima como las únicas reales, las únicas capaces de producir cambios: causas económicas o específicamente históricas. Pero ¿qué es lo histórico? tendríamos, ante todo, que preguntarnos. Y eso es justamente lo que hoy nos preguntamos con más ansia que ninguna otra cuestión. ¿Qué es lo histórico? ¿Qué es lo que a través de la historia se hace y se deshace, se despierta y se aduerme, aparece para desaparecer? ¿Es algo siempre *otro*, o algo siempre *lo mismo* bajo todo acontecimiento?

Ha sido Hegel quien precisó antes que la pregunta, la respuesta. Pues descubrió la historia como una vicisitud necesaria, inexorable del espíritu. Y no fue el filósofo racionalista, sino el cristiano anhelante de razones filosóficas —de ver desplegada en razón su fe inicial— quien le llevó a su idea de que es el "espíritu" quien se despliega en la historia, quien se manifiesta, se niega y se supera, realizándose; el cristiano exigente de que toda la realidad viniera a estar justificada por el espíritu creador. La realidad no podía ser la naturaleza creada y hecha de una vez para siempre, sino esa otra de la que el hombre es portador, de la que el individuo es la máscara que la expresa y al par la contiene; máscara que se sacrifica recitando su parte para caer después. Tuvo que concluir, así, su cristianismo en esta idea tan poco cristiana, tan pagana de que el individuo es la máscara del logos. Pues, para evitarla sólo tenía el camino de la ortodoxia cristiana: el de transferir el último y decisivo acontecer, el sentido último del suceso, a otra vida. Y al no ser así, no se ofrece a la mente otro camino que el de la descalificación del individuo en máscara, actor de la historia, y que sea ella, la historia, la depositaria de sentido.

Esta situación que Hegel llevó a su extremo es la más clara expresión de la tragedia "humana", de la tragedia de lo humano: no poder vivir sin dioses. Tomemos ahora este término, dioses, en el sentido elemental de una realidad distinta y superior a lo humano.

El cristianismo había transferido a "otro mundo" el sentido último de la vida individual. El "Reino de Dios" esperado como algo inminente e inmediato entre los primeros cristianos, tuvo que ser transferido a otro mundo y la "Ciudad de Dios" establecida en lo invisible. La ciudad de los hombres se seguiría edificando en el "valle de lágrimas". Y hasta el César había de ser aceptado como príncipe de este mundo, en tanto que no tocara a la comunidad de los súbditos de la invisible y divina ciudad. Naturalmente que esta situación hubo de cambiar, cuando advino el triunfo del cristianismo, y de sufrir modificaciones en cuanto sus pretensiones frente a "este mundo".

El cristianismo filosófico, totalizado por la filosofía racionalista, en Hegel ya en el otro extremo del arco, se abismó en el gigantesco intento de absorber dentro de sí el acontecer y la ciudad de este mundo. Y, así, vino a divinizar la historia que para el hegeliano ocupa el lugar de lo divino; ese lugar cualitativamente distinto de la realidad humana y de la natural, ya que en el momento histórico en que vivió Hegel "lo natural" ya había sido desentrañado de lo humano, objetivado.

El intento de Hegel en el momento en que apareció, ofrece una gravedad extrema, que nada puede borrar. La vida europea no admitía límites y se creía —el propio Hegel más que nadie— haber llegado a la madurez de los tiempos, al momento en que todos los enigmas han sido descifrados y el camino aparece libre; sólo falta recorrerlo y, por ello, la acción necesaria —la única— será mostrarlo y descubrirlo. La filosofía volvía a ser arquitectura. Y para los no creyentes en la filosofía, el camino estaría señalado por la ciencia con un simple gesto indicador. Era el camino del progreso indefinido, ya que el hombre había vencido definitivamente los viejos obstáculos. Y estos "viejos obstáculos" no eran otros, no podían ser otros, que los levantados por la creencia en la divinidad. El hombre se había emancipado.

De ahí que las réplicas a Hegel tuvieran en definitiva una idéntica significación, como suele suceder con todas las réplicas que sólo difieren en el cómo, pues creyendo diferir en el qué, dan por supuesto ese qué y lo que lo rodea y aun el horizonte que lo hace visible. En este caso, el horizonte que Hegel había hecho visible al hombre. Era la común visión, presente a los adversarios de Hegel, de acuerdo con el sentir formulado o informulado de la mayoría de los hombres de aquel tiempo.

Se vivían los momentos sagrados de una revelación. Aunque esta revelación fuese la de la emancipación de lo sagrado, no dejaban por ello de ser sagrados aquellos instantes.

Marx y Comte presentaron su demanda ante la hazaña de Hegel. Cabría interpretar la réplica de Comte y la de Marx como simples interpretaciones de la tesis fundamental hegeliana, si la miramos desde esa su honda significación que es, al par, su suprema audacia: la revelación de lo humano. Bien es verdad que, dicho así, recuerda demasiado a la "revelación cristiana", pero la diferencia estriba en que ahora la revelación de lo humano se cumple emancipándose de lo divino. En Hegel, porque la historia —hecha por los hombres, no lo olvidemos— era el desarrollo mismo del espíritu, del divino Logos —motor móvil—, que actúa y padece a la vez, él, el mismo siempre. El hombre cristiano en Hegel cumplía el proceso por el cual su Dios se le había dado en alimento: ya se había alimentado por entero de Él; lo llevaba en su interior. Y su interior, por ello mismo, se había vaciado. "El hombre interior" de san Pablo y san Agustín, el protagonista del cristianismo, al haber absorbido a su Dios, se hacía inexorablemente exterior a sí mismo, se había desensimismado. El cristianismo al nacer había ensimismado al hombre volviéndolo hacia dentro, ya que "en el interior del hombre habita la verdad". Ahora, la verdad habitaba también en el interior del hombre, mas solamente en ese interior. Y no en cada uno por entero, sino en el interior de algo hecho entre todos estaba la verdad.

Vemos así que lo ocurrido en Hegel, y a través de su pensamiento en nuestra alma, es un cambio en la relación entre lo divino y lo humano. Un curioso, extrañísimo cambio que afecta gravemente al hombre, a su relación con la divinidad.

Era la revelación del hombre. Y al verificarse esta revelación del hombre en el horizonte de la divinidad, el hombre que había absorbido lo divino se creía —aun no queriéndolo— divino. Se deificaba. Mas, al deificarse, perdía de vista su condición de individuo. No era cada uno, ese "cada uno" que el cristianismo había revelado como sede de la verdad, sino el hombre en su historia, y aún más que el hombre, lo humano. Y así, vino a surgir esta divinidad extraña, humana y divina a la vez: la historia divina, mas hecha, al fin, por el hombre con sus acciones y padecimientos. La interioridad se había transferido a la historia y el hombre individuo se había hecho exterior a sí mismo. Su mismidad fundada en la verdad que lo habitaba quedaba ahora transferida a esa semideidad: la historia. Deidad entera como depositaria del espíritu absoluto, deidad a medias porque, como los dioses paganos, estaba creada, configurada por el hombre.

Y, así, la relación entre lo divino y lo humano venía a situarse en un plano análogo a aquel habido en el mundo antiguo —griego— entre los dioses de la mitología y el hombre. Mas, con una diferencia: en los dioses mitológicos no había interioridad. Analogía tan sólo por la relación subordinada en el hombre a algo al fin hecho por él, mas de esencia divina; a una esencia divina que dependía de él, de su actividad, cuya revelación estaba, por decirlo así, librada a su suerte.

Mas el problema se presentaba en términos inéditos por lo que hace a la unidad, a la unidad que referida a un ser viviente y personal —cristiano— aparece más clara, si es llamada mismidad. Pues sólo la persona puede ser sí misma.

Los dioses mitológicos no eran sí mismos, por la simple razón de que la unidad, la esencia idéntica, fue descubierta por la filosofía y aun frente a ellos. La esencia idéntica significó en su día una emancipación de los dioses entre los cuales el hombre andaba enajenado, sin poder encontrarse. Se encontró por virtud del pensamiento, no enteramente dentro de sí, ni enteramente fuera, en la esencia inteligible e inteligente, universal, cuya entronización en la individual sustancia quedaba siempre un tanto problemática.

Bajo el cristianismo, la unidad en el hombre había llegado a ser suya propia; en el infierno o en el cielo, sobre la tierra, era y será siempre él mismo, aunque podía olvidarse de ello. Y el olvido de nada le valdría. Lo divino fuera de él reposaba en su misteriosa unidad desplegada en tres personas: uno y múltiple. Lo divino era de tal condición que podía entrar en todos y cada uno de los hombres, sin dejar de estar en sí. Pues estaba en todas partes, como el dios de Platón y de Aristóteles, mas dentro del hombre en modo bien distinto. Y, así, no tendría que desprenderse de lo que en su ser era no divino, no inteligente, sino que todo ello vuelto en unidad sería eternamente uno y sin disolución, en una unidad propia, indestructible.

El cristianismo descubre en el hombre una unidad propia, no adventicia, ni fugitiva. Unidad engendrada más allá del comienzo visible de su vida, de la actualidad de su ser. La idea de sustancia heredada de la filosofía griega pareció convenir a este género de unidad subsistente.

La emancipación de lo divino, que aparece en el pensamiento de Hegel, lleva al ser humano a una extraña situación pues se ha emancipado de lo divino heredándolo. Mas de un modo tal, que como individuo sólo será efímero portador de un momento, *obrero* —cosa que tal vez percibiese Marx—, obrero de la historia, ante la cual, a la manera del siervo antiguo, no puede alzar la frente.

Tal sumersión del ser humano, de su unidad, en el devenir fue formulada no con resignación, sino con entusiasmo. El entusiasmo venido por dejarse penetrar la intimidad por un dios nuevo, o por una nueva versión de lo divino.

Entusiasmo también por exteriorizarse; por soltar la carga de la intimidad, y hacerse exterior a sí mismo. Mientras la historia se interiorizaba, adquiría intimidad al ser expresión del espíritu, el individuo se exteriorizaba llevado por el entusiasmo de sentirse participar de un dios en devenir, en una divinidad que se está haciendo.

Tal entusiasmo dice que el suceso que lo despierta es de índole religiosa. Un cambio habido en la relación del hombre con la divinidad que le ha acercado a lo divino de un modo inédito. Y este entusiasmo no quedó abolido en las réplicas antihegelianas, excepto en Kierkegaard. Como una onda fue ganando en amplitud hasta llegar al mismo corazón de la masa anónima.

Comte es portador de este mismo entusiasmo, un tanto más mesurado. Su filosofía sólo comienza después de esa destrucción de la antigua situación religiosa. Su acción es igualmente emancipadora y por ella la revelación del hombre queda aún más netamente dibujada. Se trata de una nueva religión sin Dios, de la religión de lo humano. Y lo humano ha ascendido así a ocupar el puesto de lo divino. Al abolirse lo divino como tal, es decir, como trascendente al hombre, él vino a ocupar su sede vacante.

Tal acontecimiento, el más grave de cuantos pueden haber conmovido los tiempos actuales, se ha expresado con toda claridad en la filosofía: idealismo alemán, positivismo francés, marxismo, hasta llegar al materialismo inclusive. Entremezclado con la poesía, aparece fulgurante en Nietzsche. Y en él se verifica el más trágico acontecimiento que al hombre le haya acaecido: que es, en su soledad emancipada, soñar con dar nacimiento a un dios nacido de sí mismo. En la desolación de lo "demasiado humano", sueña con engendrar un dios. El futuro en el cual este superhombre tendrá realidad, llena el vacío de "el otro mundo", de esa supravida o vida divina desaparecida y de la cual lo humano se había emancipado.

Es el futuro el término en el cual el pensamiento situará esa otra vida abandonada, esa vida divina que la esperanza humana encuentra irrenunciable. Y así, no hace sino transferirla en realidad, cuando cree haberla anulado.

El futuro es el lugar hacia el cual se ha vivido a partir del momento en que Descartes encontró la fórmula más adecuada a la situación del hombre moderno. Ortega y Gasset ha denunciado a partir de Descartes el "futurismo" consustancial de la filosofía europea. ¿No podríamos ver en esa proyección hacia el futuro, la transferencia de este anhelo de una vida divina, de este contar con Dios? Pues Descartes, que recoge cristalinamente las pruebas clásicas de la existencia de Dios, ha realizado en su filosofía un sutil cambio: Dios sigue siendo la clave del edificio metafísico, la garantía de la existencia de la realidad, mas el horizonte quedaba despejado de su presencia. La conciencia había llenado este espacio. Dios sería el garante de la existencia del ser que existe en y por la conciencia. Mas la conciencia es, por definición misma, autónoma.

La conciencia, dominio netamente humano, donde lo divino no interviene, ni se refleja; la conciencia que busca y necesita de la soledad. Al definir el ser del hombre, la conciencia lo define como solitario, instaurando un reino, un dominio inapelable. El hombre, ser de conciencia, es radicalmente distinto del hombre ser de alma y cuerpo, unidad sustancial de cuerpo y de alma. Con respecto al alma, la conciencia es una mayor desnudez, como si el ser humano por haber renunciado extendiese su dominio. Su vida contenida, envuelta por la conciencia, se lanza así hacia el futuro. Y es en el futuro en el que vive anticipadamente. Vivir será, bajo el reciente idealismo, previvir, lanzarse hacia el futuro como hace el conocimiento. Obligar a la vida, a toda la vida, a que siga el destino del conocimiento.

La vida instalada en el lugar del conocimiento resulta al propio tiempo sometida a él y deificada. El primer aspecto fue denunciado por Ortega y Gasset en su crítica del idealismo desde su "Tesis metafísica acerca de la razón vital", en las lecciones que tuve la fortuna de escucharle, cuando esto era posible, en la Facultad de Filosofía y Letras de Madrid.

De aquellos años, ya lejanos, a acá, la situación denunciada por Ortega no ha hecho sino extremarse, aunque el idealismo no aparezca como un pensamiento vigente hoy. Mas, una situación vital puede subsistir y aun extremarse más allá del pensamiento que la recogiera y que la provocara. Pues en esto, sin duda que el idealismo no sólo forjó ideas, sino que se nutrió de "creencias"; de creencias nacidas de los más íntimos anhelos de la época en que alcanzara su esplendor. Anhelo de deificación, pues en el idealismo el "sujeto del conocimiento" llega a reproducir la situación de la Inteligencia pura en Aristóteles; es decir, de Dios.

Y, así, el Dios del pensamiento absorbía la vida, a toda la vida. Mas la vida le infundía su pasión; la pasión que el hombre ha padecido por lo divino, su persecución sin tregua en todos los vericuetos de su historia. En el idealismo alemán esta pasión de lo divino en el hombre está volcada en el conocimiento; la vida venía a ser subyugada por sí misma, por su propio anhelo. El idealismo ha sido una especie de "entusiasmo".

El conocimiento depuraba al hombre de cuanto en la vida es pasividad. No de las "pasiones", que según Hegel sirven a la historia como su materia, como su motor; más bien como su alimento necesario; tal como se desprende de las primeras páginas de las *Lecciones de filosofía de la historia*. Aquí, el hombre —lo humano— venía a servir de alimento a lo divino a través de la historia o en la historia. Como si el antiguo sacrificio humano de ciertas religiones —tal la azteca— reapareciese bajo otra forma; la acción vendría a ser la misma: ofrecer el corazón y la sangre —metáfora usual de las pasiones— a un dios ahora llamado la historia. Tal era al menos la verificación "histórica" del pensamiento hegeliano, simplificado hasta el esquematismo como sucede siempre que de una filosofía se extrae una ideología para "las masas".

Y así el círculo ha parecido cerrarse para el hombre occidental; reaparece su prehistoria, su pasado hundido en la noche de los sueños, rechazado del campo de la memoria, aún inconsciente. Y aquello que el hombre no se atrevía ni a soñar, ha sido —sigue siendo— realidad.

La liberación de "lo humano" ha encontrado este escollo, esta resistencia insospechada saliéndole al paso. Lo divino eliminado como tal, borrado bajo el nombre familiar y conocido de Dios, aparece, múltiple, irreductible, ávido, hecho "ídolo", en suma, en la historia. Pues la historia parece devorarnos con la misma insaciable e indiferente avidez de los ídolos más remotos. Avidez insaciable porque es indiferente. El hombre está siendo reducido, allanado en su condición a simple número, degradado bajo la categoría de la cantidad.

¿No existe pues el hombre en la hora actual? Existir es resistir, ser "frente a", enfrentarse. El hombre ha existido cuando, frente a sus dioses, ha ofrecido una resistencia. Job es el más antiguo "existente" de nuestra tradición occidental. Porque frente al Dios que dijo: "soy el que es", resistió en la forma más humana, más claramente humana de resistencia; llamándole a razones. ¿Se atreve el hombre de hoy a pedir razones a la historia? Aunque ella sea su ídolo, el hacerlo lleva consigo pedirse razones a sí mismo. Confesarse, hacer memoria para liberarse.

Y liberarse humanamente es reducirse; ganar espacio, el "espacio vital", lleno por la inflación de su propio ser. Uno de los efectos de la "deificación" es la toma de posesión de más espacio del que realmente podemos enseñorearnos; desbordar los límites que lo humano tiene; de lo que es guía y ejemplo la limitación que nos impone el tener un cuerpo y estar en él. Reducir lo humano llevará consigo, inexorablemente, dejar sitio a lo divino, en esa forma en que se hace posible que lo divino se insinúe y aparezca como presencia y aun como ausencia que nos devora. La deificación que arrastra por fuerza la limitación humana —la impotencia de ser Dios— provoca, hace que lo divino se configure en ídolo insaciable, a través del cual el hombre —sin saberlo— devora su propia vida; destruye él mismo su existencia. Ante lo divino "verdadero", el hombre se detiene, espera, inquiere, razona. Ante lo divino extraído de su propia sustancia, queda inerme. Porque es su propia impotencia de ser Dios la que se le presenta y representa, objetivada bajo un nombre que designa tan sólo la realidad que él no puede eludir. Viene a caer así en un juego sin escape de fatalidades, de las que en su obstinación no encuentra salida. Reducirse, entrar en razón, es también recobrarse. Y puesto que ha caído bajo la historia hecha ídolo, quizás haya de recobrarse adentrándose sin temor en ella, como el criminal vencido suele hacer volviendo al lugar de su crimen; como el hombre que ha perdido la felicidad hace también, si encuentra el valor: volver la vista atrás, revivir su pasado a ver si sorprende el instante en que se rompió su dicha. El que no sabe lo que le pasa, hace memoria para salvar la interrupción de su cuento, pues no es enteramente desdichado el que puede contarse a sí mismo su propia historia.

I

EL HOMBRE Y LO DIVINO

DEL NACIMIENTO DE LOS DIOSES

Una cultura depende de la calidad de sus dioses, de la configuración que lo divino haya tomado frente al hombre, de la relación declarada y de la encubierta, de todo lo que permite se haga en su nombre y, aún más, de la contienda posible entre el hombre, su adorador, y esa realidad; de la exigencia y de la gracia que el alma humana a través de la imagen divina se otorga a sí misma.

¿Cómo han nacido los dioses y por qué? ¿Podría el hombre haberse pasado sin ellos? ¿O es la necesidad humana, la que insaciable les hace surgir, manteniéndose escondida, para aceptarlos después como algo que ha encontrado sobre y aún en contra de sí misma? Los dioses persiguen al hombre con su gracia y su rencor; es su primera característica. Sólo en esa madurez en la que se insinúa la decadencia de una era, los dioses aparecen impasibles, indiferentes al hombre. "En el caso de que haya dioses, no se ocupan para nada de los hombres", decía Lucrecio en la desolación de la cultura grecorromana. Para esta conciencia vigilante, los dioses estaban ya muertos. Mas, cuando los dioses aparecen, se hacen sentir, ante todo, porque se ocupan mucho, tal vez demasiado, de los hombres. Es como un delirio de persecución que los hombres padecen.

En lo más hondo de la relación del hombre con los dioses anida la persecución: se está perseguido sin tregua por ellos y quien no sienta esta persecución implacable sobre y alrededor de sí, enredada en sus pasos, mezclada en los más sencillos acontecimientos, decidiendo y aun dictando los sucesos que cambian su vida, torciendo sus caminos, latiendo enigmáticamente en el fondo secreto de su vida y de la realidad toda, ha dejado en verdad de creer en ellos. Y sabido es cuán fácilmente se trasmuta la actitud persecutoria de un hombre hacia un dios en su adoración más ferviente. Y es que la relación inicial, primaria, del hombre con lo divino no se da en la razón, sino en el delirio. La razón encauzará el delirio en amor.

Un delirio de persecución. La medicina moderna —psicológica tanto más que fisiológica— hunde su mirada en este delirio que hoy vuelve a asolar el mundo. Y lo cierto es que cualquiera que sea su configuración, su motivación aparente, la lucha con lo divino no anda lejos. El dominio de la psiquiatría coincide con el dominio de lo sagrado, lo divino no revelado aún.

Y a la luz de este delirio, el más implacable de todos, podríamos ver cómo lo que más tarde va a ser nombrado Dios se hace sentir al hombre. Y qué declara y qué denuncia acerca de la condición de la vida humana. ¿Que se dé vida, es eso? ¿Qué alguien es ése, cuya vida se siente oprimida por los dioses?

Cuando no los hay todavía ¿a qué crearlos? Si se les ha creado, debe de ser por algo ineludible. Es, sin duda, el aspecto primario, original de la tragedia que es vivir humanamente. Pues antes que entrar en lucha con otro hombre y más allá de esa lucha, aparece la lucha con ese algo que más tarde, después de un largo y fatigoso trabajo, se llamarán dioses.

En su situación inicial el hombre no se siente solo. A su alrededor no hay un "espacio vital", libre, en cuyo vacío puede moverse, sino todo lo contrario. Lo que le rodea está lleno. Lleno y no sabe de qué. Mas, podría no necesitar saber de qué está lleno eso que le rodea. Y si lo necesita es porque se siente diferente, extraño. No se lo pregunta tampoco; hasta llegar el momento en que pueda preguntar por lo que le rodea, aún le queda largo camino que recorrer; pues la realidad le desborda, le sobrepasa y no le basta. No es realidad, es visión lo que le falta. Su necesidad inmediata es *ver*. Que esa realidad desigual se dibuje en entidades, que lo continuo se dibuje en formas separadas, identificables. Al perseguir lo que le persigue, lo primero que necesita es *identificarlo*.

Pues quizá no sea necesario decir que el delirio de persecución obliga a perseguir y quien lo padece no sabe, no puede discernir si persigue o es perseguido. Su conducta observada desde afuera es la de quien persigue, pero él va arrastrado, inocente de su acción. Y así, cuando el delirio culmine en la demanda "Permíteme Señor que vea tu cara", la hará en el máximo de la exasperación, en el límite de su resistencia tras de una agotadora lucha.

Y cuando poéticamente los defina creerá transcribir lo que ha sido, se ha mostrado siempre así. Entonces habrá finalizado el delirio de persecución; ha alcanzado por fin el pacto.

Los dioses griegos —homéricos— han sufrido la interpretación de ser la expresión personificada de las fuerzas naturales. Mas, para que así fuese hubiera sido necesario que estas fuerzas hubieran sido sentidas como tales. Lo contrario ha sido más bien lo cierto: las fuerzas naturales, "la naturaleza" ha sido vista tan sólo después de que los dioses en su perfecta figuración la dejaran visible; después de haberla despejado de ese *algo* de que son portadores; después también, de que el pacto con ellos había desilusionado al hombre, dejándolo en libertad, pacificado ya de su primer delirio. Y, por tanto, victorioso.[1]

Pues en el principio era el delirio; el delirio visionario del Caos y de la ciega noche. La realidad agobia y no se sabe su nombre. Es continua ya que todo lo llena y no ha aparecido todavía el espacio, conquista lenta y trabajosa. Tanto o más que la del tiempo. Lo primero que se precisa para la aparición de un espacio libre, dentro del cual el hombre no tropiece con algo, es concretar la realidad, en la forma de irla identificando; de ir descubriendo en ella entidades, unidades cualitativas. Es el discernimiento primero, muy anterior al lógico, a la especificación de la realidad en géneros y especies, y que la prepara. No hay "cosas" ni seres todavía en esta situación; solamente quedarán visibles después de que los dioses han aparecido y tienen nombre y figura.

Los dioses parecen ser, pues, una forma de trato con la realidad, aplacatoria del terror primero, elemental, de la que el hombre se siente preso al sentirse distinto, al ocupar una situación impar. No siente todavía la "extrañeza" que se presenta sólo en la conciencia y lo que le ocurre es el vivir inmediato sin conciencia, sin visión de su situación "extraña", fuente del delirio de persecución.

Los dioses, identificaciones primeras que el hombre descubre en la realidad, tienen dos grandes funciones —de las cuales algo quedará siempre en las ideas, en los conceptos mucho más tarde— liberadoras que en ellos tienen su raíz.

Y esta primera forma de trato con la realidad tenía que darse en una imagen. La necesidad de tener una idea de los dioses sólo puede aparecer cuando ya hay ideas, más toda-

---

[1] En la lucha con los dioses, el hombre interpreta la paz como victoria. De ahí que los dioses vuelvan a perseguirle.

vía, cuando ya hay ideas de casi todas las cosas, pues los dioses son los últimos en atraer esa mirada propia de la liberación humana: el conocimiento. Y entonces ya han dejado de ser propiamente dioses. Su forma adecuada, su envoltura es una imagen; la imagen primera que el hombre es capaz de formarse, esto es, una imagen sagrada, que reaparecerá siempre en el delirio del amor.

Pero antes de ver qué sea la imagen sagrada y la imagen, se nos presenta esta cuestión entre todas: ¿por qué esta primera forma de trato con la realidad, estas identificaciones que el alma humana opera en la plenitud de la realidad, han de ser dioses? ¿Por qué ha habido siempre dioses, de diverso tipo, ciertamente, pero, al fin, dioses?

La situación a la que ha llegado el hombre occidental de un declarado o enmascarado laicismo, es la que puede sugerir esta pregunta. En la necesidad de justificar todo lo que padecemos hemos de justificar ya esa necesidad abismal, definitoria de la condición humana.

Pues dondequiera que volvamos la vista, descubrimos dioses aunque de distintas especies. No todos han cumplido la función de los dioses griegos, ni han sido revelados de la misma manera. Pero todo atestigua que la vida humana ha sentido siempre estar ante *algo,* bajo algo, más bien.

En el principio era el delirio; quiere decir que el hombre se sentía mirado sin ver. Que tal es el comienzo del delirio persecutorio: la presencia inexorable de una estancia superior a nuestra vida que encubre la realidad y que no nos es visible. Es sentirse mirado no pudiendo ver a quien nos mira. Y así, en lugar de ser fuente de luz, esa mirada es sombra.[2] Mas, como en todos los delirios humanos, la esperanza está

---

[2] La sombra que aun en el cristianismo visitara a la criatura elegida.

presente, y más quizá que en ninguno, por ser el primero. La esperanza está prisionera en el terror; la angustia de sentirse mirado envuelve la apetencia de serlo, y toda la esperanza que se despierta, que acude ante esa presencia que se manifiesta ocultándose.

La forma primaria en que la realidad se presenta al hombre es la de una completa ocultación, ocultación radical; pues la primera realidad que al hombre se le oculta es él mismo. El hombre —ser escondido— anhela salir de sí y lo teme, aunque la realidad toda no envolviera ningún alguien, nadie que pudiese mirarlo, él proyectaría esta mirada; la mirada de que él está dotado y que apenas puede ejercitar. Y así, él mismo, que no puede aún mirarse, se mira desde lo que le rodea. Y todo, los árboles y las piedras, le mira y, sobre todo, aquello que está sobre su cabeza y permanece fijo sobre sus pasos, como una bóveda de la que no puede escapar: el firmamento y sus huéspedes resplandecientes. Y de aquello de que no puede escapar, espera.

La esperanza se dirige hacia esta estancia superior que envuelve al hombre, no-humana. Estancia —realidad— que él no inventa: la ha encontrado con su vida. De ahí que siempre haya habido dioses en una u otra forma. Los dioses han sido, pueden haber sido inventados, pero no la matriz de donde han surgido un día, no ese fondo último de la realidad, que ha sido pensado después, y traducido en el mundo del pensamiento como *ens realissimus*. La suma realidad de la cual emana el carácter de todo lo que es real.

La realidad no se le ha ofrecido al hombre como una cualidad de las cosas, según se ha llegado a formular al plantear el problema del conocimiento. ¿Es posible el conocimiento de objetos reales? La realidad hecha problema en la filosofía posterior a Kant, ha hecho que se llegue a creer la realidad como una condición, modo de ser de algunas cosas. Mas, la realidad como se presenta en el hombre que no ha dudado, en el hombre que no ha entrado todavía en conciencia y aún mucho antes en el hombre en el estado más original posible, en el que crea e inventa los dioses, la realidad no es atributo ni cualidad que les conviene a unas cosas sí y a otras no: es algo anterior a las cosas, es una irradiación de la vida que emana de un fondo de misterio; es la realidad oculta, escondida; corresponde, en suma, a lo que hoy llamamos "sagrado".

La realidad es lo sagrado y sólo lo sagrado la tiene y la otorga. Lo demás le pertenece. "Somos propiedad de los dioses" decía todavía en el siglo IV Teognis de Mégara. Y es preciso recordar cómo en las viejas culturas, cuyos rastros se conservan hoy en la mente de algunos pueblos al margen de la civilización, todo color, todo ser viviente, animal o planta, las piedras, lo que nosotros —civilizados— llamamos cualidades, colores, perfumes, pertenece a un dios. Saber, para estas gentes, es conocer a qué dios pertenecen las diferentes clases de seres, de cosas y de cualidades: "todo tiene un dueño".

Y es preciso imaginar que tal creencia no se ha formado posteriormente al descubrimiento de los dioses —sus dueños— sino que la ha precedido. Se ha debido sentir detrás de cada especie de cosas —que no han de coincidir precisamente con las nuestras, dibujadas por la mente— que aludían a alguien, a un dueño, a un señor. También el hombre, lejos de sentirse libre, se sentía poseído, esclavo, sin saber de quién. Porque se sentía mirado y perseguido. Detrás de lo sagrado, se prefigura un alguien, dueño y posesor.

Max Scheler en *El puesto del hombre en el cosmos* describe la situación del hombre como la de alguien que no tiene un espacio propio, un medio, una casa. Y bien, al vagar entre todo sin tener un hueco que le esté preparado, proyecta en su alrededor lo que necesitaría para que su vida estuviera encajada en el medio. Y al no encontrar la verificación, la adecuada respuesta, siente esta ausencia como algo positivo; se siente rechazado porque no se siente amado; perseguido, porque nadie le abre la puerta de su casa, de ese lugar que necesita. Y acecha cualquier acontecimiento, por pequeño que sea, para sorprender algo de la atención y del cuidado que espera.

Pues la situación de la vida humana es negativa inicialmente. La necesidad y la esperanza no encuentran su pasto. Libres, con la libertad del hambre, se hunden sobre todo para encontrar su alimento y si no lo encuentran, el ser indigente que lo padece lo interpreta ingenuamente como contrario, como agresor. Pues el hombre ha de estar muy adentrado en la edad de la razón para aceptar el vacío y el silencio en torno suyo.

Mas, la demanda de la esperanza sufre también su delirio en el que se despliega la vida. El delirio se convierte entonces en exaltación que llega a la embriaguez. Entonces, esta instancia superior y desconocida se hace sentir dentro del hombre mismo. Es dentro de sí, donde siente esa realidad suprema que le impulsa y le lleva sobre todo obstáculo. La realidad en torno no se le presenta como enemiga y la pesadilla del terror ha desaparecido. Es el reverso de la persecución; es la gracia, que se dirá más tarde; es el aspecto benéfico, positivo. Porque la vida humana se da inicialmente en estas dos situaciones que corresponden a las dos manifestaciones de lo sagrado: la doble persecución del terror y de la gracia.

La aparición de un dios representa el final de un largo periodo de oscuridad y padecimientos. Y es el suceso más tranquilizador de todos los que pueden ocurrir en una cultura; señal de que el pacto, la alianza, está concluido. Ha cesado el delirio de persecución, al menos en su fase inicial; en adelante, el perseguido lo será por un dios a quien podrá demandarse una explicación. Y será la primera pregunta que el hombre se ha atrevido a formular, pues ya tiene a quien dirigirse.

La aparición de los dioses significa la posibilidad de la pregunta, de una pregunta ciertamente no filosófica, todavía, pero sin la cual, la filosófica no podría haberse formulado. La actitud que engendra la pregunta sólo puede surgir frente a alguien que haya aparecido; frente a una fuerza que haya dado la cara y tenga un nombre. Así Job en el Antiguo Testamento; así las consultas a Apolo a través de sus oráculos.

La aparición de dioses como Apolo, y la revelación de Jehová, señalan así la aparición de lo más humano del hombre: el preguntar, el hacerse cuestión de las cosas. Mas, no son ciertamente las cosas inanimadas las que sugieren la pregunta. A lo que sabemos, nunca se han presentado ante ningún dios cuestiones de conocimiento. El ansia de saber no se ha dirigido nunca en demanda a los dioses, "dime dios, ¿qué son las cosas?"... La pregunta dirigida a la divinidad —revelada o develada poéticamente— ha sido la angustiada pregunta sobre la propia vida humana. Entre las dos preguntas, sólo hay de común el hecho de preguntar, el cambio de actitud, la revolución que lleva consigo.

La actitud de preguntar supone la aparición de la conciencia; de la conciencia, ese desgajamiento del alma. Una rotura... es lo primero que se imagina haya dado origen a la conciencia siguiendo el hilo de esa nostalgia del "Paraíso perdido" y de la "Edad de Oro". Mas, este "Paraíso perdido" y la "Edad de Oro" no han existido jamás en la historia, ni en su largo preludio, la prehistoria. Ninguna edad de oro real ha precedido al camino de la desventura en el "Valle de lágrimas". Y así, este desgajamiento del alma, la pérdida de la inocencia en que surge la actitud consciente no es sino la formulación, la concreción de una larga angustia, de este delirio persecutorio.

El delirio persecutorio no pregunta, pues no tiene a quién dirigirse, y más bien se aplaca, cuando puede preguntar. La pregunta solamente puede nacer dentro de una situación de una cierta seguridad; el ser humano se ha afirmado a sí mismo a través del padecer y el trabajo en ese saber trágico que declara Esquilo en su *Prometeo:* el "aprender padeciendo". Una honda experiencia de este género debe de haber precedido a toda pregunta dirigida a los dioses, cosa que se hace patente en el relato del Libro de Job. En los mitos griegos este instante aparece sin tanta claridad, pues la claridad en Grecia parece haber irrumpido de repente y deja un tanto en la sombra la lenta y angustiosa preparación. No en la "Edad de Oro", sino en una edad de desdichas, hay que buscar la prehistoria de la actitud humana que se atreve a dirigirse a lo divino requiriéndolo en pregunta.

La historia que entre todas las que nos han llegado de las griegas parece más adecuada a este propósito, es la de Prometeo, sin duda. Él es quien entra en contienda con los dioses y les requiere el primero. Su pregunta es, como la de Job, una queja, que tal es la primera pregunta formulada por el hombre, o por un semidiós que le representa. Una queja razonada, no el simple ¡ay! perdido en el viento, sin destinatario. Es, pues, la pregunta que subsigue a una acción; es la expresión de una contienda.

Job yace abrumado por el peso de la ira divina, él nada había hecho que pudiera atraerla sobre sí, que explicase esa señalada persecución. No era necesario, porque detrás estaba actuando como supuesto, como fondo del misterio, el Libro del Génesis, la historia de la creación del hombre y de su rebeldía, de su salida de la nada. Bastaba, pues, recordarle su condición.

Mas Prometeo no era un hombre, era un titán rebelado a favor del hombre, era un valedor. Su existencia y su acción parecen llenar un abismo; un abismo de la injusticia dejado por los dioses entre la situación de la vida divina y la de los hombres. De una parte, el privilegio; de otra, la pobreza que semeja una desposesión. Frente a los dioses el hombre no era inferior en rango por razones de ser (que aún no lo había), sino un desposeído; como si los dioses, aprovechando una coyuntura favorable, hubieran tomado todo para sí: la inmortalidad y el presente; o contrariamente, como si en un instante de descuido, hubieran permitido alzarse a una criatura a la que no habían de hacer la menor donación. La razón humana, el hombre ni siquiera podía pedirla en su absoluto desvalimiento. La lucha prometeica hace referencia a una situación muy anterior a la del relato de Job, donde el hombre si bien hundido en la miseria puede llegar a verla en función del ser, en que ya puede dolerse de su ser o de su falta de ser: "Has permitido que nazca en la iniquidad"… es un grito de un ser que se siente y que sabe y que reclama lo que a él le debería de estar conferido; es la queja de la larva que tiene ya conciencia para dolerse de su ser a medias. El hombre antes de la acción de Prometeo no podía dolerse de sí, acuciado por la necesidad; el destino, la incertidumbre no podían presentarse ante su conciencia sumergida en un ser desposeído de todo; habían nacido hombres en un mundo que no les esperaba y, sin la acción de Prometeo, la existencia misma del hombre no hubiera podido establecerse.

La historia humana no había comenzado todavía cuando Prometeo realizó su hazaña que forma parte en realidad de una lucha anterior; la lucha entre los dioses y los semidioses. No hay parangón en realidad, pues a la posibilidad de la vida humana sobre la tierra, precedió, según el mito griego y las teogonías órficas y la de Hesíodo, una lucha entre "ellos", los más que humanos. Era Zeus quien tenía que aprender padeciendo, para dejar así hueco a la vida humana, que viene a ser hija de un padecer divino, de un abatimiento del orgullo y de una mella en la divina impasibilidad. Esta experiencia divino-humana la recogerá después, sin decirlo, la filosofía, cuando lanzó al hombre a preguntarse a sí mismo qué es lo que le rodea, en lugar de ir en busca de razones ante una divinidad que, a duras penas, condescendió con que fueran entregados a la desvalida criatura los medios más elementales de subsistencia.

La aparición de los dioses, su sedimentación, marcará un periodo de oscuras luchas entre ellos o entre los dioses y algunos elementos vencidos —China, India. Significa pues un pacto, o una victoria habida en el interior mismo del misterio último de la realidad; son la expresión de una ley que ya nunca más se verá transgredida, son el signo y la garantía de que el mundo está formado; se ha salido ya del Caos.

El sacrificio

Mas antes de que pueda surgir pregunta alguna dirigida a los dioses hay una forma de trato universal, habida siempre ante cualquier forma y función divina: el sacrificio.

Mediante el sacrificio el hombre entra a formar parte de la naturaleza, del orden del universo y se reconcilia o se amiga con los dioses. Pero entender así el sacrificio ¿no significa abordarlo desde nuestra situación actual? Como la situación del hombre moderno es la de la soledad, el aislamiento, consecuencia del vivir según la conciencia, nos figuramos que el sacrificio es una entrada en el orden de la realidad. Pero el hombre que descubrió el ritual de cualquier sacrificio no necesitaba entrar en la realidad, sino salir; era soledad, libertad, lo que necesitaba ganar. El sentido "práctico" del sacrificio debió ser un dar lugar a una especie de "espacio vital" para el hombre; por medio de un intercambio entregar algo para que se le dejara el resto. Entregar algo o alguien es para que el resto de la tribu o del pueblo quedase libre; aplacar el hambre de los dioses para poder poseer alguna cosa por algún tiempo. Pues todo pertenecía a los dioses y al hombre nada; al darles algo, se les rogaba conformidad, aceptación, limitación en su demanda. Sin el sacrificio, el hombre hubiera permanecido encadenado por siempre a la realidad habitante en las entidades divinas.

La función del sacrificio era múltiple, pero tenía principalmente un fin: suscitar una manifestación. Los dioses están siempre presentes, pero no se les ve; no se dejan ver. Aun podríamos decir que una de las características de las divinidades es no dejarse ver, de lo cual se conserva el rastro en aquella pasión del alma humana que revive la larga pasión prehistórica frente a lo sagrado: el amor. El amor ha surgido en toda su fuerza frente a lo que no se deja ver, sino en raros y preciosos instantes que alcanzan, así, la categoría de manifestaciones divinas, cuando una realidad deslumbrante aparece en su brevedad, como manifestación de algo infinito.

La manifestación de lo divino es siempre instantánea. Y es más, diríamos que la noción del "instante" viene de lo divino o de su subsecuencia en la vida más moderna: la felicidad, los raros instantes de felicidad equivalentes, en la vida meramente humana, a los instantes marcados por la aparición de los dioses, cuando al fin, cediendo al sacrificio, se dejaban ver. De todo ello hay cumplida huella en la pasión amorosa que en tanto puede ilustrarnos acerca de la prehistoria de la vida humana; del padecer y del actuar del hombre frente a sus divinidades semiescondidas.

El instante, unidad cualitativa del tiempo —que tal cosa es el instante— está caracterizado por consumir apenas nada, lo mínimo en el tiempo sucesivo, en el que se puede medir. O más bien, por escapar en gracia a su cualidad extraordinaria —sobre el nivel de lo humano— a la cantidad, al tiempo que se mide. Un instante puede ser un segundo de nuestros veloces relojes; puede ser, debe de haber sido, muchas horas y hasta días y noches del tiempo solar. Todavía el lenguaje lo dice en castellano: "se me fue en un instante". Porque el instante, cuando acaba de pasar, da la sensación de que se ha escapado; pues en verdad, algo que parecía estar ahí para siempre, que llenaba con su presencia la totalidad de nuestra alma ha desaparecido de pronto sin que lo podamos retener. Tal es el instante: un tiempo en que el tiempo se ha anulado, en que se ha anulado su transcurrir, su paso y que por tanto no podemos medir sino externamente y cuando ha transcurrido ya por su ausencia.

El instante no podría aparecer si no fuera la manifestación de lo divino; algo que borra la inmediatez, cualquiera que ésta sea, y hace surgir en su vacío otra realidad distinta en cualidad. Realidad distinta que cualitativamente y más tarde, en las religiones ya decantadas, será tenida como la realidad verdadera, será aceptada como lo más verdadero, cuando la idea de verdad funcione en la mente humana. Antes de que la noción de verdad haya aparecido, no podrá evidentemente ser así, mas en su cualidad estará la base de lo que más tarde será reconocido como verdadero dentro de una religión y aun fuera de ella. Lo que aparece en el "instante" es la preverdad.

El sacrificio es el acto o la serie de actos que hacen surgir este instante en que lo divino se hace presente; es la llamada, diríamos la coacción, dirigida sobre esa realidad escondida para que aparezca. No es una palabra, sino ante todo, una acción, en la cual la palabra juega su papel. La palabra funciona no con el carácter que ha adquirido en los tiempos racionalistas de ser la enunciación de algo, el decir de un sujeto; en el fondo, un juicio. Es una mezcla que diríamos de súplica y conminación: tiene un carácter ejecutivo difícil de concebir, cuando ya las palabras con función ejecutiva —la "voz ejecutiva" del mando militar— proceden tan sólo del imperio de unos hombres sobre otros. Y sin embargo, esta voz de mando guarda, sin duda alguna, algún rastro de la palabra eficaz del sacrificio y se hace sensible si recordamos que esa voz de mando, esa "voz ejecutiva" dada por un superior en el ejército, es la voz que conmina a una acción que, realizada en su hora oportuna, será un sacrificio. Toda voz de mando, toda relación de autoridad entre los hombres conserva una huella del ritual del sacrificio, lo lleva como fondo.

Y es que la vida humana se ha desarrollado en dos planos, por lo menos, que corresponden a dos modos de sentir el tiempo, más exactamente al sentir el tiempo y al sentir su anulación. A estos "instantes" nacidos del sacrificio corresponderán siempre las acciones en las cuales la realidad se revela originalmente. Constituyen actos originarios de la aparición de la realidad en su máxima plenitud, incluida la propia realidad de la vida humana.

Que los dioses aparezcan estuvo ligado siempre con la acción del sacrificio. Y que haya hombre, que el hombre se manifieste como tal, que se revele a sí mismo y gane una cierta libertad y un espacio donde desenvolverse, ha dependido inicialmente de esta aparición de los dioses. Sin la manifestación de lo divino en cualquier forma que se haya verificado, el hombre no hubiera podido, por extraño que parezca, lograr esa su visible aunque precaria independencia.

La realidad no aguarda, sino que ha de descubrírsele al hombre. Para el animal y la planta, encajados en su medio, "perfectos", la realidad está presente en la medida en que les es necesaria. Es decir, puede faltarle la realidad concreta, determinada, que en un momento hubiera de subvenir a su necesidad. Mas, al hombre, a más de faltarle en ocasiones y casi siempre en el principio de su marcha sobre la tierra, le falta la realidad sin más, algo que no coincide con ninguna manifestación particular, con ninguna "cosa", sino que debe de estar detrás de ellas o en ellas, o en alguna otra parte, algo cuya sede está a veces —en el mundo sagrado— en un determinado lugar: una roca, un árbol, un río, "allí". Cuando los dioses han nacido está en ellos, son ellos su continente, su depositario y con ellos aparece y desaparece. Es distinta del contorno inmediato y, sin embargo, lo inmediato tiene alguna relación con ella; nada le es ajeno. Todo le pertenece.

Cuando los dioses aparecen, esta conformación de la realidad se precisa. Más bien, es cuando tiene lugar. La aparición de los dioses, el hecho de que haya dioses, configura la realidad, dibuja una primera especificación que más tarde, cuando la lógica haya sido descubierta, serán los géneros y las especies. La presencia de los dioses pone una cierta claridad en la diversidad de la realidad ya existente desde el mundo sagrado más primitivo y paradójicamente permite que vaya surgiendo el mundo profano.

Lo sagrado y lo profano son las dos especies de realidad: una es la incierta, contradictoria, múltiple realidad inmediata con la cual la vida humana tiene que "habérselas", el lugar de su lucha y de su dominio, al par. El orbe sagrado es donde se decidirá esta lucha.

Y así, la realidad toda, "las circunstancias" en su totalidad, se configuran en un centro y en una periferia. El centro es el lugar de lo sagrado, que se ilumina por el sacrificio. El horizonte, el nacimiento del horizonte será su ganancia última. "Señor del Horizonte" llamaron los egipcios a su dios en la hora más clara de su historia.

DE LOS DIOSES GRIEGOS

La aparición de los dioses homéricos produce, más que la de ningunos otros dioses, la impresión de ligereza, al par que de eternidad, propia de la aurora. Y como el alba, son anuncio y realidad. Aparición de una luz prometedora que llega después de una larga espera angustiosa y que parece traer consigo un reino imperecedero. Los instantes que preceden a la salida del sol declaran más la luz, con su tenue claridad, que la aparición del astro rey que encuentra ya la atmósfera preparada, la oscuridad deshecha. Es la leve, ligera claridad del alba, tímida luz, aún vacilante, la que deshace las sombras de una batalla sin violencia alguna, donde la simple aparición de la luz en su más tenue vibración es suficiente para arrojar las tinieblas al pasado, haciéndolas, no sólo desaparecer, sino olvidar; su recuerdo vendrá más tarde, cuando la concentrada luz solar agonice.

Y así, la aparición de los dioses griegos tiene la ligereza de la luz del alba que domina con sólo mostrarse. Y son, como ella, una declaración que equivale a un mandato; revelación de un nuevo orden, donde todo lo que gemía apresado en la oscuridad se presenta. La luz declara, más que a ella misma, a las cosas que baña.

El conjunto de los dioses, semidioses, héroes, tiene en Grecia, antes que un dios singular, esta condición luminosa. Y eso explica lo que a primera vista parece ser contrario a los dioses solares: la inmensa multiplicidad de su mitología; la pluralidad de dioses y de historias.

El pluralismo parece caracterizar a la religión griega, la más "plural" de todas las conocidas. Desconcierta un tanto, pues allí donde ha aparecido un dios solar es vehículo de monoteísmo. Pero tal desconcierto cede cuando se advierte que el carácter de los dioses griegos no estriba en la transfiguración del sol en dios, o en la elevación de un dios a la condición única del astro sin par, sino en la divinización de la claridad. Luz como atmósfera, como medio declarante, donde las cosas, es decir, la realidad (no podemos todavía decir "cosas") aparece. Es antes que la aparición de un dios o de varios, la aparición que hace posible que todo aparezca: la aparición de la luz.

Luz en que la esencia de la "luz inteligible" se profetiza. Y, de ahí, el carácter extraño y como híbrido de los dioses de Grecia: de un lado, los más divinos por luminosos; de otro, los más humanos, por múltiples, por cargados de historia, por confundirse, como la luz se confunde, con las cosas que tocan.

El Sol divinizado lleva consigo una luz imperiosa, única, casi corporeizada; es dominante y corresponde así al poder de un monarca absoluto que siempre se ha presentado como su hijo; es la luz del poder. Bajo ella, la realidad queda, por extraño que parezca, oscurecida, como les sucede a las plantas, a los colores, a la misma tierra, bajo la luz solar en los países tropicales: apenas son visibles; sólo el Sol, dueño del cielo y patrón de la tierra, cuenta. Deja caer sus rayos en forma casi corpórea y hace sensible que la luz pesa. Luz que se deja sentir con algo de sentencia inapelable; aunque ninguna otra pueda rivalizar con ella hay un enemigo siempre en acecho que logra una victoria efímera y violenta. Luz un tanto abrumadora que vence condenando las tinieblas enemigas, siempre en acecho de la revancha.

La claridad de la luz que brilla en el firmamento, que se insinúa desde el Oriente, es más un pacto con las tinieblas que una victoria humillante; parece haber salido no para vencerlas, sino para alumbrarlas. No establece ninguna ley, ni dicta sentencias; irisada, brilla en su levedad; tiene algo de juego; no acaba de declararse; anuncia algo que vendrá y conserva algo de lo que ya se retira; siendo enteramente, no se impone, no se condensa en peso: es líquida y alada; es la luz de la mañana que regala la transparencia. Y todo se le confía; aun la fealdad no se esconde porque invita a dejarse ver y al fin, todo anhela ser visto. Todo entra o puede entrar en esa luz como danzando; la gravedad no deja sentir en ese instante su condena. Si "las cosas" están declaradas, no llegan a estar definidas ni ocultas, como sucede bajo la decisiva luz solar que, a más de ser luz, es la sombra de un cuerpo; de un cuerpo celeste, pero de un cuerpo.

Incorpórea, la claridad de la mañana danza. ¿Quién no ha visto en la claridad de la mañana, en la danza perfecta que es metamorfosis, una pluralidad de figuras que dibujadas y desdibujadas, no se corporeizan, transformándose infatigablemente? Nacen y se deshacen; se enlazan y se retiran; se esconden para reaparecer como el hombre juega a hacer cuando es niño o cuando juega a esos juegos en que la infancia se eterniza: música, poesía.

Y así, la luz de la que Apolo será el portador no acabará nunca de estar condensada en él; no será nunca su *propiedad*. Apolo es la luz misma y, en la afortunada creación de su figura marmórea, se hará patente esa calidad de la luz del aire, de la luz que no pesa, ni se condensa, que pasa rozando las cosas y casi penetrándolas hasta volverlas como ella transparentes. La divinización suprema de la luz es en Apolo, dios de la luz entre todos, *transparencia*. Aspiración suprema del alma griega que se manifiesta en el carácter de sus dioses. La claridad del alba divinizándose en transparencia. Transparencia que moverá a la mente a perseguirla en las cosas, que cavará en la piedra las formas divinas y humanas, que no permitirá a la pintura —hija de otra luz— un esplendor parejo al de la palabra y al de la escultura.

Luz en la cual el juego, todos los juegos de lo que será llamado arte, están contenidos ya, así Apolo marcha seguido por su cortejo de musas, criaturas de esta luz del firmamento, del aire transparente, más que del Sol, que si va seguido de un cortejo le paga haciéndole invisible.

La vida espontánea de las criaturas hijas de esta luz es la metamorfosis y no el ser. Forma primera, original del arte y de la historia. Las historias de los dioses del Olimpo no se desarrollan en la identidad de un personaje de tragedia que es o aspira a ser *uno* —el hombre— y por ello padece el sufrimiento más terrible: ser enigmático. Pues el enigma sólo es propio de lo que siendo o pretendiendo ser uno, está aprisionado en la multiplicidad, y sujeto a padecer sus propios estados. Los dioses no los sufren; se libran de ello, no por ser impasibles, que de ser así no estarían sujetos al amor, a los celos, a la venganza… se libran por su capacidad de vivir insolidariamente sus aventuras, por ser criaturas no de ser, sino de metamorfosis; figuras que juegan en la luz y que pueden hasta desaparecer en ella. La metamorfosis es la forma en que todo lo viviente evita el padecer. Y todos los embriagados de vida, apetentes de ser más u otra cosa que hombres, han soñado atravesar el mundo metamorfoseándose. Anhelo que es la clave de todas las ansias de evasión, hasta de la legítima que se llama arte.

En la vida según la metamorfosis no hay tampoco lugar para el enigma. Enigma y sufrimiento han sido eludidos.

Y así, todos los anhelos y apetencias, todas las posibilidades se desarrollan sin contradicción. La supremacía de los dioses sobre el hombre, su carácter divino entre todos, es estar más allá del principio de contradicción. Todo dios ha de estarlo; sin ello no hay divinidad posible.

Lo divino está más allá, como lo sagrado está más acá de ese principio que constituye, en cambio, la cárcel de lo humano. "Sagrado" y divino están fuera del principio de contradicción; lo primero por no encerrar unidad alguna; lo divino, por ser unidad que lo sobrepasa. La primera manera de sobrepasarlo, sin llegar aún al *ser,* es la de los dioses griegos, intermedios entre lo sagrado —sin unidad— y lo divino, en el despliegue de la metamorfosis.

Y así, los dioses no presentan apenas enigma, por estar fuera de la condición humana. Mas eso solo no lo explicaría, pues que los dioses orientales, hindúes, son enigmáticos en grado sumo. Vishnú que engendra todas las metamorfosis es enigmático. Pero los dioses griegos no tienen relación apenas con la generación del mundo, con forma alguna en que la producción del mundo sea concebida. Aparecen luchando por la supremacía en el Caos inengendrado del que ninguno de ellos dará razón. El Amor y el Tiempo devorador de destino impar rozan con la generación del mundo. Y aun una oscurísima tragedia, la habida entre el Padre de todos, Zeus, y Prometeo, en que Zeus sufrirá no para que el mundo físico, sino para que el hombre pueda ser dado a luz.

El dios Cronos permanecerá sumido en una forma singular de misterio; sin revelarse apenas, inasible. El tiempo que envuelve la vida humana no es apto para dejarse apresar en una figura divina; apenas puede dibujar el horizonte de un mito. Será la forma del tiempo sin más cualidad que la genérica de ser devorador; inexplicable destructor que suscita una respuesta creadora, provocador de la lucha por la existencia de todas las criaturas que han de alzarse en rebeldía frente a él para vencerle de algún modo. La forma primera en que se plantea la lucha por la vida en los dioses y en los seres todos, según la teología de Hesíodo, es la lucha frente al Tiempo.

Su papel viene a ser así el de las sombras frente a la triunfadora luz que esplende al fin, por los dioses del Olimpo. A la diafanidad de esta luz no se le opondrá la sombra, una tiniebla —infierno— vencida; la gran oposición provendrá de la destrucción incesante del tiempo. Más tarde, cuando el pensamiento se haya despertado, creerá haber logrado de un golpe, al descubrir el Ser, una realidad suprema, donde el tiempo no puede ya ejercitar su acción demoniaca, de verdadero "Otro", del Otro contrario a la realidad.

Y así, Cronos más que un dios vendrá a figurar algo que sólo el pensamiento después ha puesto en luz: especie de supuesto y por ello el menos físico, el menos dable a la figuración de los dioses; su función es estar bajo todo lo que aparece. Y en él, el andar a salvo del principio de contradicción nada significa, naturalmente… ya que es el encargado de que la contradicción sea posible. Es el responsable, junto con el sufrimiento, de la forma de vida propia de estos dioses —la metamorfosis— y de las desdichas de la cárcel de la condición humana a él sometida. Responsable de la danza de los dioses y del cautiverio de los hombres.

El Amor en su calidad original engendradora queda también un tanto en la sombra. Cuando aparece, diríamos que ya tiene poco que hacer. Su más profundo trabajo quedará oculto y su figuración será hasta un tanto banal. De ahí que sea el Amor quien deje y aun exija del pensamiento su mayor trabajo: descifrar su secreto esfuerzo generador en colaboración con la luz, que tal es la condición propia de esta fuerza erótica en Grecia: generación en la luz y por ella. El oscuro trabajo del Amor aparecerá en la Afrodita celeste, Urania, y quedará para la terrestre el dominio de la pasión y, todavía más, del juego del amor.

La escisión del amor en divino y humano marca el tránsito, diferencia y continuidad entre el amor como potencia cósmica, generadora, y el amor en su vida terrestre, cuya historia seguirá la del propio ser humano, mientras la potencia amorosa celeste quedará como lo verdaderamente divino. Divinidad la más problemática, por estar mezclada a la generación de la realidad. El pensamiento se verá obligado a descubrir su acción y aun a salvar ese hueco, abismo, entre lo celeste y lo humano que en esta divinidad se manifiesta. Es la divinidad del Olimpo que más ha obligado a ponerse en movimiento a la inteligencia, por ser entre todas la más relacionada con la producción de la naturaleza, de la misma vida humana. Aquí se hace patente cómo el pensamiento ha tenido que desarrollar por sí mismo aquello que los dioses dejaban vacante: su falta de misterio, que, más patente en esta divinidad que en ninguna, no sólo hizo posible sino que exigió el pensamiento.

Pues en la divinidad Afrodita no se advierte lo que la emparentaba con el misterio de la generación y con el sufrimiento, hija como era de una herida y de un llanto. Será Platón quien hará visible lo que la figura de la amable diosa encubre. Y el sufrimiento, el llanto quedará reducido, en el mito de su nacimiento, a la espuma, sonrisa y llanto al par, de las ondas, juego de la superficie del misterio, ignorante de los abismos que la sostienen, sonrisa del horror y ofrenda de las tenebrosas profundidades sobre la tierra. Don, regalo del doble abismo del cielo y de las aguas.

Y así, los dos escollos —Tiempo y Amor— de la falta de misterio de estos dioses, quedarán salvados. El Tiempo quedará medio oculto, sin revelación; el Amor demasiado de manifiesto, reduciéndose cada vez más a ser el símbolo de un juego.

En una diosa se concentra la mayor potencia enigmática que la imaginación poética griega fue capaz de conservar a sus dioses: es Atenea, la virgen guardiana de la ciudad que aparece cargada de atributos, mas sin vida en la metamorfosis, sin ninguna forma de historia, como a una virgen conviene. Inspira una cierta piedad, abrumada bajo su casco, sosteniendo su escudo, manteniendo en alto la lanza, erguido su cuello entre el ambiguo collar, símbolo entre todos de sus victorias. Adolescente, lleva las armas de un guerrero, imagen de una victoria ganada en perpetua vigilia. ¿Y el insomne pájaro que a su vez parece velarla, no es entre todos el más despierto: mirada fija en un puro silencio?

El horror le está sometido; vencido enteramente en esa sierpe que como ola marina la acaricia, educándola; como arma acometedora en la estampa de la Gorgona, vencida y aliada. Virgen intangible, ha vencido el horror apoderándose de sus armas, convirtiéndolo en su atributo. Cargada de todos ellos, Atenea se muestra en una condición la más contraria a esa de la disponibilidad para la metamorfosis: es el *sujeto* que sostiene a los diferentes atributos y se sirve de ellos; que los trasciende. La historia de la formación de esta imagen de la diosa guardiana de Atenas corrobora esta visión. De oscuro nacimiento campesino, diosa de una familia real de villorrio, fue absorbiendo sucesivamente a otras divinidades que quedaron como cualidades, como atributos. Forma de victoria propia de la lucha política, en que una ciudad se impone hasta formar un Imperio o en que una tribu se convierte en una ciudad haciéndose la *única,* enriquecida de todo lo que era la fuerza de los otros. Subyugó en esta forma que deja intacta la fuerza de algo, mas transformándola en cualidad de un sujeto, de una "sustancia", como se dirá más tarde.

Y así, Atenea profetizará esa "injusticia del ser" en que algo emergiendo del *apeiron* será *uno;* en esa forma de unidad, sostén de una multiplicidad que será la sustancia; absorbente unidad que convierte en multiplicidad subordinada a las cualidades que, sin ella, andaban en una imposible independencia.

Atenea parece prefigurar al par la estructura del ser —sustancia, unidad, que sostiene las cualidades convertidas en atributos— y la de la ciudad: unidad política, unidad imperante.

Divinidad que profetiza el ser, que figura la unidad política y social de una ciudad es, sin embargo, una muchacha, cuya severidad proviene del esfuerzo que se ve obligada a realizar. Una muchacha cargada con las armas del padre, contraída en un esfuerzo que linda con el dolor. Su imagen llamada "melancólica" del bajorrelieve del Museo de Atenas, la muestra sorprendida en una actitud que denuncia su secreto fondo. Sin escudo ni collar descansa apoyada la frente sobre la lanza inclinada; vencido su talle de niña, con la mirada vuelta hacia dentro, parece detenida un instante, abandonada en la fatiga de llevar las armas propias del padre, de mantener la lucha en su nombre. Aurora nacida de la frente del dios supremo que más que Apolo podría ser la personificación del sol reinante. Alba de la conciencia que sufre las fatigas de alumbrar la primera el mundo de las tinieblas en sus últimos repliegues; primer sufrimiento de la luz que precede a la plena luz, a la ley y a la justicia que, al fin, toda luz lleva consigo. Entre todas las diosas en ella fundidas, ninguna como la Aurora que constituya su tenue e invencible ser. Incólume e indecisa, ha de ser inexorable y cumplir esa fatiga del juicio, como en su intervención cerca de Orestes, absolviéndole de su crimen por mantener la ley del padre. Y ha debido de costarle trabajo sobrepasar ese padecer sutil que antecede a la decisión del juicio; ese instante de violencia que la conciencia sufre para entrar en acción. La imagen "melancólica" bien podría representarla en ese instante de recogimiento, duda y después decisión, que la conciencia padece cuando, por primera vez, ha de entrar a juzgar el fondo intrincado de los asuntos humanos, para que la ley-luz penetre en la oscuridad de las pasiones... Por eso, por tener que actuar según la ley, se ve obligada a meditar y sufre de la duda; como la aurora parece dudar un instante sobre la tierra antes de inundarla de su luz. Y al velar sobre su ciudad, parece cumplir también un deber, prefigurando así todas las actitudes esenciales de la conciencia despierta.

Y el enigma de su presencia se seguirá mostrando en su acción. La más cercana al esfuerzo humano de la meditación parece la más impasible. La frialdad de la aurora la baña; luz pura sin vibración de calor, virgen, dejará sin protección a las heroínas de la conciencia, a Antígona, tan de su estirpe, bajar al supulcro. Niña, como ella, abrumada por el destino que viene del padre, proseguidora de su pasión entre los hombres.

La acción y el significado de los dioses se prolonga en algunos protagonistas de la tragedia y en algunos héroes como Antígona, como Heracles. Porque a los dioses les estaba vedado desplegar la máxima actividad de los dioses, la misteriosa acción de lo divino, la pasión. Atenea en su calidad de hija estuvo a punto; un paso más y se hubiera hundido en ella, pero, como esto era imposible (en esta religión poética), quedó en el umbral: en el de la vigilia de la aurora, en su frialdad impasible. Que la impasibilidad en una naturaleza femenina es lo más cercano al padecer de una verdadera pasión. El amor le estaba negado, como le estará siempre a las muchachas de su estirpe: Antígona, Electra y aun dentro del mundo cristiano a una Juana de Arco. Como diosa, Atenea permaneció dentro de esta forma paradójica de pasión, que es la impasibilidad.

No era diosa de oráculo. La conciencia no llegará a hablar tan fácilmente, porque al hacerlo ha de romper toda ambigüedad; esa ambigüedad propia de las palabras inspiradas. Antes de ser palabra es voz, y antes de ser voz es una actitud que se resume en una mirada silenciosa y que se desencadena, en raras ocasiones, en acción. En la vida de la conciencia, antes que la palabra estará la acción; mas su primera forma de manifestarse es una actitud. Actitud que es una nueva exigencia. Tal es la originalidad de la conciencia en su despertar: exigir, velar. Atenea, en perenne vigilia sobre su ciudad, exigirá una actitud del hombre, su ciudadano. Muestra esa primera forma de la conciencia, todavía religiosa, que es *la atención*.

Raro instante auroral en que lo humano se define ligado aún a lo divino; conciencia indiscernible aún de la piedad.

Si Apolo es la divinidad en la cual el carácter total del Olimpo se visibiliza, su luz hará visibles a ciertas divinidades de contrario origen y condición. Dionisos, Plutón el escondido en las entrañas de la tierra, y esa figura mediadora que aparece y se oculta, Perséfone, y la Eurídice legendaria tan de su estirpe. ¿Cuál es su verdadero carácter? Lo sombrío aparece definido para la luz y a ella, al género de luz que reine, le estará sometido, aun en su apariencia.

Y la condición de esta luz ambiental que ni Apolo logra concentrar en sí mismo como dios único, es la transparencia. Una cultura, es decir, una vocación de ser hombre de una cierta manera, puede quedar definida por su específica relación con la luz, por la manera como la concibe y la adora. La vocación decisiva —si no la única— de Grecia es la de la diafanidad, que encontramos patente en el carácter de sus dioses, en quienes la forma constituye una amenaza de dejarlos un tanto diluidos. Y de ahí que no podamos evitar sentir al encontrar en ellos, no sólo desde nuestro cristianismo, sino desde los dioses de las religiones orientales, algo así como un vacío. Mas, sin apelar a contraste alguno, su sola presencia advierte el predominio de la forma; la transparencia que vence al misterio.

Algunos dioses, sin embargo, no eran reductibles a desplegar su vida en la transparencia. Son los dioses de la vida y de la muerte. No sólo la muerte pertenece a la sombra, sino la misma vida que, aun en los instantes de mayor esplendor, llega a mostrarse a la luz, mas oponiéndole siempre una resistencia. Toda vida es un secreto; llevará siempre adherida una placenta oscura y esbozará, aun en su forma más primaria, un interior.

Ante estos dioses de la vida y de la muerte, nos encontramos en una relación nueva. En todas las religiones han aparecido siempre con el carácter de nuevos dioses, que abrían un camino hasta entonces sellado. Son potencias salvadoras que conducen al hombre hacia una situación en la que ya nada tendrá que temer; dioses de iniciación. Comportan una sabiduría especial; su reino es el de la fertilidad de la naturaleza, dividido siempre entre la luz y la sombra. La relación con el hombre es distinta de la habida con los dioses enteramente visibles y luminosos, pues en estos dioses vivientes se adivinan la sangre y sus padeceres, la muerte y sus congojas. Ante ellos el hombre no podrá permanecer tranquilo sino cuando ha dejado de prestarles fe. Los evitará, dominado por el temor, o se arrojará en ellos para servirles de alimento o de pasajera morada. Son dioses que transitan; capaces y aun esencialmente necesitados de máscara, aparecerán a menudo bajo cualquier apariencia; porque su "ser" no es la apariencia ni la forma; andan muy lejos de prefigurar una definición y más bien la evitan a todo precio. Mas tampoco cabe identificarlos con la informe energía vital, con una vitalidad irracional. Son la vida en su capacidad y necesidad de engendrar formas; la embriaguez creadora inagotable, que crea y traspasa toda forma.

Y así, el mismo Dionisos contribuyó, sin duda, a crear la imagen de Apolo y todavía más a encontrar el medio de hacerse audible en sus oráculos, pues sólo embriagado se puede servir de instrumento a un dios.[1] Dionisos es la pasión, sin la cual la vida no trascendería el nivel inicial, no andaría persiguiendo y logrando, en parte, una ascensión a formas superiores. Si la luz es el medio en el cual la vida y las cosas todas se hacen visibles, la pasión es la apetencia misma de alcanzar manifestación, de llegar a ser algo digno de afrontar esta luz: desde el anhelo elemental en que la más humilde vida se manifiesta, hasta la pasión que sufre el ser humano por lograr la integridad de su ser, atravesando la muerte. No es Dionisos el dios despreciador de la forma, sino el que, buscándola, no puede detenerse en ninguna, porque la forma última, total, habría de lograrse más allá de la muerte. Es la divinidad que manifiesta, entre todas, que la vida y dentro de ella el ser que más padece, el hombre, es

---

[1] La yedra, tan dionisiaca, era mascada por la pitonisa en trance.

trascendente, anda en vía, en tránsito. Que muestra también que vida y muerte son momentos de un eterno proceso de resurrección.

Ninguna imagen ha podido captar adecuadamente a Dionisos, híbrido de bestia y hombre, la unidad de la vida, su continuidad. Y así más conserva en su condición divina lo sagrado con su poder devorador y de ser transfundido. Dios de transfusión, no es apto para ser visto; no es objeto de contemplación. La relación con él es de participación sagrada. Sus metamorfosis tienen lugar en el hombre mismo que por él se libera de su inercia y entra a participar en el juego de la metamorfosis. Dios de la generosidad y del sufrimiento, dios, no de lo *uno*, sino de la transmigración y de la pluralidad, libera a los muchos que dormitan encerrados bajo la apariencia inmutable de la condición humana, otorga con su delirio la liberación de los condenados por el *uno* que se ha elegido o que la vida ha impuesto. El hombre, que no ha alcanzado la unidad verdadera, conlleva difícilmente la unidad impuesta por la necesidad, y aspira secretamente a ser *otro* en algún instante. La vida humana transcurre en una unidad que encubre la multiplicidad prisionera; posibilidades que el "uno" no ha podido liberar haciéndolas suyas al mismo tiempo. La especie de divinidad de que Dionisos es el más egregio representante, infunde en el ánimo humano esa suerte de embriaguez que por momentos le acerca a la vida de los dioses; los varios posibles que hay en cada hombre asoman su rostro a la luz. Mas, en realidad, no pueden alcanzar un rostro y se asomarán bajo una máscara o danzarán en un caleidoscopio de gestos fugitivos, pues todos los que gimen no son alguien, ni tan siquiera algo. Son solamente instantes, destellos del fuego recóndito de la vida: almas en conato.

Dionisos, al infundirse en el alma humana, la saca de sí, la hace danzar en una metamorfosis liberadora; le da, en suma, el don de la expresión, la embriaguez —furia y olvido— para que se atreva a expresarse. Es la virtud medicinal de Dionisos, y la raíz sagrada de la medicina más humana, de la que hoy cae bajo los dominios de la psiquiatría y en otras épocas de la magia y del exorcismo religioso; la curación radical de todas las perturbaciones que advienen en un ser humano a causa de lo que hoy se llaman "inhibiciones" y en otra época, posesiones demoniacas. No en todos los hombres es capaz la conciencia de realizar el largo y paciente trabajo de reunir las posibilidades, los conatos de alma, alrededor de un proyecto de vida único, de unificar las diversas almas y conatos de alma en una persona, al modo de la diosa Atenea, convirtiendo en cualidades los medios-seres que se agitan en las profundidades del interior de toda vida; de encontrar la ley que sea, al par, proyecto creador. El psicoanálisis de que cada día se hace más uso acude sólo al "conocimiento". "Conócete a ti mismo" —psicológicamente tan sólo— es su lema y su fe. Pero más eficaz que tal conocimiento analítico es la inspiración que unifica y expresa... El remedio a una posesión de los "medios-seres", que se agitan dentro de cada uno de nosotros, es otra posesión superior y unitaria, creadora. No lo ha podido ignorar el método psicoanalítico en cuyo empleo hay un momento en que el médico está investido de este poder posesor; más que al confesor católico, sustituye al mago, a la fuerza de Dionisos, a la inspiración de las musas, a esa fuerza que en los seres bien dotados adviene por sí misma, sin necesidad de ser provocada bruscamente desde afuera... Mas la situación en el alma de la cultura griega no era la misma de hoy, después del largo camino recorrido por la filosofía y por el cristianismo. Entonces, esta fuerza liberadora era necesaria para todos, para la cultura misma naciente en ese momento decisivo en que el hombre se atreve a expresarse. Es el primer paso hacia la libertad.

Y el primer momento de la libertad es ambiguo, pues que el hombre lo alcanza estando poseído. Libertad encontrada dentro del mismo delirio y del delirio persecutorio que es la esencia del culto a Dionisos. La "milagrosa" cura es la conversión del delirio en libertad, a causa de la expresión que ha sido capaz de desatar.

Pues los dioses crean una especie de "campos vitales" donde su influencia hace posible una actividad o una actitud humana. Los dioses griegos crearon, en mayor proporción que ningunos otros, el espacio de la soledad humana. Dejaron al hombre libre por dejarle desamparado. El Olimpo con su esplendor prepara la soledad humana.

La soledad, situación que para un hombre de hoy es la más inmediata y hasta insoslayable, ha sido lenta y difícilmente encontrada. Bajo ningunos otros dioses conocidos podía llegar, porque su fuerza, su misterio no dejaba al hombre espacio alguno; su presencia, en cualquier forma, perseguía al hombre amedrentado. A pesar de la envidia de los dioses del Olimpo, el hombre pudo emprender bajo ellos el largo camino de su entrada en la soledad, en la libertad, en la responsabilidad de vivir como hombre. Y en ese sentido también, fue la preparación necesaria para la llegada del Dios único de la soledad y de la conciencia.

Con los dioses griegos, el hombre se despide al par que se abraza con la naturaleza. Son las formas sagradas de su pacto y ésa será su calidad divina persistente. Dioses mediadores entre la naturaleza y la historia; entre la situación original del hombre aterrorizado y la soledad en que surge la libertad. El hombre no hubiera podido emprender el largo camino de descubrir las cosas, edificar ciudades y ley, sin la mediación de estos dioses, puras formas en que la naturaleza se ha hecho transparente, ha accedido por fin a mostrarse en la única forma en que el hombre la necesita en este primer paso: en forma de imagen.

Pues la visión directa de lo que llamamos "naturaleza" no ha podido darse originalmente, antes de producirse una liberación del terror sagrado en que la naturaleza, sin manifestarse, lo envuelve. Era necesaria esta primera forma de develación que es la imagen, primera forma en que la realidad —ambigua, escondida, inagotable— se hace presente.

Entre el hombre y la realidad que le rodea, aun de la misma realidad que es su vida, se han interpuesto siempre imágenes. Sagradas al principio, se han convertido más tarde en simples representaciones, abriendo así la posibilidad a todo este mundo figurativo en que, de una parte, se representan las cosas visibles, y, de otra, se da forma al contenido de las creencias y todo aquello que gime en el interior del alma humana.

La pregunta primera de la filosofía: "¿Qué son las cosas?", no hubiera podido surgir de la conciencia humana sin la mediación de estos dioses, de estas imágenes mediadoras. Ortega y Gasset hacía derivar la pregunta que da inicio a la filosofía[2] de la ausencia de ser habida en los dioses griegos. Es la ausencia inicial del ser la que provoca la demanda, la

---

[2] Ortega y Gasset, en una lección del curso "Tesis metafísica sobre la razón histórica", dado en la Universidad de Madrid en el año 1935, expuso, con la claridad que le es propia, la tesis de que fue el vacío de ser habido en los dioses griegos el que provocó en el hombre la nostalgia, el echarlo

interrogación. Pues sólo se pregunta por lo que se echa de menos.

Mas, la sola ausencia del "ser" no explica la pregunta surgida naturalmente desde una situación en la cual no se encuentra. Ha sido necesario que el hombre se encontrara en una situación en la cual es posible la libertad que supone el hacer una pregunta, libertad que provenía del vacío de los dioses, de su falta de entidad y de una cierta seguridad que bajo el desamparo de esos dioses el hombre había adquirido. La libertad humana es, en un comienzo, desamparo humano, a lo menos en este género de libertad que obliga a preguntarse por el ser que no se tiene y se necesita. Pero es necesaria una sugestión venida de un mundo. Aun en el pensamiento, hace falta la inspiración.

¿De dónde podía llegar esta inspiración? En parte, de los dioses mismos.

La tesis de Ortega muestra la insuficiencia de los dioses. La del positivismo —Comte—, en que se concreta una tendencia o convicción racionalista más antigua, hace surgir el espíritu filosófico frente a los dioses. Tesis abonada por acontecimientos tales como la condena de Anaxágoras y la condena y muerte de Sócrates, sacrificado a la piedad hacia los dioses. Sin duda que el pensamiento filosófico, de acuerdo con la tesis de Ortega, se inició desde esta ausencia y vacío de ser habido en las imágenes del Olimpo y, de acuerdo con la de Comte, es imposible no advertir lo que hubo de lucha. Mas aparte de la interpretación de esta lucha, ha existido previamente a la ausencia y a la lucha un elemento positivo,

---

de menos y, por lo tanto, la decisión de buscarlo no en los dioses, sino en las cosas de la naturaleza.

A lo que sé, como tantas maduras ideas de su pensamiento, dicha tesis no ha aparecido publicada.

inspirador. Pues estamos en presencia de uno de esos cambios en la historia más íntima, en que unos dioses, símbolo de unas creencias y de un modo de estar en el mundo, son superados por creencias que no podrían haber nacido espontáneamente, que son sus hijas en cierto modo, pero que necesitan luchar contra los mismos dioses que las engendraron e hicieron posibles. Como el hijo que se separa del padre y lucha con él y que no hubiera podido existir sin él. Así el pensamiento filosófico y la afirmación de la persona humana contenida en la tragedia denuncian la insuficiencia de los dioses, y aun han de entrar en conflicto con ellos. Es el conflicto específico habido en la piedad griega y que tiene sus víctimas míticas y reales: Antígona y Sócrates, sin duda alguna víctima del sacrificio que exigen los dioses para dar paso a la nueva piedad, al nacimiento de la conciencia.

Mas, antes de que el sacrificio de Sócrates se consumase y de que el sacrificio de Antígona encontrara su adecuada, poética, expresión, había surgido la pregunta de las cosas, instante decisivo en el cual aparece una nueva actitud humana, verdadera crisis de nacimiento de la conciencia y del pensamiento, que hará del hombre, hombre en sentido más pleno. Diríamos que con la pregunta filosófica el hombre se ha decidido a asumir su puesto en el mundo, frente a los dioses, que antes de que se llegara a este instante habían sido sus inspiradores: inspiradores de lo mismo que les había de superar. Tal es la tragedia habida siempre entre las generaciones humanas y en esos cambios de horizonte en los que algo se genera también: una nueva manera de ser hombre. Y siempre parecen desde el horizonte nuevo, desde las "nuevas razones" como insuficientes y aun hostiles, quedando invisible lo que un día fue su alentadora luz.

Este cambio de horizonte podemos enunciarlo diciendo que es el cambio habido entre el predominio de la imagen y lo que un día será la idea. Idea que también se dice *forma*. Las imágenes, formas de los dioses, por el solo hecho de serlo y por el modo de serlo, por el carácter diáfano que hemos procurado describir. Por ser en su conjunto dioses de la luz, que se mueven en el medio de la visibilidad. De ahí que sus imágenes no les sean adventicias, no tengan ese algo de formado que tienen las imágenes de los dioses orientales. El hecho de ser imágenes les es consustancial. El hombre griego entró en contacto con la realidad en forma de visión: la primera forma de visión es la imagen y sus dioses fueron esas imágenes sagradas, por ser el instrumento de la relación del hombre griego con el mundo; la revelación de su propia alma creadora de estas formas de conocimiento y libertad. Formas salidas de la revelación del alma humana en la luz.

Mas, hay otra luz: la sombría luz de los misterios, la luz que alumbra no a las imágenes visibles, visiones del alma y de la inteligencia, sino al mundo sagrado no revelado todavía, al mundo del padecer humano en todo su misterio y su enigma. Es también la luz de la tragedia que nos imaginamos siempre bajo la indecisa luz de una mariposa de aceite, en el espacio angosto de los sueños. La luz que se insinúa en el alma, que no se repliega ante ella y permite que los conflictos trágicos, las pesadillas que pueblan el semisueño de la vida humana, el interior de esa "sombra de sueño" que es el hombre, se manifiesten. Luz contraria a la diafanidad, que hace salir de sí para ser entrevista esa clase de presencia, pura palpitación que es un ser humano, el ser que entre todos se presenta envuelto en su alma. Leve resplandor de la luz que corresponde al Dios desconocido.

Pues justamente el misterio último de lo divino quedaba como eludido en las figuras de los dioses descubiertos por la poesía que sólo llegaba a captar su danza, su historia, su juego. Y el padecer humano mientras hacía alusión a un dios invisible, fondo último de la realidad, de donde emanan las razones y sinrazones no dichas por ningún oráculo. El dios a quien Edipo sacrificará la luz de sus ojos, y que acogerá a Antígona en su tumba; resistencia irreductible que todos los dioses juntos dejaban intacta y frente al cual, ellos también, eran "sombras de sueño". Dios de la angustia y de la esperanza, que se hace sentir en una persecución que sólo cesa cuando ha tomado para sí, no la vida, sino el sentido de la vida. El dios que destruye los designios más razonables de la mente y que da la vuelta a los más claros propósitos mostrando su ambigüedad. El dios delator, el implacable.

Si la pregunta que da nacimiento a la filosofía hunde sus raíces en la ausencia de ser habida en las imágenes de los dioses, la tragedia nacerá dando figura a las pretensiones de existir, a la pretensión de existir en que consiste la condición humana. Una ausencia del ser también más allá del ser de las cosas y que no podrá "fundar" la filosofía, sino ese saber trágico cuya pregunta inicial será la queja, el llanto.

La conciencia del poeta, del autor de tragedias, vendrá como a suplir esa función del Dios desconocido, esa acción divina más allá del ser y que el "motor inmóvil", máxima claridad del Dios del ser, no podrá cumplir en modo alguno: ser el Autor responsable, donde todo ser y conato de ser encuentre acogida. El ser el Dios de los medios-seres y de su angustia.

La filosofía perseguirá bajo el vacío de los dioses el ser

que ni siquiera le han ocultado: la tragedia encontrará el ser que conviene al monstruo que se agita por ser, al que ha de recorrer aún un fatigoso camino para hacerse visible. Pues el monstruo es simplemente el fragmento de sí mismo, el trozo de una unidad que, de tan ausente, ni siquiera se insinúa. El trozo que hace referencia a la unidad de que forma parte es producto de una división, de una ruptura que, por violenta que sea, no ha deshecho la imagen de la unidad misma que ya estaba, que ya era. Pero todo lo monstruoso lo parece porque la unidad que ha de salvarle no se ha formado todavía o porque ha fracasado. Aspiración a una unidad no hecha o destrucción de una unidad, el monstruo necesita ser acogido por la mirada del Autor —de un ser que es alguien—, para que le restituya o le done la unidad perdida o no alcanzada.

Y así, la multiplicidad de los dioses dibuja en el alma griega la nostalgia de la unidad —ser, identidad— y la resistencia a la luz del Dios desconocido obligará a la conciencia poética a asumir el papel del autor, la mirada oculta en toda luz, más sensible aún en el parpadeo de la luz que arroja algo que se consume. Esa luz que todo lo que se desvive acaba por desprender. Pues la lección de la sabiduría trágica es que el sufrimiento en su grado extremo, cuando consume y desvive, pone en libertad una luz escondida en lo más refractario a la diafanidad, en la caverna ciega que es el corazón del hombre.

La luz ligera que envuelve las imágenes de los dioses ha prefigurado la luz impasible de la inteligencia, la ha hecho anhelar. Proyección de la diafanidad a que aspiraba el alma en Grecia, fue a cumplirse en la impasibilidad del pensamiento filosófico, que tal es el precio y la condición de que la mente humana pueda leer en la luz. La tragedia, hija del

Dios escondido, relatará la pasión por la luz, los sufrimientos de la luz misma en sus tránsitos, la luz en su comercio íntimo con la vida que le resiste y la espera, el clamor, en suma, de lo más humano de la condición humana; el ser en conato abierto a la esperanza. Su condición pasiva y trascendente.

LA DISPUTA ENTRE LA FILOSOFÍA Y LA POESÍA SOBRE LOS DIOSES

Los dioses, según Ortega decía, presentaban un vacío de ser que provocó la nostalgia de todo lo que en la idea de ser se iba a encontrar. Por su parte, la filosofía cuando nace prescinde, aunque no absolutamente, de ellos. En realidad, la filosofía no se presentará desprendida enteramente de los dioses. Hasta Aristóteles ha contado con ellos de diversas maneras. Percibirlas y precisarlas es una tarea que se presenta cada día como más ineludible para esa historia de la esperanza humana que sería la historia verdadera del hombre.

El origen de la filosofía se hunde en esa lucha que tiene lugar dentro todavía de lo sagrado y frente a ello. La filosofía nació, fue el producto de una actitud original, habida en una rara coyuntura entre el hombre y lo sagrado. La formación de los dioses, su revelación por la poesía, fue indispensable, porque fue ella, la poesía, quien primeramente se enfrentó con ese mundo oculto de lo sagrado. Y así, por una parte la insuficiencia de los dioses, resultado de la poética acción, dio lugar a la actitud filosófica. Mas, de otro lado, vemos que en la actitud que supone la actividad poética se encuentra ya el antecedente necesario de la actitud que dará origen a la filosofía. Como siempre que de una actividad humana nace otra distinta y aun contraria, no es sólo de su limitación, de lo que no llegó a alcanzar, de donde nace, sino de lo que alcanzó también; de su aspecto negativo unido al positivo.

Y así, la filosofía se inicia del modo más antipoético por una pregunta. La poesía lo hará siempre por una respuesta a una pregunta no formulada. El preguntarse es lo peculiar del hombre, el signo de que ha llegado a un momento en que va a separarse de lo que le rodea, algo así como la ruptura de un amor, como el nacimiento.

Toda pregunta indica la pérdida de una intimidad o el extinguirse de una adoración. En los dos procesos actúa como fondo último, determinante, el afán, la necesidad quizá de un alguien que quiere independizarse, vivir por su cuenta, liberarse de lo mismo que ha sido el lugar de su alma. Y aún más que la ruptura de un amor, es algo como el nacimiento; el proceso en que un ser que se ha nutrido y respirado dentro de otro, intrincado con él, se desprende en busca de su propio espacio vital.

Así la pregunta filosófica que Tales formulara un día significa el desprendimiento del alma humana, no ya de esos dioses creados por la poesía, sino de la instancia sagrada, del mundo oscuro de donde ellos mismos salieron. Pues a su vez las imágenes poéticas de los dioses eran una solución hallada a esa necesidad de desprendimiento, de salida a un espacio libre, a una relativa soledad.

Mas, al ser las imágenes de los dioses insuficientes para proporcionar la soledad que el hombre necesita para ser enteramente hombre, para vivir por su cuenta, la pregunta de Tales muestra una especie de retroceso, un regreso que surge en toda gran crisis histórica. Antes de lanzarse hacia adelante en el camino de la historia, el hombre comienza por retroceder un instante al punto de origen, de partida. En la filosofía, tal cosa es enteramente visible; en todos los momentos en que la filosofía ha nacido o renacido se ha verificado este retroceso a una situación más originaria que la habida en el momento histórico correspondiente, un retroceso, diríamos, a la ignorancia primera; a la oscuridad originaria. Y el verdadero proceso de la filosofía y su progreso —de haberlo— estriba en descender cada vez a capas más profundas de ignorancia, a adentrarse en el lugar de las tinieblas originarias del ser, de la realidad: comenzando por olvidar toda idea y toda imagen.

Y así, la pregunta inicial de la filosofía: "¿Qué son las cosas?", suena todavía en nuestros oídos con ese aire de brusquedad y hasta de impaciencia, como si dijera: "basta de dioses y de historias, volvamos o empecemos a no saber". Y al retroceder a la ignorancia se hundió en ella —el que se decidió a preguntar por las cosas— mucho más de lo que lo estuvieron los que configuraron los dioses. Y los que creían en ellos antes de que los hubiera, los que habían vivido apegados en adoración y temor a la realidad oscura y hermética de lo sagrado. Pues solamente una ignorancia más completa podía descubrir la soledad de la que nace la pregunta.

Soledad un tanto especial; pues más que haber soledad, hay soledades, distintas. La soledad en la que debió nacer la pregunta de la filosofía, parece ser la que adviene cuando se han perdido las imágenes y los fantasmas; cuando una imagen con quien se ha vivido en intimidad se desvanece. La soledad que aún no se sabe como soledad y que apenas se siente, porque corresponde a ese instante en que algo se acaba de ir y se está enfrente de toda una realidad que se presenta aún más enigmática; en este caso, frente a la realidad, lo que más absorbe la mente humana: un problema.

El alma se ha vaciado; ha perdido el contacto con sus imágenes familiares y queda como adormida bajo la actividad de la mente que encuentra por primera vez su presa, su alimento adecuado. Y aún antes de que ningún descubrimiento acerca de las cosas llegue, está la revelación de la misma pregunta, la embriaguez de este descubrimiento del preguntar y el juego de poder contestarse a sí mismo sin aguardar a que nadie traiga respuesta alguna. La inauguración del gran lujo de preguntarse sobre lo que hasta hace un momento era incuestionable por no aparente, por escondido bajo las imágenes, bajo las fábulas.

Y, así, esta ignorancia vino a resultar el lugar de una revelación: de la revelación del ser identificado en seguida con la cosa menos cosa entre todas; con lo que puede entrar en todo; el agua visible en forma de transparencia, lugar de germinación sin fin, que viene siempre de alguna parte, naciendo secretamente, que entregada a sí misma va hacia algún lugar, que parece continúa sin límites, sin cualidad. El aire podía competir con ella en esa su forma de presentar el ser y casi era indiferente e intercambiable como fondo último residente de todas las cosas.

Merced a las imágenes de los dioses, el hombre había quedado a salvo de la persecución nacida de ese fondo sagrado en que la realidad se hace sentir. Y en esa calma, la soledad podía darse, la soledad en que se origina la pregunta. La pregunta que es el despertar del hombre.

Y mientras, la poesía seguirá prisionera de ese delirio de persecución del que nunca se liberará. La pregunta filosófica tiene mucho de persecución, un género nuevo de persecución, que la mente humana inicia después de haberse despegado un tanto del delirio persecutorio padecido por tan largo tiempo y a medias apaciguado bajo las imágenes de los dioses.

Y, así, quizá se insinúe el rencor permanente entre el que padece la actitud poética y el que asume la actitud filosófica: sentirse perseguido. Poeta será siempre aquel que no se pone a salvo de sufrir la inacabable persecución y es natural y hasta justo, de una cierta justicia, que mire con recelo a quien no sólo parece haberse librado, sino que se lanza a perseguir de esa extraña manera que es inquirir las razones de las cosas.

Por su parte, quien asume la actitud filosófica, asume también la responsabilidad de sus palabras, que serán por ello declaraciones cargadas de una nueva pretensión. Creo recordar que en una de sus lecciones Ortega y Gasset hacía recaer la diferencia entre el decir del poeta y el decir del filósofo en la falta de responsabilidad del primero. Bajo el logos de la poesía no encontramos la unidad —coherencia, continuidad— de *alguien* que no sólo da razones, sino que ofrece también razones de sus razones, que tal es el filósofo, decía Ortega. Mas, el poeta ofrecerá en cambio de estas razones de sus razones su propio ser, soporte de lo que no permite ser dicho, de todo lo que se esconde en el silencio; la palabra de la poesía temblará siempre sobre el silencio y sólo la órbita de un ritmo podrá sostenerla, porque es la música la que vence al silencio antes que el logos. Y la palabra más o menos desprendida del silencio estará contenida en una música.

El poeta aceptará y aun pretenderá otro género de responsabilidad que la que se ofrece desde la conciencia y la claridad de las razones; esa responsabilidad sugerida más que en la palabra en el gesto de la mano que indica una dirección. Poesía y filosofía serán desde el principio dos especies de caminos que en privilegiados instantes se funden en uno solo. El camino abierto paso a paso, mirando adelante hacia el horizonte que se va despejando, que absorberá el nombre de "método" y el camino que la paloma traza en el aire sin saberlo llevada sólo por su único saber: el sentido de orientación. No deja huellas, mientras el camino llamado "método" será siempre una traza, una línea visible que exige ser recorrida, y que hace sentir una especie de mandato y entrará, sin duda alguna, como ingrediente en lo que siempre se ha entendido como "responsabilidad"; pues la forma más aguda y extrema de ser responsable es asumir el mando.

Bien pronto el filósofo en Grecia tomará para sí esta función del mando que en otras culturas estaba encomendada al profeta, al jefe religioso. Por un momento, pareció dudar esa señal del mando entre ir a posarse sobre la cabeza del poeta o sobre la del filósofo. La vacilación tenía que producirse, puesto que entre los dos se disputan en realidad el papel de hablar en nombre de la divinidad; señalar imperativamente un camino es función de quien lo hace como un Moisés en nombre de una orden a su vez recibida, de una obediencia.

Y lo que en Grecia se planteara parece ser la cuestión bien decisiva de si iba a mandar el poeta o el filósofo, puesto que no había en realidad sacerdote, profeta encargado de ello, a causa de la falta de un dios revelado. La contienda tenía que producirse en términos ya meramente humanos, contienda original que señala el origen del humanismo, de ese humanismo que ni aun bajo la cristiandad ha podido acallarse en ningún momento y que diríamos que actualmente vuelve a presentarse como en los días de Grecia en toda su gravedad.

Venció el filósofo a causa de su retroceso a la ignorancia. Pues el poeta hablaba en nombre de unos dioses que no le sostenían. Y sólo el poeta trágico situándose —hasta donde es posible humanamente— en el lugar del Dios desconocido, podía sostener su pretensión frente al filósofo o podía inspirar al filósofo una cierta inquietud.

Lo que aparece en realidad en Grecia es la victoria de la filosofía sobre la poesía, en una curiosa manera. Pasado el primer momento en que la pregunta fue formulada por la filosofía tras la vacilación entre dos respuestas igualmente inadecuadas y equivalentes (agua, aire), vino a fijar su mirada sobre una realidad, primaria, original: sagrada por oculta y ambigua, por apenas nombrable. El *apeiron,* de donde todas las cosas vienen, según Anaximandro, fondo oscuro en donde la injusticia del ser, de ser algo, estará asentada. Descubrimiento verdadero de esta ignorancia de la actitud filosófica. Pero, preciso es ver que si tal ignorancia es hallazgo de la actitud filosófica es también aquello frente a lo cual el poeta tiembla, calla y habla.

Y así, la hazaña de la filosofía griega fue descubrir y presentar como suyo aquel abismo del ser situado más allá de todo ser sensible, que es la realidad más poética, la fuente de toda poesía. Diríamos que la victoria de la filosofía se logró por haber arrebatado a la poesía su secreto, su fuente. Por haberle dado nombre, por haber descendido hasta esa profundidad en que la conciencia originaria, el asombro aún mudo, se despierta rodeado de tinieblas.

Pues el *apeiron* sería el nombre, no sólo de la realidad que es pura palpitación, germinación inagotable, sino de la misma vida humana antes de que el hombre tome un proyecto de ser sobre sí, antes de que se decida a ser alguien o a hacer algo. Y aun el instante en que ambas realidades andan mezcladas e indiscernibles, la comunidad primaria que la conciencia destruirá para establecerla de otro modo. En el camino de buscar equilibrio en la injusticia de las cosas que son y, de la más grave aún, de que el hombre sea, a su vez. Y sólo al final del largo camino, en la identidad de la inteligencia que conoce con lo conocido, la igualdad estará enteramente recuperada. La injusticia aniquilada, ya no en la oscuridad originaria, sino en la claridad final.

El poeta se había adelantado al conformar el fondo sagrado en las imágenes e historias de los dioses. Diríase que este servicio prestado por la poesía a la conciencia necesitada de saber a qué atenerse, lo pagó al ser vencida por la filosofía, por el descubrimiento del *apeiron:* lo sagrado a revelar. La poesía se había apresurado a contar las historias de la metamorfosis de la libertad semidivina. Y por este encumbramiento —inevitable— dejó abandonado el oscuro fondo originario: lo sagrado verdadero.

Tres momentos parece haber en esta lucha entre filosofía y poesía en Grecia: primera victoria obtenida por la filosofía, especie de premio a su adentramiento en la ignorancia. En seguida vemos que la respuesta afortunada unida a la pregunta, a la actitud del preguntar, va a hacer que nazca la investigación propiamente filosófica; la pregunta ya tendrá donde morder. Y ello nos pone frente a una verdad que bien podría repetirse siempre: si la filosofía es la que pregunta, la poesía es la que encuentra. Filosófico es el preguntar y poético el hallazgo. —¿Todo hallazgo, no será siempre poético?

Y así, en la primera etapa —presocrática— de la filosofía griega encontraremos ese momento feliz de las nupcias entre filosofía y poesía. La actitud filosófica proseguirá su inquisición, mas la presencia del oscuro fondo indiferenciado no permitirá un exceso de discernimiento y todo discernimiento será medido. La dialéctica se iniciará como lateralmente, sin intervenir en los "descubrimientos". Y su nacimiento marcará el instante de la "pureza de la actitud filosófica, desprendida enteramente de la poesía".

Parece posible señalar las etapas esenciales de la relación entre filosofía y poesía de esta manera:

1. Pregunta filosófica en que se descubre la actitud netamente filosófica.

2. El descubrimiento filosófico de la realidad poética del *apeiron*.

3. La unidad entre filosofía y poesía habida en Heráclito, Parménides, Empédocles.

4. La denuncia de la "mentira" de la poesía por Platón.

Y como en medio de esta lucha y como en su foco está la actitud frente a lo sagrado y la acción derivada de la actitud, es decir, la relación con los dioses y con lo divino, aparecen los dos momentos de máxima gravedad de la acusación contra Anaxágoras y la condena de Sócrates por impiedad.

Pues en realidad la polémica o diferencia habida entre filósofos y poetas se dibuja sobre el fondo de lo sagrado, de la relación con los dioses, de la piedad. Y es que la divergencia, el abismo que separa a las dos, resulta de la diferente acción que con lo sagrado realizan. En forma esquemática se puede decir que la poesía extrajo las formas de los dioses y sus historias sin hundirse previamente en ese fondo oscuro del *apeiron,* más presente en la poesía trágica para lo cual el *apeiron* resulta claramente insuficiente, pues que se trata del fondo, no sagrado sino divino, dejado intacto por los dioses, del Dios desconocido. La poesía lírica será el sentir, el sentir irreductible del tiempo y del amor que corre su suerte. Mientras que la filosofía que descubre la realidad sagrada en el *apeiron* no descansa hasta extraer de ella lo divino Unitario; la idea de Dios.

Le vino a faltar a la poesía en Grecia algo así como su suelo, el punto de partida inicial que fue tomado por la filosofía. La poesía se adelantó al conformar las imágenes de los dioses. La filosofía se encontró, pues, ante una situación que comportaba, por una parte, la transformación de lo sagrado en lo divino hecha presente en las imágenes de los dioses, y el fondo originario oculto sin nombre, por la otra. Y así se explica que, no más hubo tomado contacto con el fondo sagrado, la filosofía entrase en polémica, en disidencia con las imágenes de los dioses, y fuera perseguida en nombre de ellos. Se trataba simplemente de que la filosofía, desde que se dio a conocer con Parménides, mostraba la unidad del ser; el ser, un antecedente de lo que sería el resultado final de su acción y el logro último de su actividad: la idea de Dios.

Pues el oscuro *apeiron* bien pronto fue abandonado; era solamente el contacto inicial con la realidad originaria donde estaba contenido aquello que la pregunta filosófica buscaba: y el ser, más que el aspecto de realidad del ser, su contextura, la unidad. Pues de la realidad no pareció dudar nunca la mente griega; que no fue movida por la falta de realidad, sino por la ausencia de unidad.[1] Y fue la unidad la perseguida por la mente. Toda la filosofía griega puede verse a la luz de esta ahincada prosecución en pensar la unidad, su verdadero problema. Y así, el *apeiron* fue bien pronto sustituido como punto de partida de toda investigación por el uno de Parménides, la segunda revelación alcanzada por la filosofía, mas ésta ya exclusivamente filosófica. Lo que sucede en Parménides parece el caso inverso de Anaximandro: la inspiración poética realiza un descubrimiento filosófico, mientras que en Anaximandro, la pregunta nacida de la actitud filosófica realiza un descubrimiento poético.

Y parece poética la actitud de Parménides a causa de la

---

[1] Nuestra avidez parece ser, en cambio, de realidad. Por eso el descubrimiento del *apeiron* nos fascina.

inspiración en que la unidad del ser es expresada. Se trata de la enunciación de algo en términos de revelación, y como tal "revelación" va a funcionar, pues que a ella se volverá siempre como a un punto de partida donde reside el problema del ser y el no ser en sí mismos y del ser y del no ser confrontados con las "apariencias", de las que ha de dar razón.

Una vez descubierta la unidad —el ser-unidad— la polémica con los dioses de la poesía estaba planteada, aunque no se declarase. Sólo se declaró desde el lado de la filosofía tras de la tragedia de la muerte de Sócrates. La creencia en los dioses no constituía un problema para el filósofo, y en la medida en que fuese cuestión, quedaba planteada de modo indirecto, lateralmente y al par radicalmente: pues los dioses quedaban fuera de la estructura del ser sin quedar por ello sumergidos en el no ser; quedan simplemente fuera de la cuestión; imágenes disminuidas en sombra que se desvanece.

La libertad hallada por la acción poética de configurar las imágenes divinas fue aprovechada por la filosofía para una acción específica acerca de lo divino, de signo contrario. Pues la acción entre todas de la filosofía fue la transformación de lo sagrado en lo divino, en la pura unidad de lo divino.

Y para realizar esta acción impremeditada de transformar lo sagrado en lo divino, el pensamiento filosófico tuvo que desatender a los dioses, imágenes. Partió del *apeiron,* realidad sagrada, ambigua, oculta, donde todo germen está contenido, actuando, es decir, portadora de todos los signos de la realidad; materia en suma, donde la abstracción iría haciendo explícito su contenido. El ser uno de Parménides es ya la idea, la primera idea y, por eso, es natural que aparezca en la misma inspiración el descubrimiento de la "idea". Es la identidad, la unidad de identidad descubrimiento que viene a situarse en el otro polo del *apeiron*. Y así, entre esos dos polos: el *apeiron* —realidad ilimitada— y el ser uno, unidad de identidad, señalan los principios de la acción específica del pensamiento, de la transformación de lo sagrado en lo divino.

Y la "idea", entre todas, portadora de la identidad será la idea de Dios. Divinidad que conservará la máxima realidad del *apeiron*, el ser origen de todo. Mas sin ambigüedad alguna, idéntico a sí mismo, siendo al mismo tiempo el sostén último del ser de cada cosa y su garantía ontológica. Permaneciendo en sí mismo y en todo. Justicia última sobre la injusticia de que cada cosa llegue a ser.

Pues, mientras se ve el ser de cada cosa saliendo del fondo indeterminado originario, será forzosamente ambiguo, pues se aparece como sustracción al ser total, como arbitraria "edificación" que quedará denunciada desde su constitución misma. Y la ambigüedad de ese ser será injusticia. Esa "injusticia" que, en el mismo Anaximandro, denuncia ya la ley del ser. Desde la realidad del *apeiron,* la justicia era tan sólo el retorno, la reabsorción de las cosas, de cada una, en esa unidad que no puede permitir porque no puede donar unidad —ser— a nada. Y el que sea así, muestra cuanto hay en esta realidad de sagrado, de irrevelada divinidad que al no poder dar el ser, no puede permitirlo.

Y era ésta la gran necesidad humana implicada en el problema del ser; vencer por la visión esa oscura resistencia de lo sagrado, desentrañar dentro de ella la pura esencia que siendo hace que cada cosa sea; descubrir al final al ser que hace ser.

LA CONDENACIÓN ARISTOTÉLICA
DE LOS PITAGÓRICOS

1

Bajo los más fríos y claros pensamientos corren, a veces, los sentires más apasionados. Algo muy decisivo va en ellos. Tratándose de disputas filosóficas, suele ser el porvenir; pues el pensamiento filosófico ha nacido con la pretensión, que ha guardado siempre en su seno, de decidir, de definir realidades que serán así de por siempre. Y claro está que no se podrá vivir lo mismo si tal realidad resulta definida de un modo o de otro. Más todavía, si entra a formar parte del territorio de lo definible o si se queda vagando a sus puertas, como alma en pena.

Y cabe la sospecha, la conjetura, de que la filosofía griega haya dejado muchas realidades convertidas en almas en pena; y dentro de la filosofía un filósofo, Aristóteles, descubridor de la definición. Definir es salvar y condenar; salvar condenando. Más aún, juzgar. Y Aristóteles descubrió también el juicio.

Había de ser así, pues que en Aristóteles se realiza la hazaña de pensar las cosas que son, o las cosas en tanto que son; pensar desde el ser, que por eso hubo de desplegarse en la multiplicidad, sin perder su unidad: "el ser se dice de muchas maneras".

Cabía esperar que al mostrar el ser su riqueza, su sistemática multiplicidad, todo quedara salvado, absorbidos todos los intentos de pensar el ser o la realidad habidos anteriormente a este Hegel de la Antigüedad.[1] Así sucedió: todos los filósofos quedaron incorporados visible o invisiblemente en este triunfador pensamiento sistemático. Todos los intentos filosóficos, menos uno: el de "los llamados pitagóricos".

Ni siquiera el nombre de Pitágoras es pronunciado por Aristóteles en esas sus lecciones sobre "la ciencia que se busca". Con reiterado desdén nombra a los secuaces de Pitágoras, una y otra vez, confundiéndolos en lo que para un hombre antiguo había de más infamante, en una multitud; dándoles un carácter multitudinario, de acuerdo con la confusión de su pensamiento.

¿Qué se escondía tras este desdén? Sin duda alguna, algo sumamente decisivo que explica igualmente la no disimulada irritación ante el pitagorismo de los últimos años de su maestro Platón y de ciertas tendencias de la Academia. Se trataba, en efecto, de lo más importante de su pensamiento: de la "sustancia" hallada en discusión sobre y contra las ideas platónicas en todos sus aspectos, pero entendidas especialmente como "números". Y con ello, sospechamos que de algo más importante aún: la existencia misma de la filosofía.

Pues, ¿acaso ha sido posible alguna vez la constitución de la filosofía, de una filosofía desde el pitagorismo? En todo caso, no la conocemos. Y una de las cuestiones a esclarecer de la verdadera historia del pensamiento griego es ésta, dramática entre todas: la incapacidad, o imposibilidad radical tal vez, del pitagorismo para dar nacimiento a la filosofía.

---

[1] La analogía entre Aristóteles y Hegel, en cada uno de sus respectivos horizontes, es una idea que escuché insistentemente hace años a mi maestro de historia de la filosofía, Xavier Zubiri.

No fue el pensamiento filosófico en todo su rigor el fruto del pitagorismo, sino de su desdeñoso antagonista Aristóteles. Sus dones han sido: música y matemáticas, dos hijas del número, no de la palabra.

El haberlo verificado así, tan simplemente, justifica la intransigencia de Aristóteles, pues él no estaba ahí para admitir, sin más, no ya la existencia de música y matemáticas, sino su injerencia —artes del número— en el territorio del ser, del ser que es logos. Y sólo si el ser es logos, la filosofía puede existir.

Si es el número el que conforma y expresa la estructura de la realidad, "de las cosas que son", todo quedaría en esquema; las cosas quedarían desencarnadas, si son cuerpos vivientes; descorporeizadas, si son materiales o cosas hechas por el hombre. El Universo sería un tejido de ritmos, una armonía incorpórea, que tal debió de ser la fe inicial de los pitagóricos: "¿Qué es lo más sabio? El Número. ¿Qué es lo más bello? La armonía", decía el catecismo de la hermandad, más que escuela, pitagórica.

Y de haber sido así, de haber sido aceptada esta fe, el intento, la decisión que inspiró la pregunta de Tales y con ella el nacimiento de la filosofía hubiera quedado frustrado: la decisión de ser hombre, de existir, de aceptar conquistando la parte que al hombre se le debía en la realidad, en aquel mundo "lleno de demonios, de almas, de dioses".

Las almas y los dioses que llenaban el mundo en los tiempos de Tales —el que se decidió a descubrir el ser de las cosas y hacer posible el ser del hombre— hubieran podido seguir existiendo en este universo-armonía. Era su elemento adecuado. Las almas respiran en la armonía, respiran en el ritmo. La respiración de cualquier viviente ¿no es ya ritmo?, el primero que el hombre percibe... y más que percibir, el ritmo que le acompaña, el ritmo que mide su vida instante a instante junto con el martillo del corazón… Y, en cuanto a los dioses y *daimones,* el ritmo y la armonía es su elemento; ellos que viven en metamorfosis y en danza. Y que para nada habían de aprovechar de la "sustancia" aristotélica; ellos, insustanciales. La sustancia fue pensada por vocación de habitar "este mundo" y de encontrarle su máxima realidad; la sustancia sólo beneficia al hombre; pues ni los dioses, ni Dios se sirven de ella. Dios, el Motor inmóvil, "Pensamiento de pensamientos", está más allá de las categorías encabezadas por la sustancia.

No fue pensada con miras a lo divino la sustancia aristotélica, sino para realizar cumplidamente el designio de Platón de "salvar las apariencias", este mundo. Y de este mundo, su centro: el hombre. Y, no por azar, había de servir más tarde para sustentar en lo posible *en la razón* el misterio de la encarnación del Hijo de Dios, "el ser" del Hombre-Dios. Y así, resultó que la idea pensada más con miras a lo humano que ninguna otra, sería el soporte del pensamiento de la revelación de un Dios que Aristóteles no pudo prever. Le sirvió por haber sido estrictamente fiel a lo humano.

No podía preverlo. Y si alguien se lo hubiera hecho sensible, no lo hubiera entendido —o quizá… No hay que buscar, pues, en el presentimiento de un fututo que sobrepasaba todas sus pretensiones, el motivo de su desdén a los dichos de "algunos pitagóricos". Es el desdén que se añade a la necesaria inexorabilidad de su contienda. Pues, contrariamente, sucede que cuando se es inexorable con un pensamiento, no se le tenga desdén: la altura del adversario nos mide.

Y el desdén anda cerca de la repugnancia; pertenece como ella a la clase de actitudes humanas que diseñan una incompatibilidad radical. Es decir, una incompatibilidad "religiosa".[2] Debía tratarse de una diferencia en cuanto a lo divino, pues nada hay que separe más a los hombres —y aún más a un hombre tan "piadoso" como Aristóteles— que la diferencia nacida del dios a quien se sirve; del fondo sagrado, escondido, que inspira el pensamiento que va a "develar" lo divino.

¿Cuál podía ser el dios de los pitagóricos? ¿Lo había, acaso? No el dios declarado en idea, sino la potencia primera que inspira, es decir, lo sagrado, el fondo sagrado que a veces, tantas, aun dentro de una misma religión separa a los hombres. Lo sagrado, esa especie de placenta de donde cada especie de alma se alimenta y nutre, aun sin saberlo.

Es aventurada inquisición ésta de descubrir el fondo sagrado oculto que inspira un pensamiento, una actitud vital. Y la manera más recta parece ser la de acudir a lo que tal pensamiento y tal actitud vital han producido y descubierto. Y los pitagóricos, ya se ha dicho, descubrieron y adoraron música y matemáticas, artes del número. Y la música, arte del tiempo.

Espacio y tiempo son categorías últimas del universo mirado por el hombre. Y aun se podría añadir que se han dividido la atención de los mortales, divididos y aun escindidos, a su vez en dos categorías: los fascinados por el espacio y los atraídos por el tiempo.

---

[2] La repugnancia y el desdén mezclado a ella es lo que más separa a los hombres: "No existen odios irreconciliables, sino repugnancias invencibles" ha dicho Juan Ramón Jiménez. Se refieren siempre —sin que sea consciente— a algo que se siente como una materia, algo informe y oculto o que debería de estar oculto. Algo emparentado a lo sagrado. Es extraño que en el magnífico ensayo de Kolnai, "El Asco", publicado en la *Revista de Occidente* hace años —recogido en el tomo *Ensayos filosóficos y científicos*, Madrid, 1950— no se haga referencia alguna a "lo sagrado".

No es de extrañar, por tanto, que al imaginar dioses o al pensar lo divino, se haya hecho guiado por el espacio o atraído por el tiempo. Como si espacio y tiempo, a la manera de dos deidades generadoras, fuesen medios de aparición de la realidad; lugares específicos de revelación de la realidad total y desconocida.

Espacio y tiempo habían de atraer hacia sí la figura del dios que se piensa o que se siente. Dios ha sido pensado en función del espacio o en contra del tiempo —pero "en contra" es igualmente en función de. Sin duda alguna que el dios de los pitagóricos, si hubieran llegado a pensarlo como logro de su malograda filosofía, hubiese sido un dios temporal. Mas, como la idea de Dios, el Dios del pensamiento es la revelación intelectual del fondo sagrado de donde se ha partido, tendremos que es al Tiempo primario, al Tiempo sagrado a quien los pitagóricos debieron de sentirse apegados. De él debieron partir: de lo numerable y de la realidad que se despliega sucesivamente, devorando. Del viejo Cronos de las teogonías.

La angustia del tiempo inspiró el orfismo, raíz de las creencias pitagóricas iniciales. El gran trabajo de Pitágoras debió ser racionalizar ese tiempo primario, devorador, más activo que el *apeiron* de Anaximandro. El viejo Cronos que se alimenta de sus hijos, dios de todos los antiguos, el más abismal, el que manifiesta el abismo sin fin del tiempo, la infinitud más aterradora, para una mente griega, que cosa alguna. "Este Cronos inmortal del consejo eterno engendró al éter y un torbellino inmensamente grande por cada lado; ningún límite había abajo, ni fondo, ni sostén alguno" dicen unos versos órficos citados por Proclo. Y aún: "Y Cronos de la inmensidad de su seno engendró así al Éter y a Eros célebre de doble naturaleza que mira hacia todas las direcciones. Padre de la Noche eterna… y Cronos produjo por propia generación el fuego, el aire y el agua".

Y Cronos, padre del éter y de la noche eterna, del silencio, fue también padre de la música, tiempo racionalizado, tiempo hecho alma en virtud del número. Cronos, padre vencido por Orfeo en la leyenda y en la "visión" perdida de Pitágoras por el encanto del número sagrado. Cronos, dios de los números y de la música.

Mas, para que llegara a ser así, hubo de mediar no una razón inteligible como en el dios de Aristóteles nacido originariamente del *apeiron,* fondo viviente originario, placenta de la vida y sus formas; no una razón, sino un encanto. La magia persistente de los números y del canto. Las fórmulas matemáticas conservarán siempre las huellas de su origen mágico, operante, activo. Los números sagrados que conservaron plenamente los pitagóricos eran como las fórmulas de la física moderna desintegradora del átomo, operantes, instrumentos de dominio y de acción oculta, no racionable enteramente. Para Aristóteles, fiel al logos, a la inteligencia cuyo "acto es vida", todo esto es "lo otro", lo distinto al logos.

Y el canto y la lira —armonía que es razón, pero también y siempre evocación— otra acción mágica, atraedora de almas, de recuerdos. La música es la diosa que sirve a la memoria. Es coherente también en este punto de leyenda de Pitágoras que le atribuye una prodigiosa, sobrehumana, memoria. La música nació para vencer el tiempo y la muerte, su seguidora. Lo que se revela y se hace accesible por la música son los infiernos del tiempo de la naturaleza, del alma entre la vida y la muerte, que hubo de atravesar para saberse a sí misma y ponerse a salvo. El simple sentir del tiempo es ya infernal. El número lo reduce, lo racionaliza.

Cuando estamos presos del sentir del tiempo, contar es una actividad aplacatoria, una especie de rito. El horror del tiempo se aplaca primeramente por la monotonía.

El tiempo simplemente numerado es la primera victoria sobre el abismo de Cronos, el tiempo primario que no da cuentas, ni razones.

Someter el tiempo a razón es someterlo a número. Así el número inicial, primero, es un encanto mágico, el simple contar que lo amansa en monotonía. La monotonía, el primero de los caminos abierto a través del tiempo, al que corresponde la monodia del canto primitivo griego y de la liturgia.

Es comprensible que el espacio haya tenido la primacía en atraer al pensamiento, en ser buscado como "el lugar del ser", identificado con él. Pues el espacio lleva consigo la salida a la luz. El hombre que *siente* haber ganado en espacio siente al par que sale a la luz; la cárcel es siempre oscura. Y el primer sentir que el hombre debió tener cuando se dio cuenta de que estaba solo, solo y rodeado de algo inaccesible, debió ser, sin duda, el sentirse en una caverna. La *Alegoría de la caverna* platónica arrastra esta vivencia.[3] Salir al espacio se confundirá con "salir a la luz".

Mientras que la representación nacida del sentir del tiempo será nocturna y abismal. Y si la palabra corresponde a la luz —el logos-luz—, el abismo de la noche temporal se hará accesible al manifestarse en la música, forma del tiempo. La palabra define, capta o da la forma; revela la plasticidad del universo. En la palabra se encierra, se contiene una inteligencia que tiende a hacerse cuerpo; la palabra parece

---

[3] Los mitos a que Platón recurre en su pensamiento parecen ser a manera de "visiones" adecuadas a un sentir originario; un sentir *a priori*.

el pozo de un ímpetu que desciende a hacerse lo más parecido a cosa; un sentido en busca de su forma. La palabra desciende.

Número es medida, un género de razón. Heráclito entendió por ella toda la razón, sintió así el logos. No aparecieron en su pensamiento las etapas que desde la intuición o el sentir del número —pues el número es primariamente intuitivo— llevarían a su idea del logos-armonía, o a lo menos, no nos son conocidas, aunque es de creer que, dada su "distancia" de los hombres, no pensaría en ofrecerles camino alguno. En Heráclito la filosofía es *hieros* logos; es decir, sagrada, no método: en Heráclito como en todos los pensadores de inspiración pitagórica, que sólo ello bastaría para sospechar en él una actitud original cercana a los pitagóricos, no dependiente de una influencia.[4] El filósofo del logos, palabra explícita, razona y tiende a descubrir el método, ya desde Parménides, hasta la completa explicación del método "órgano" en Aristóteles. Los pensadores de inspiración pitagórica, del logos del número —del tiempo— no se encuentran obligados a dar un método, un camino de razones; acuñan aforismos, frases musicales, equivalentes a melodías o a cadencias perfectas que penetran en la memoria o la despiertan; "acuérdate" o para que te "acuerdes" parecen decirnos… o hacen "catecismos" o "manuales" porque el método que ofrecen no es sólo de la mente sino de la vida; la vida toda es camino de sabiduría, la vida misma.

El conflicto entre estas dos formas metódicas aparece en Platón, quien se vio absolutamente obligado a usar aún, a llevar a su extremo un método intelectual, cual la dialéctica

---

[4] A pesar suyo, naturalmente, ya que dio el ejemplo a Aristóteles en el desdén de la *polimatía* pitagórica.

que se va debilitando a medida que se vuelve hacia la inspiración pitagórica. Y aún en el periodo más dialéctico —*Sofista, Teetetes*— es imposible no darse cuenta de que se trata, bajo la dialéctica, de otra cosa que de un caminar por la razón; que insinúa la exigencia, declarada en la *Alegoría de la caverna,* de una verdadera conversión de la vida.

Platón luchó titánicamente con esta contradicción de su pitagorismo creciente y su deber de filósofo. Y de ahí que no pueda decidirse por su metafísica que deja la teoría de las ideas en entredicho, que haya sido y descubierto con lealtad tan implacable sus dificultades; de tal modo que Aristóteles no hace casi más que repetirlas. La diferencia estriba en que Aristóteles se había decidido por el logos-palabra, y Platón sentíase cada vez más atraído, como por un voto ineludible, hacia el logos del número y de la música, que es igualmente el del silencio.

Y las ideas —"formas", como por primera vez aparecen en Demócrito— son palabras que "conforman", que encierran y definen una forma —formas de la encarnación. Mas, si en ellas se encierra el "principio de las cosas", serán "números". Pues el número es la raíz de la inteligencia, de la inteligibilidad del universo. Entre el número y la palabra, la idea se contradice a sí misma, se anula. Aristóteles la salvará de esta contradicción separándola del número, llevándola enteramente a encarnar, a ser forma plástica. El mundo, la realidad, está compuesto, para Aristóteles, de formas plásticas que contienen en sí su misma razón, su esencia. Y la esencia separada pertenecerá a la "visión", no al número.

La esencia es la identidad a salvo, desprendida de las cosas. El logos-palabra necesita de la identidad y la descubre en su primer paso en Parménides. Pues las cosas —inteligencia encarnada— han de ser "unas". Ser, ser cosa, supone ya la identidad; a la que habrá de buscarse un lugar fuera de ellas para que se logre una identidad pura, verdadera. Las cosas que son necesitan un ser más puro que ellas, de donde vienen y donde siguen en cierto modo sustentándose. Pero una vez que les asegure el "ser", ese ser más puro ha de serles sustraído.

Mientras, el logos del número descubre, en Heráclito, la armonía de los contrarios, la "no-identidad". Así, no habrá de serles sustraída después a las cosas que no sustentan esta no-identidad. Es un universo no plástico, integrado por el tiempo; la concreción de las cosas será siempre precaria, y en realidad imposible. Lo que exista serán movimientos, ya sean acordados o bien sueltos. Cuando se acuerdan, es el ser; una integración transitoria. Aquí, el ser no vence al tiempo.

A Platón le caerá la herencia del pitagorismo. Y él tendrá que ir mostrando, sacando a luz, el camino celado por Heráclito —que no debió sentirse en nada obligado por la filosofía, porque en nada debió sentirse obligado por los hombres el menos humanista de los filósofos—. Platón, obligado ante la filosofía, a través de su condescendencia con los hombres, sentiría todo el rigor propio, procedente del logos-palabra, para mostrar lo eludido en el silencio de Heráclito, el silencio de todos los pensadores inspirados; se sentirá obligado a llenar el vacío que produce la inspiración; esos huecos del pensamiento y aun de la palabra que existen siempre en todo pensamiento inspirado, más que razonado, y que corresponden a la discontinuidad del número, del ritmo. Moldear un pensamiento de estructura musical, a modo de la razón discursiva; será la carga de Platón en sus últimos años.

Su metafísica se tornará ambigua allí donde la claridad había de ser más necesaria. ¿Los números son principios de las cosas? ¿Los géneros son principios, como los números, si es que los números en verdad lo son?

¿Cómo pueden los números engendrar cosas y, aún más, la vida? Las cosas vivientes, la finalidad de una cosa viviente, su "entelequia", no son un número —se dirá. Ni una cosa podrá ser engendrada sino por otras iguales; "un hombre nace de otro hombre", dirá Aristóteles. Pero sólo podrá decirlo desde ese su desdén que llega a desconocer hasta el sentido del drama platónico, por ignorancia del pitagorismo.

Todo viene de "lo limitado y lo ilimitado", habían dicho los pitagóricos. Las cosas constituidas por números no serían en realidad "cosas" —sustancias—, pues hacen referencia unas a otras. Según el logos del número, todas las cosas estarían bajo la categoría de "relación", en esencial alteridad, por tanto; nunca en sí mismas. El universo integrado por números es movimiento incesante, sin punto de reposo, siendo siempre "lo otro"; sin ese reposo en sí misma que es la sustancia; punto de partida y de llegada del devenir. Aristóteles salvó la realidad de las cosas de este mundo, limitándolo y encerrando cada cosa en sí misma en cuanto es posible, rescatándola de la alteridad.

No hay "cosas" para el pitagorismo; no puede haberlas, ni pueden alterarse, pues no tendrían en verdad "dentro", ese dentro que es la sustancia, aunque no haya sido descubierta la "interioridad" propia del hombre. El universo del número es exterior todo él; todo en él es exterior a sí mismo; volcado como los sonidos en la melodía, como la melodía en la armonía. Es el tiempo exteriorizado.

El abismo del tiempo se ha vaciado, exteriorizándose.

Es un modo de hacerse accesible. Es lo más equivalente a la manifestación de las cosas materiales, a las cosas sustantivas, al mundo plástico que existe en el espacio cuando es bañado por la luz. El tiempo, sentido desde el viejo dios Cronos, no es el tiempo interior, el que sentimos en nosotros mismos y en nuestra vida los hombres de hoy. Es el tiempo cósmico, el tiempo sustancia de las cosas todas, abismo de la realidad. El número y el ritmo lo revelan, lo hacen aparecer y manifestarse, lo que es en él someterse, aplacarse. La máxima realidad que de él se arranque será el alma. El alma, descubrimiento, revelación de inspiración órfica; el único punto de partida inmediato, no cósmico, para el hombre; descubierto en su aventura no personal de cada uno sino en la aventura genérica del alma, que es viaje a través del tiempo. Su aventura en y con el tiempo.

Uno de los asuntos de la historia de la filosofía que mayor asombro producen es que el alma haya sido descubrimiento de los filósofos del número, antes que de los de la palabra; hasta el punto de que no podemos saber si los de la palabra —sustancialistas al fin, salvados en el sustancialismo aristotélico— la hubieran descubierto. Que Aristóteles la descubra, y aun la sistematice, nada quiere decir; estaba ya ahí y no era eludible. Al contrario, era lo que había que conceder al pitagorismo, sin decirlo. Pues a partir de Aristóteles sucederá algo muy normal con el pitagorismo. Lo que normalmente sucede con todos los vencidos, en cualquier historia de que se trate: se toma de los vencidos lo que hace falta sin nombrarlos; se les concede la razón ineludible, mas apoderándose de ella, y trasladándola al campo del vencedor, que lo hace con tranquilidad de conciencia, tanto que bien puede no darse cuenta de lo que hace. Todos los vencidos son plagiados, en el sentido amplio de la palabra "plagio", que puede llegar a ser hasta el desenvolvimiento, el desarrollo de un tema inicial; hasta el rapto de una figura representativa. La suerte de la razón del vencido es convertirse en semilla que germina en la tierra del vencedor. La semilla, toda semilla, ¿no está vencida cuando es enterrada? y cuando revive de entre los muertos, donde se la arrojó, es porque se ha vencido enteramente a sí misma.

El alma, como el grano de trigo, cuyo viaje le sirvió de guía y paradigma, corrió esta misma suerte en la historia del pensamiento. Semilla órfica y pitagórica, esplenderá en el pensamiento aristotélico. Y siempre será así para cualquier semilla pitagórica: nacerá en otro suelo, bajo otro nombre. No volverá a aparecer con su nombre en filosofía; siempre estará en otra cosa, mezclada a otra sustancia: y en la mezcla podrá haber, en verdad, un elemento fundamental. No importa. A partir del cristianismo, dentro de la tradición occidental cristiana, el pitagorismo cesará de existir como tal. Reaparecerá en filosofías tan cristalinas como la ética de Spinoza, pero sin identificarse, como desprovisto de documentación suficiente. Y nadie pretenderá restaurarle ni continuarle. Sólo Leibniz, el filósofo de tan singular figura y puesto en la historia, realizará la gloriosa hazaña de reconciliarle con su contrario.

Como los vencidos, vivirá el pitagorismo a la sombra de una bandera extraña.[5] Y llevará sus conflictos a quien pre-

---

[5] Pitágoras, a través de su leyenda, de su *eidolon,* ejerció extraordinaria influencia en Roma, en los tiempos de la República y de modo intermitente en el Imperio, donde refloreció el pitagorismo con alternativas de esplendor y persecución. Único filósofo que tuviera una estatua en el Palatino con honores casi divinos. Asunto delicado de desentrañar y que no podemos abordar ahora. Y que nos advierte que Roma tuvo en su misma historia política más inspiración religiosa de lo que se cree; cosa nada extraña si

tenda prohijarle, falto de voz, de entidad, para plantearlos él mismo. Una de las condiciones que se imponen al vencido —inexorable en las luchas políticas, inexplicable en las de pensamiento— es la imposibilidad de sacar sus conflictos a la luz, de examinar su situación, lo cual hace pensar que la derrota se acentúa por ello. Como si el pensamiento vencido fuese ganado por el empeño de sobrevivir y a la supervivencia lo fiara todo, cuando lo que le sacaría del infierno en que yace sería, por el contrario, desinteresarse de su duración para afrontar los conflictos internos, los problemas que comporta dentro de sí; examinarse, escrutar dentro de sí.

No lo hizo el pitagorismo, como si no dispusiera de lo necesario —él, descubridor del examen de conciencia— para adquirir conciencia de su situación, reajustarse y constituirse en una filosofía. A no ser que consideremos como pitagórico a Plotino. Mas los elementos aristotélicos que comporta su pensamiento no permiten darle este nombre, si no es precedido por la partícula tan ambigua "neo", en que se acusa que hay una ruptura, una interrupción y una vuelta desde una situación diferente. Y sería aproximadamente lo mismo que si considerásemos continuador de Heráclito, sin más, a Zenón, el estoico.

Pero quizá la explicación resida en lo enunciado al comienzo de estas páginas: la imposibilidad radical del pitagorismo de constituirse en filosofía, según lo que se entendió por ella desde Aristóteles —y que, de no ser entendida así, no existiría—, lo cual le restituye todo su rango y su situación enigmática de raíz, no proveniente de ninguna flaqueza de espíritu de los llamados pitagóricos. Mirado desde la

---

se recuerda que la vocación de Roma —aldea, monarquía, república, imperio— fue la universalidad.

filosofía, el pitagorismo era "lo otro" —ellos, descubridores del Uno. Y la filosofía, mirada desde el pitagorismo, la decadencia de una más alta, celeste y universal sabiduría; como si la filosofía hubiera conseguido su victoria por una limitación, por una mejor adaptación al medio terrestre; éxito de un provincianismo terrestre. La decisión del hombre que, para lograr "una vida mejor", un equilibrio vital, renuncia a ser el habitante del Universo de los astros, a su alma interplanetaria, a vivir vuelto hacia los astros y sintiéndose antes que nada animal celeste, para hacerse vecino de la Tierra. Para Pitágoras, la constitución de la filosofía en Aristóteles debió significar una acción más que un pensamiento. Desde el pitagorismo, la filosofía aparece como el primer "pragmatismo".

El "saber desinteresado", el "más noble", "hijo del ocio y de lo maravilloso", y también el más "divino", la filosofía, vino a desplazar a los saberes todos —sabiduría, inspiración, misterios— del mundo mediterráneo. Su novedad era debida antes que a la doctrina a la actitud radical e inédita que comportaba. Esta actitud en las notas más esenciales, en aquellas que la distancian de poesía y religión, había nacido con Tales; en la decisión de exigir la parte del hombre, de habitar humanamente la Tierra, de vivir "a lo hombre", que diríamos. Y mirada a la distancia de hoy, se nos aparece una "razón práctica", ya desde el principio.

Mas esta decisión de vivir humanamente, que advertimos en el simple hecho de preguntar por el ser de las cosas —en el preguntar para responder uno mismo—, había seguido un intrincado camino, en que habían sobrevenido varios deslumbramientos, causados por el descubrimiento de la unidad, de la identidad de Parménides, de los números pitagóricos, de la filosofía misma en Platón cuando exi-

LA CONDENACIÓN DE LOS PITAGÓRICOS   97

ge el poder para los filósofos. Y de cada uno de estos deslumbramientos se derivaba un imposible: las "aporías del movimiento" en Zenón de Elea; la imposibilidad de constituirse la filosofía desde el "logos del número" de los pitagóricos; la imposibilidad sin más de que los filósofos obtengan el poder. Y en consecuencia, en Platón, la filosofía queda en *utopía;* o bien vuelve a ser un camino para iniciados, aunque se trate de una iniciación puramente intelectual.

Y es en Platón donde el drama de la filosofía pitagórica se despliega en su complejidad. Había abandonado su oficio de poeta trágico cuando conoció a Sócrates, en quien la función "práctica" de la filosofía aparece en su máxima ejemplaridad, descubriendo por completo el humanismo inicial del pensamiento filosófico y llevándolo hasta el fin. En Sócrates, la filosofía fue ejercicio vital de conocer; más que hacer filosofía, vivió y se desvivió en ella y por ella hasta la muerte. Ante esta "acción", el joven Platón se decidió por siempre a ser filósofo.[6]

Pero diríase que nunca consiguió ser solamente filósofo. Y, más que la suerte de la filosofía misma, le desvivió la suerte del alma, que quiso rescatar íntegramente haciéndole despertar al conocimiento de su esencia verdadera, que re-

---

[6] De ahí la fascinación que a través de los siglos emana de su figura, poniéndole aparte de todos los filósofos, habituados como estamos a ver en el filósofo a alguien que "piensa", idea que arranca de Aristóteles, ante el cual nadie se siente tentado a pedir cuentas de su vida, independientemente de que ella fuese más o menos ejemplar, porque en Aristóteles lo decisivo es lo que pensó, mientras en Sócrates, lo que hizo; lo que hizo pensando. "Sócrates adopta un nuevo modo de vida: la meditación sobre lo que son las cosas de la vida. Con lo cual lo 'ético' no está primariamente en aquello sobre que medita, sino en el hecho mismo de *vivir meditando*", escribe X. Zubiri en su estudio: "Sócrates y la sabiduría griega", en *Naturaleza, Historia, Dios,* p. 259.

side en su parentesco con lo divino. La memoria sobrehumana de Pitágoras se ha convertido en "reminiscencia"; memoria que rescata el alma del padecer de su historia, para hacerla reconocerse en su origen. Memoria que no recoge el padecer del alma en el tiempo, sino que la dispone a librarse del tiempo y de su historia.

Salvar el alma por el conocimiento es la solución que el pitagorismo encuentra en Platón. Es ya filosofía, pero sigue siendo ante todo religión. Es el conocimiento obediente a un designio religioso. Y todo el pensamiento platónico servirá a un designio religioso previo, que es lo que verdaderamente la mueve. Aristóteles realizó una verdadera revolución al situarse en el lugar exacto desde el cual la filosofía es al mismo tiempo necesaria y posible. Fue sin duda resultado de una renuncia y de un apurar la decisión inicial contenida en la pregunta de Tales, de constituir un conocimiento propio del hombre; de ceñirse, por decirlo así, a la condición humana, previa al despliegue de su pensamiento. El pensamiento vendría después, seguiría a su "acción" con esa implacable fluidez discernible aun en los apuntes escolares que nos ha tocado leer. Lo decisivo fue el cambio de actitud que le situó en el lugar exacto del hombre que ha de pensarlo todo por sí mismo, humanamente, sin "inspiración" ni servidumbre a los dioses, sin compromiso de "salvar el alma"; sin más compromiso que el de llevar la pretensión del conocimiento a su plenitud.[7]

---

[7] V. "La idea de filosofía en Aristóteles", estudio en que, con la precisión propia de su pensamiento, recoge y clarifica hasta el extremo mi maestro X. Zubiri los comentarios a la *Metafísica* de Aristóteles —que a ese punto se refieren— que tuve la fortuna de escucharle en sus cursos universitarios de la Facultad de Filosofía de Madrid. En el libro ya citado, p. 127.

La filosofía se logrará así en esa su pretensión primera: ser un saber desde el hombre, propio del hombre. El habitante de este mundo podrá ahora mirarlo todo —"teorizar"—, también el cielo, o ante todo el cielo, si se quiere. Mas, desde aquí y para aquí.

La filosofía habida anteriormente, Platón incluido, aparecería solidaria de esta revolución aristotélica. Un saber nuevo se había fundado definitivamente. Desde él la situación de Pitágoras y de los pitagóricos quedaría ambigua, por irreductible a la "filosofía"; por irreductible también a lo habido anteriormente. ¿Qué era propiamente lo inasimilable de los pitagóricos a la actitud filosófica de Aristóteles? No podía ser otra cosa sino una actitud diversa, diversa de la filosófica, diversa de las sabidurías, con las cuales no podía ser confundida.

2

Antes y coetáneamente también de la pregunta que inaugura la actitud filosófica, había habido no sólo "sabiduría", sino ciencia. La ciencia caldea, la matemática egipcia, en la que se dice fue iniciado Platón. Eran ciencia, es decir: conocimiento, aunque no constituido al modo occidental. Ciencias las más antiguas, estas matemáticas celestes entremezcladas con la adoración a la luz, al firmamento, a los astros. No comportaban una apetencia para desprenderse de esa adoración que fue su origen; en todo caso, como vemos en Egipto, si se desprendían de una antigua religión o culto inicial era para preparar otro, para servir o dar origen inclusive a un culto más puro; formas de conocimiento que nunca buscaron desprenderse de un rito, de una adoración. Es lo que parece diferenciar a estas ciencias de la filosofía griega nacida de un movimiento humano encaminado a desprenderse de los dioses, y sobre todo del rito, del culto en todas sus formas; es decir, a constituirse aparte del mundo de lo sagrado. Extrañamente, este nuevo saber —la filosofía— llegó a descubrir, a "develar" —y tuvo su mártir en Sócrates—, la idea de Dios, y no por azar; pero ello no invalida el hecho de que desde un principio buscara un terreno neutral, por lo menos, frente a lo sagrado, lo que fue sentido por los "piadosos" como algo tan amenazador que originó las persecuciones que se saben y probablemente otras que la diplomacia de los pensadores poetas —también su ambigüedad— pudo soslayar. Aun Aristóteles, tan sobrio en digresiones, se cree obligado, en el comienzo de sus lecciones sobre la "ciencia que busca", a despejar la cuestión de que los dioses no pueden tener envidia de los hombres (*Metafísica*, libro I, c. I). Muy grave debió de haber sido la cuestión para que un pensamiento tan dirigido a lo esencial hubiera de recogerla. Una prueba más, y bien notoria, un signo revelador del designio del pensamiento filosófico, llevado a su extremo, de constituir un saber "humano", propio del hombre.

La observación de Aristóteles, hecha como entre paréntesis, dirime "diplomáticamente" la contienda entre filosofía —saber debido al hombre— y lo debido a los dioses. Todos sus antecesores se hubieran sentido solidarios de ello, menos Pitágoras y aun "algunos pitagóricos". No que ellos creyeran en la envidia de los dioses —aunque, quién sabe si en la de algunos— sino en lo que significaba como solución del empeño de hacer una sabiduría humana, sólo humana, y, aun diríamos, terrestre.

Sabido es el culto de los pitagóricos a Homero, el poeta de los dioses, afirmado especialmente en los tiempos posaristotélicos, mientras que Platón, tan tocado de pitagorismo, fue implacable con sus "fábulas", más aún que Aristóteles con los pitagóricos. Se trataba de lo mismo en las dos condenaciones: de la existencia de la filosofía. Platón había decidido ser filósofo y así su condenación es más extremada porque se trataba en el fondo de un sacrificio: el Platón filósofo condenaba al Platón poeta, a su ex futuro. Y esas condenaciones, aun tratándose de asuntos menos universales, suelen ser las más implacables; nada se condena con mayor crueldad que aquello a lo que se renunció ser o aceptar un día. Quien persigue con su odio a otro ¿no está declarando que algún día pudo haber sido su amor?

Raro es que alguien persiga insistentemente o menosprecie sino a algo a lo que ha renunciado y a veces —en esas bocanadas infernales que de tiempo en tiempo envuelven la tierra o el corazón de un mortal— renegado... Y aun las simples despedidas causan a veces tan secreto dolor que obligan a encontrar razones apaciguadoras cuando rige la nobleza y la buena fe, cuando se ha de partir inexorablemente porque algo mejor, o simplemente necesario, aguarda. Era el caso de Aristóteles; se despedía de los dioses porque el saber, que tenía a su cargo llevar a su último cumplimiento, tenía que encontrar el ser, y no sólo el ser del hombre, sino antes —pues solamente así el hombre sería posible— el de la naturaleza y en ella su causa primera, "motor inmóvil", "acto puro", "pensamiento de pensamientos", Dios. ¿No sabía él acaso que los dioses habían de tener envidia?

No fue el temor a la envidia de los dioses lo que determinó la actitud reacia, apegada al pasado, de los pitagóricos. Fue un sentir, uno de esos sentires que, precisamente porque no tienen posibilidad de ser trasladados en el presente o en un porvenir próximo a pensamiento, no permiten que se les relegue al pasado. Sentires que hacen su presa del ánimo donde anidan; justamente porque encierran algo esencial de lo que no es posible dar cuenta; nada retiene tanto como lo a medias revelado. Un sentir específico de los pitagóricos referente al viaje del alma en el tiempo. Sentir enraizado en otro más vasto, el de las grandes culturas a que hemos hecho referencia de donde nacieron las ciencias caldea y egipcia, el de la adoración irania de la luz y del tiempo infinito y algo más amplio aún: *el modo de sentirse en el mundo el hombre oriental.*

Pues dondequiera que volvamos la vista, vemos al hombre vuelto a lo divino: en India, Irán, Caldea y Egipto, la vida del hombre sobre la tierra aspiraba a ser copia del cielo. Las ciudades, los templos, la casa misma eran aljibes celestes. Edificar, la actividad práctica entre todas, era, no construir un lleno, sino circunscribir un vacío, un espacio —el patio que subsiste en la casa mediterránea— donde desciende el cielo. O levantar una torre que pretende escalar el cielo o que se crea a medio camino el que a ella asciende y observa a la vez lo que ocurre en el cielo y en la tierra. Las pirámides de Egipto son espejos de la luz solar, respuesta de la tierra y no interrogación a su dios. Pues el hombre de aquellas culturas no interrogaba a los cielos, les respondía, y desde esa actitud inicial de *responder,* en lugar de preguntar como en Tales, adquiría conocimiento.

El secreto de Pitágoras quizá sea que no se formuló la pregunta de Tales, que no preguntó inicialmente. Su actitud originaria debió de ser la de responder, como los antiguos… y no es que no se hiciera nunca una pregunta, sino que no se preguntó inicialmente como raíz de su afán de saber; que su saber no nació de un preguntar, sino de su actitud común a todo el Oriente de responder a lo alto, a la llamada de lo alto, volcándose enteramente. Su saber había de tener así un carácter como de impronta, de algo impreso por los cielos en el alma y en la mente al estar vueltos hacia ellos. La matemática ¿pudo nacer originariamente acaso de una pregunta? Más bien de una continua observación, en la cual el alma y los ojos purificándose encuentran esos objetos intermedios entre la tierra y el cielo que son los objetos matemáticos; lo incorpóreo y los cuerpos puros, perfectos, de la geometría, espejos, en cierto modo, de la perfección y de la incorruptibilidad de los astros. Los objetos de la matemática, números y formas geométricas, son los antepasados inmediatos de las "ideas"; hijos directos de la mirada que contempla y no de la palabra que interroga; las ideas como números, última fase del pensamiento platónico, es una retrotracción —"reminiscencia"— de su nacimiento; de la función de la idea cuando aún no había "idea".

La función de la idea fue desempeñada antes por los números y por las formas geométricas: su función en virtud de su condición, la pureza, ser pura, enteramente. El pensar "las ideas" no como números era lo problemático, para la teoría producida en este saber nacido de la observación de la mente purificada, del "alma pura" como Plotino dirá más tarde, a medio camino, ella también, entre lo celeste y el cuerpo que anima. Lo matemático, paradigma de la absoluta pureza, presentará un problematismo insoluble cuando sea tomado en la función de dar cuenta enteramente de la vida, de ser causa del movimiento.[8] Pero en su función paradigmática no ofrece problema insoluble alguno, pues significa en último término la aspiración del ser imperfecto que es el

---

[8] La situación del "alma pura" en Plotino es como la de los números: una cierta solución a las "ideas-números".

hombre hacia la pureza —algo sagrado primariamente que en los números y figuras matemáticas se muestra intelectualmente. Por ello don del cielo, conocimiento celeste, respuesta al estar respondiendo a los cielos antes de interrogarles... Y aunque se les interrogara... ¿el interrogar a los cielos no es siempre una figura retórica que encubre el fondo de un alma, tan tendida hacia ellos que empieza a estar fuera de sí y por eso puede creer no haber entrado del todo? Al "alma pura" de Plotino corresponde el "estar fuera de sí" de santa Teresa que se sabe por creencia cristiana dentro de sí misma, que si se siente al borde de estar fuera, sabe por qué.

El deslumbramiento producido por el descubrimiento de los objetos matemáticos llega a tener un carácter extático; el que se mueva entre ellos, o los vea moverse ante sí, se sentirá a salvo de la vida y tomará su esencia y su movimiento por el absoluto... Lo absoluto, en cualquier forma que haya sido adoptado por el pensamiento en cualquiera de las teorías que giran en torno a él, ¿no responde acaso al ansia, a la necesidad de pureza, de "un saber puro" de contenido, forma y función, que algunos hombres tienen? De la experiencia también —en todos sus impuros grados— de un instante privilegiado en que la vida se ha quedado en suspenso, absorta, asumida en la mirada; en que el alma se sale por los ojos.

De tales sentires y experiencias ¿cómo había de surgir un saber "filosófico" en sentido estricto? Y ¿cómo podía no presentarse antes o después la idea, la creencia de que la filosofía estaba ya ahí? Difícil, raro momento en que la filosofía se presenta anticipadamente en todos sus posibles y aun imposibles logros, como presencia lograda, mientras que no puede nacer justamente por eso: por estar antes de ser, por no haber pasado por el no-ser de que nace la pregunta, por la desconfianza, por el retraimiento del ánimo, por la desilusión o, como será más tarde, por la duda.

La matemática habrá nacido sin embargo con Pitágoras y los pitagóricos; la matemática ya occidental. Hay algo decisivo en los pitagóricos: la matemática se hace una fe, cosa distinta de la habida anteriormente como actitud. Pues al decir fe, se dice voluntad, ansia de saber que camina ya por su cuenta; el don de los cielos ha prendido ya en la mente humana y comienza su propia vida en una fe que no olvidará su origen. Esta fe que es voluntad se advierte en todo lo que sabemos de la vida de Pitágoras; hombre de voluntad occidental, ávido de regir según el conocimiento, lleno de la exigencia occidental que ha hecho de los saberes conocimiento, de la exigencia que hace existir al pensar, que le saca afuera, le formula —lo cual es ya exigencia—, que lo declara y lo transforma en ley, a poco que las circunstancias lo consientan y, a veces, aunque no se lo consientan. Las matemáticas y los diversos saberes de Pitágoras —aquella su *polimatía*— comenzaron actuando a la manera audaz de la filosofía. Si no se atrevió a preguntar como Tales, se atrevió a "responder" ante el mundo como... todos los filósofos de raza. Algunos cautelosos como Descartes dieron la respuesta encubierta; otros la han dado, como Spinoza, en forma de infranqueable soledad, sin olvidar la sonrisa de los estoicos y la risa de los cínicos. Sólo ahora parece vacilar el filósofo en dar su respuesta al mundo, mas quizá no se percibe bien por qué puede haberse complicado. Y si no es así; si, en la hora actual, el filósofo no acierta a dar su digna respuesta al mundo —a las circunstancias— es un motivo, el más serio de todos, para comenzar a afligirse —los sensibles a ello— ante la extinción de la filosofía. Pitágoras no tuvo necesidad de despegarse de su sentir inicial de creerse empadronado en los cielos, y de paso en la tierra, para dar al mundo la respuesta audaz nacida del pensamiento en marcha, del pensamiento que ha entrado en su existencia propia, de la filosofía.

Pitágoras pues —él, él mismo— no pudo dar nacimiento a la filosofía, hacer que sus saberes se constituyeran así, pero realizó algo previo, lo más previo de todo: la hizo existir antes de haber encontrado su forma adecuada. El saber obtenido casi pasivamente —la matemática— fue elevado a fe, a voluntad, a ley. El conocimiento obtenido en la respuesta a lo alto no había sido vivido de esta manera anteriormente, sino que había quedado encerrado como secreto, yacente en el alma, o utilizado en cosa práctica inmediata. Había sido actividad, y en Pitágoras se elevó a acción, que diría Ortega y Gasset. Fue sacado afuera y puesto en alto; comenzó a existir como si su existencia hubiese precedido, hasta cierto punto, a su esencia.

3

Pitágoras hizo existir a la filosofía, según lo visto anteriormente, pero no pudo lograrla como forma de saber. La pregunta de Tales no parece ser, por tanto, el origen único de la filosofía, que se abrió camino a través de la actitud de Pitágoras, persistente en los "llamados pitagóricos". El desdén de Aristóteles no puede borrar algo esencial traído por ellos a la actitud de la que nace la filosofía, ni menos el descubrimiento de una realidad que el hombre había menester no sólo de descubrir sino de conquistar, de algo esencial para el "ser" humano, aun dentro del pensamiento de Aristóteles.

Para nosotros, occidentales, nacidos de la filosofía griega

y del cristianismo, tener un alma es algo obvio, tan obvio, que lo hemos "superado". Mas la conquista del alma al par que su descubrimiento ha ocupado un largo tiempo, toda una edad a través de diversas culturas, especialmente y a lo que sabemos en Egipto y Grecia, hasta Aristóteles en quien el alma queda, por decirlo así, fijada, aunque sólo en Plotino alcanzará todo su esplendor.

El descubrimiento del alma nació, sin duda, de un sentir originario y por tanto pasivo al que se fue uniendo una creciente exigencia, como en todo descubrimiento. No se descubre nada y menos lo que se tiene, si no es por una exigencia que llega a hacerse implacable. La percibimos en el triunfo de la religión de Osiris entre los egipcios en lo que hace al alma. Osiris hace posible que cada hombre encuentre su alma aquí en la tierra. Antes, como es sabido, se entendía que sólo el faraón nacía junto con su alma, o con lo que en la mente egipcia hacía sus veces —el *kaa*—; los demás hombres sólo tras de su muerte la recibían. Esta exigencia de tener un alma cada hombre sin esperar la muerte, de no estar separado de su alma, hubo de preceder en mucho a la exigencia intelectual de descubrirla.

El privilegio del faraón de vivir en compañía de su alma debía de estar ligado a una especial sabiduría: saber del origen, de dónde venía y a dónde habría de retornar; vivir a la manera de un viajero que conoce y ha memoria de su ruta desde el lugar de partida y, por ello, sabe en verdad el sentido de cada acontecimiento. El hecho de que los demás hombres vivieran separados de su alma, ¿no significaría acaso que no tenían derecho a tener memoria, que habían de vivir aquí y ahora en el momento presente, sirviendo, obedeciendo, como nosotros, occidentales en trance de superar "el alma", no tenemos capacidad de imaginar?

El derecho conquistado por medio del guía salvador, el primer derecho que encabeza todas las sucesivas reivindicaciones humanas, es el derecho a tener memoria, a tener "historia", puesto que el alma —el *kaa*— aguardaba allá tras de la muerte; la existencia de ultratumba no era pues la cuestión, la mera existencia... pues claro está que la suerte de esta alma recobrada no aparecía muy clara, ni dichosa, como si solamente asumiendo desde ahora la historia desde el origen, el buen término pudiera ser alcanzado; como si todas las miserias de la condición presente se salvaran a partir del adentramiento o descenso del alma en el ser humano.

Y así, el alma verifica un doble viaje; el descenso a lo que los pitagóricos llamaran "infierno terrestre", esta vida de la que habrá que hacerse cargo en sus dos vertientes o abismos: muerte y tiempo. Mientras que el recuerdo del origen y el anhelo la llevarán aún antes de emprender la partida a recorrer por adelantado el espacio ultraterrestre. Todo ello es historia; estar en posesión de un alma es tener que asumir la historia —la propia—, el tiempo, la muerte.

Pero tener historia es ya saber, saber que proviene de una certidumbre; certeza del rescate, arribo a donde ya no la habrá. La "historia", antes que conocimiento, saber intelectual más o menos precursor de nuestra "ciencia", será algo difícil de percibir para nosotros: un sentirse inmediato a sí mismo en el modo pasivo de alguien a quien le pasan cosas que le han arrancado de su lugar de origen o simplemente —más angustioso aún— que le traen y le llevan.

Al saberse dentro de una historia o con una historia, precede sin duda un sentirse errante, a la merced de... Y por mucha que sea la madurez de los tiempos "históricos" y la construcción científica que el hombre haga de su historia, quedará siempre en el fondo del ánimo, en eso que hemos llamado "sentir originario", el sentirse suspendido y flotante, a veces a pique de "naufragio",[9] a merced de una totalidad desconocida que nos mueve. Y así, el que de esa totalidad que nos envuelve y nos mueve se destaque algo o alguien, aunque sea acusador, será aceptado como un inmenso alivio; pues constituye al mismo tiempo una manifestación de lo desconocido y una inculpación. Y la inculpación, por terrible que sea, es una atribución que pone de manifiesto lo que se llamará más tarde "sujeto", yo; ser alguien de algún modo.

Y sobre este sentir originario se asentará la escatología de la culpa y de la expiación que hunde sus raíces en la noche del orfismo; sin él, no hubiera podido cuajar como creencia persistente, común a órficos y pitagóricos. Y es de observar que el hombre moderno con ansia creciente ha hecho cuanto le ha sido posible para librarse de su creencia en la culpa original. A partir del "naturalismo" del siglo XVIII, se han ido sucediendo las ideologías —"evolucionismo", "marxismo", Nietzsche— que muestran la "inocencia" de la condición humana sin más posibilidad de adquirir culpa que la de una cierta traición a la vida. Uno de los más persistentes afanes del hombre moderno y actual es el de inocentarse.

Errar y padecer parece ser la situación primera en que la criatura humana se encuentra cuando se siente a sí misma. De ahí que las sabidurías más antiguas sean relatos que explican las luchas habidas, en el principio, entre dioses, entre el cielo y la tierra de donde ha solido salir, ya manchado, el hombre. Así, la teogonía órfica.

---

[9] Ortega y Gasset nos señalaba y describía sutilmente la situación de "naufragio" como la más humana de la vida humana, en sus cursos de "La razón vital".

Y ante tales teogonías, relatos sagrados, caben dos actitudes distintas —dentro de la tradición griega—, humanas ya, nacidas de una exigencia que el hombre siente, dispuesto a pensar; en esa exigencia radical que precede al pensamiento. Una que no pudo producirse sino después de la aparición de los dioses homéricos, una *epojé,* poner en suspenso la existencia y sobre todo la actuación de los dioses y hacer caso omiso de la suerte del alma, es una especie de detención y fijación en que el hombre olvidándose de todos los "cuentos" se pregunta directamente por las cosas. Dejándose de cuentos y de historias… bien pronto Parménides verificará esa *epojé* del tiempo que Ortega y Gasset denuncia como persistente en toda la metafísica occidental.

La otra actitud en ese mismo momento es aceptar las historias que explican más adecuadamente ese sentir originario al que nos referimos. Aceptar con ello, en este trance de descubrir y conquistar el alma, la historia del alma, nueva mitología; mito el más reciente en que alguien más que hombre y menos que Dios apura, hasta el fin, la situación humana, y da el ejemplo del viaje del alma, de su riesgo, y trae su don, humano ya: música, poesía.

Y paradójicamente a la primer actitud, que olvida las historias y abstrae el tiempo, le corresponde el haber decidido la historia del hombre occidental, el haberle dado y exigido la primera aceptación de la historia, el vivir aquí, el mirar desde aquí, el definir. Pues el Ser de Parménides y su unidad de identidad llevará hasta la definición; como consecuencia última de haber descubierto el Ser, el hombre pasa a ser el ser que define. Definir es la forma intelectual máxima de la decisión, de la voluntad. Definir es hacer historia.

Mientras que la actitud que corresponde al orfismo y al pitagorismo, que vemos resplandecer en la leyenda de Orfeo, es de aceptación total y aun de avidez del alma por lanzarse a su viaje y apurar su padecer del tiempo. No había llegado el momento de pensar, para ellos, pues el tiempo no se aborda primeramente pensándolo —sólo ahora Ortega y Heidegger abordan el tiempo desde el pensamiento— sino padeciéndolo. Se trataba pues de una paradójica decisión de padecer. Padecer el tiempo es recorrerlo sin ahorrar abismo alguno: la muerte y aún algo peor, este andar perdido, el andar errante, como todos los poetas genuinos lo andarán un poco siempre, como todo el que padece... Y la paradoja es paralela a la de los "filósofos": la aceptación del tiempo y de la historia esencial del alma, que les trae como consecuencia el quedar al margen de la historia, vencidos históricamente; el desdeñarla también, por considerarla, la historia de aquí, la obcecación en un error.

Pues al apegarse —los tales órficos, los llamados pitagóricos— al padecer, quedaron vencidos por el logos que enuncia y declara, que llega a definir; ya que el tal padecer cuando es tan en vivo es indecible.

Era una acción, un viaje. Orfeo es poeta más que por lo que pudo al fin decir, si algo dijo, por su acción. Acción poética, tan distinta de la decisión filosófica, que se desata en delirio; el delirio, principio de la poesía, el llanto y el gemido, principio de la música.

El alma al despertar corre errante sin saber lo que le pasa, aunque lo sepa, aunque se lo hayan contado, ya que ahí "el conocimiento la pasión no quita", pues si lo quitara, no sería ya conocimiento; el "conocer padeciendo" que resuelve la historia trágica —el doble errar de Zeus y de Prometeo, según Esquilo.

Pero los pitagóricos no avanzarán hasta la tragedia, pues en ella se resuelve en un "instante" decisivo el conflicto. Y en ella todo queda dicho. Se mantendrán, por el contrario, fieles a lo indecible; la voz, el gemido, antes que buscar articularse en palabra será moldeada, modelada por el número. La palabra siempre precipita el tiempo, la música lo obedece con cierto engaño, pues va en busca del éxtasis.

El indecible padecer del alma cuando se siente a sí misma, al encontrarse, se resolvió en el pitagorismo por la aceptación del orfismo y de su aventura protagonista: el descenso a los infiernos, a los abismos donde lo que sucede es indecible. Y como es indecible, se resolverá en música. Y en la forma más musical de la palabra: poesía.[10]

La música sale del infierno; no ha caído desde lo alto. Su origen, antes que celeste, es infernal. Más tarde aparecerá la "armonía de las esferas". Pues la armonía viene después del gemido y del encanto. Lo peculiar de Orfeo, marca y señal del alma griega, es que el gemido no es queja desesperada, imprecación, sino dulzura secreta, misteriosa dulzura que sale de las entrañas del infierno. El arte griego, aun la tragedia, es solidario de Orfeo, no le desmiente. Todo horror estará amansado, toda queja envuelta en dulzura. Y esta dulzura y esta mansedumbre permitirán a la razón, a las razones, entrar en los lugares infernales; serán el puente que el alma mediadora tiende siempre entre la

---

[10] Más aún aquí percibimos que los pitagóricos eran filósofos, porque a pesar de su devoción a los poetas no pudieron aceptar nunca el *eros* errabundo de la poesía lírica que, en realidad, no es el propio de Orfeo, que será así el patrón de poetas tales como Rilke, quien no quiso aceptarlo tampoco enteramente; el paréntesis angustioso de silencio que tanto alargó la composición de las *Elegías de Duino*, podría ser debido a esta huida de lo que huye.

razón y la vida en su padecer infernal; entre el sufrimiento indecible y el logos.

La música órfica es el gemido que se resuelve en armonía; el camino de la pasión indecible para integrarse en el orden del universo. Orden y conexión de las entrañas identificado con el orden y la conexión del universo por los números, "la música es la aritmética inconsciente de los números del alma", es la fórmula, la más fielmente pitagórica, de la esencia de la música, la clave de su recorrido; y que parece realizarse en la música de alguien contemporáneo que así la definiera; Leibniz y Mozart en la madurez de la cultura de Occidente, desde tan lejos, encuentran la transparencia perfecta de la "confusión" pitagórica.

La música nace cuando el grito se allana, se somete a tiempo y número y en lugar de irrumpir en el tiempo se adentra en él y alcanza continuidad a través de la discontinuidad de todo lo sensible… De ahí la escala, las escalas, la pluralidad de la música que necesita un fundamento —como toda pluralidad. El lamento de Orfeo debió de sonar en las notas fundamentales de la voz humana en la más pura y simple forma de la matemática de la voz humana, en los números "sagrados" del canto. La música atonal, intento de rescatar el origen matemático de la música, es la más gimiente también; históricamente nace de los gemidos de Tristán e Isolda. El concierto de Alban Berg para violín parte del "conjunto" de notas de la afinación del instrumento para que está escrito. El lamento de Orfeo debió de sonar en las notas fundamentales de la voz humana en la más pura y simple forma matemática: el número sagrado inicial del canto.

Los números engendran la música en el grito de la garganta humana; el grito sale del alma, es alma. ¿Podría haber nacido de esta experiencia la idea de que el alma es un número? El alma que se desprende amorosamente de su vida concreta, quedándose desencarnada en una forma inmaterial y matemática.

Descubiertos los intervalos musicales y la ley de la intensidad del sonido en proporción con la longitud de la cuerda, apareció un logos, una razón. Ya, sin que el alma gimiera, la música podía hacerse. El instrumento responde, objetivamente, a esta experiencia del canto; responde objetivamente y simbólicamente; el símbolo es una especie de objetividad, de razón.

Las siete cuerdas de la lira simbolizarán el viaje del alma a través de los siete cielos. Es un método, camino a la vez en el tiempo y en el espacio, que al ser recorrido arranca al alma de su condición gimiente, de su sentir indecible. Al encontrar su modo de "decir" —musical y no lógico— se restituye a su lugar y a su originaria condición; es ya sí misma; ha sido rescatada.

El símbolo tiene un sentido absolutamente real para quien lo crea, que se debilita cuando es conocido y usado por quienes viven ya otro modo de vida y habitan bajo otro horizonte, en un mundo lógico o que pretende serlo. La verdad operante, que lleva consigo al par que un conocimiento una transformación del que conoce, se expresa por símbolo, necesariamente. Y el símbolo es también canon, porque ha de ser inalterable.

Los símbolos son el lenguaje de los misterios. El de los órficos era un viaje del alma a sus infiernos resuelto musicalmente, con una inevitable representación plástica. Mas ese viaje, cumplido por Orfeo, significa la primera separación irreductible que se muestra en el tiempo, el abismo que separa la vida de la muerte, haciéndola infernal.

El infierno es primero ese pasado en el cual el muerto queda, en que los muertos quedan confinados, solos, dejando al vivo encerrado en un presente inútil. La muerte rompe la ligazón amorosa, el ritmo del amor. Síncopa introducida en la melodía que es la vida feliz.

El alma se adentra en sus infiernos —muerte y padecer indecible de estar viva. Su viaje es hacia adentro. Heráclito transmite la llamada de la razón a despertar; el alma órfico-pitagórica, sin oírla, viaja entregada a su delirio. Solamente podremos despertar hundiéndonos en nuestro sueño, diría, si se creyera obligada a contestar a la razón con razones.

Hundirse en el sueño es el origen de música y poesía. Hundirse en el sueño es delirar. Hay una sabiduría del sueño, no reconocida por la razón del hombre despierto, adivinación.

No hay limitación para el alma que viaja hacia afuera, en el espacio de los astros, en busca de sus semejantes, ni hacia adentro, en el infierno del tiempo y de la muerte, en busca de sí misma. Y así no hay contradicción en que se encuentre al mismo tiempo en varios lugares. El alma ¿es múltiple? o ¿cada cual tiene muchas almas? Orfeo, sirviente de la unidad en este universo de la multiplicidad, bajará una y otra vez a rescatar a su Eurídice; esa Eurídice que vagaba perdida entre sus muchas almas. Todo ello como en sueños.

Vaga el alma sin sede, obligada a recorrer el Universo y a sufrir en cada uno de sus estados. Viaje que consume varias existencias humanas. Y acaso de cada existencia ¿no resta un alma particular, una memoria? ¿Cómo podrá perderse? El alma-memoria subsiste a través de su largo delirio, de su viaje a los lugares estelares e infernales. Cada hombre ¿podrá tener sólo un alma?

El universo del número es el de la multiplicidad. La mónada, que preside múltiples series numéricas, toda la perspectiva de lo numerable. En un mundo de planos, de series, de estancias, de escalas musicales, donde las almas suben y bajan, ¿dónde está el hombre? ¿Cómo reconocer a cada hombre, cómo saber si es "el mismo" o la "misma alma perdida?"

"¿Cómo la reconociste?" —podría haberse dicho en una de las conversaciones entre iniciados—. "Porque obedecía a la misma música".[11]

Descubrieron la escala musical, que debió ser uno de sus más secretos símbolos: *día pas ón*[12] que abarcaba la totalidad de los sonidos, separados por vacíos de silencios. El universo del número es discontinuo; sólo la armonía engendra la continuidad. Armonía que necesariamente había de someter el corazón de la fiera, el ímpetu vital, sin más. Pues la música une en sí los dos universos o los senos del Universo: el de los astros de cuyo movimiento descendió la matemática y el mundo infernal de donde nace el gemido; también del infierno de la materia que suena al ser percutida. En las vibraciones del sonido despierta la materia que ofrece así algo propio, no reflejo, como la luz. La vibración sonora nace en los cuerpos mismos; no es como la luz recibida. El sonido se produce en "este mundo" donde los pitagóricos situaron el infierno, en el infierno terrestre. De la voz del infierno, sometida al número venido de los astros, nació la música, la más inhumana de las artes.

---

[11] La música pitagórica —la música de siempre—, no es la que produce un placer, sino la que es obedecida. Sentir una música no es gozarla, sino seguirla. La música ha sido esencial en la liturgia y es esencialmente litúrgica.

[12] "Hay que pasar por todo", podía ser el sentido por ella simbolizado.

La más pura de las artes y la más sabia de las ciencias del alma. Del fondo de los infiernos donde yace padeciendo el alma, dejándose llevar por su gemido, subiría la escala que la música tiende desde el cielo; subiría sin perderse, no ofuscada por lo propiamente humano, por su imagen.

Pitágoras y los llamados pitagóricos sólo hasta Plotino descubrieron el mundo de la visión, pues percibieron en él ante todo la falacia de la imagen. El dolor, la imagen, lo propiamente humano y como tal sólo infernal. Plotino, que sufre hasta el extremo el horror pitagórico de la imagen, debe a Platón la ganancia del mundo de la visión; las *ideas* serán para él lo menos *eidos,* lo menos *morfé* posible, atraídas, casi absortas en lo Uno. El horror de la imagen, tan ostensible en Plotino, recoge toda la tradición pitagórica. Y la imagen es lo humano. ¿Qué era pues, el hombre para los pitagóricos? ¿Cuál es su lugar?

El conflicto de la "filosofía" pitagórica se muestra en toda su gravedad si ante ella se formula la pregunta por el hombre. El alma, conducida por su propio gemir en la escala tendida por el número, era salvada, rescatada. Mas, el hombre ¿es sólo alma? Alma encerrada en una tumba carnal. Tal decía el orfismo, sumariamente. Mas un saber tocado de exigencias filosóficas había de fijarlas más en ello. La fe matemática, fe de conocimiento, al fin, denuncia la actitud de filosofar y hace del pitagorismo la primera de las filosofías, la última de las sabidurías encerradas en los misterios.

Los descubrimientos matemáticos, aunque los números siguieron comportando un sentido sagrado, eran ya una ciencia. Y, como ciencia de estructura, radicalmente diferente a la sabiduría de los misterios. Tal era la ambigüedad del pitagorismo. El misterio requiere iniciación; la matemática, aprendizaje, aunque este aprendizaje tenga valor de iniciación, como Platón mantendrá, fiel todavía a la tradición. Pues en Platón todavía los conocimientos tienen algo de iniciaciones.

Y así, la fe matemática —doblemente, como fe en un conocimiento al fin y como fe en los números— comportaba el horror y la desvalorización de la imagen. Y sin embargo, los pitagóricos sabían que toda alma tiene una imagen o la suscita.

Lo supieron y lo aceptaron, *soma, éidolon, psiché* integran el hombre. Cuerpo —imagen, ídolo, sombra— y alma. Pero ¿le integraban verdaderamente? Fácilmente los elementos podían desintegrarse. Tendían a desintegrarse en el horror de la vida, en la avidez de la muerte. Conocida es la imputación hecha a los pitagóricos de haber interpolado en el texto de la *Odisea*, en el pasaje de la *nekya*, los versos que relatan cómo el alma de Heracles disfruta en el Olimpo con los dioses mientras su *éidolon,* su sombra que habita en el Hades, responde a la invocación de Ulises. Virgilio recoge este pensamiento acerca de un cuerpo que habita en la tierra, una sombra que habita en el infierno y un alma en los astros.

La sombra era proyección del alma al entrar en el cuerpo, sobre quien la arrojaba. En el habla popular, surgiendo de una memoria milenaria, "la sombra" aparece en diferentes expresiones; las más concretas y cargadas de sentido son esas que el pueblo andaluz dice con categoría de dictamen definitivo sobre alguien: "tiene buena sombra" o "tiene mala sombra"; después de eso no hay más que hablar, se ha cerrado el debate, no hay alegato posible. "Sombra" que, claro está, no es la arrojada por el cuerpo; es otra sombra que nace de algún misterioso lugar que no es centro de la persona. Nadie es responsable de tener "mala sombra"; es una desgracia, simplemente una desgracia que trae desgracias, de la que hay que huir. Y en forma más sutil: "estamos aquí bajo su sombra" —decía una criada andaluza muy entrada en la vejez—: expresión que conserva de este pasado remoto de creencias todo su vigor. Los pitagóricos no inventaron, sin duda, la existencia de "la sombra", la aceptaron del mundo que habitaban.

De los tres elementos, la sombra —algo material, aunque sutil— era sin duda lo más individual, lo peculiar de un individuo, su *principium individuationis,* su "distinción", lo propio del individuo: una sombra. Mas, en aquel tiempo, no era cuestión del individuo, problema que sólo lo será para Aristóteles. No por azar, pues ¿cómo plantear ese problema del individuo mientras lo "humano" no está asentado en el ser? Lo problemático en esta "idea" pitagórica del hombre era lo humano, encerrado en la sombra: el cuerpo era común con todo el mundo material y deleznable, pues no era un cuerpo al modo de los astros, sino corruptible, propio de "este bajo mundo". Y el alma ¿era, acaso, humana?

Ni los pitagóricos ni Platón pudieron dar cuenta de un alma humana. Mas tampoco Aristóteles. Todo lo que se ganó con su pensamiento fue la esencia "humana"; una esencia, después de todo, como la de cualquier otra cosa. Lo humano del hombre —lo intransferible— era el "entendimiento agente", igual en todos los hombres: activo, divino, impersonal. Esta parte del alma, propiamente humana, seguía siendo divina, como en los llamados pitagóricos, como en los órficos, como en Platón. Y la "salvación" se logra en la vida contemplativa, intelectual.

Algo se había ganado y perdido en el pensamiento. Ya el amor no sería necesario. El origen celeste del alma quedaba definido con entera claridad, porque había quedado delimitado; el *eros* platónico dejaba su lugar a la *filía.* Y el alma no arrastraría consigo en la ascensión del *eros* a todo lo que de pasivo hay en ella; lo pasivo que es también lo que padece. Al producirse la muerte, aquella vida informada por el "entendimiento agente" está destinada a desaparecer sin más; de la pasividad y del padecer, del infierno que es la vida terrestre, nada quedará; el alma no habrá tenido que transformarlo y no habrá lugar para ninguna ascensión a los cielos desde los infiernos de la pasividad.

El alma, en Aristóteles, aunque sea en cierto modo "todas las cosas" ha perdido su condición de mediadora: la *filía* es en sí misma un fin, una virtud, no una tensión como el *eros*, expresión la más verdadera de la condición mediadora del alma.

Y de lo "humano", de lo exclusivamente humano, ¿qué se ha hecho? El "humanismo" radical de Aristóteles no pudo tampoco vencer esta última y decisiva prueba de dar cuenta de lo humano. La reducción de la pluralidad de almas, y de la pluralidad de vidas de cada alma, no consiguió descubrir algo intransferible de la sustancia llamada hombre. En el fondo, en Aristóteles como en los estoicos, hay que resignarse a ser hombre, aunque en el mismo Aristóteles, en el tono de su pensamiento, no se descubra resonancia alguna de la resignación estoica. Por el contrario, el "entusiasmo" de Platón no parece extinguido, sino transformado en una fe de donde nace esa agresividad característica del pensamiento aristotélico.

Los "números" como principio del Universo quedaron, sin embargo, vencidos. Y como en Aristóteles la decisión filosófica no conoce límites, salvo los límites que hubo de trazarse él mismo para hacer de verdad filosofía, hubo de hacerse cargo de la raíz misma de donde había brotado esta concepción numérica del universo y de la vida, de ese viejo dios Cronos. No temió, acometió de frente la cuestión presentándola por primera vez reducida a problema intelectual. El último fondo oscuro sagrado, apenas abordado por el pensamiento de Heráclito, sería abordado desde el pensamiento del ser.

Se trataba ante todo —tenía que ser así— de que el tiempo fuese uno, de rescatar el tiempo de la multiplicidad. Para la concepción órfico-pitagórica, ¿no habría muchos tiempos? El tiempo habría de ser uno y de servir a la sustancia. Ya no era el tiempo primario, primera potencia cósmica, sino el devenir. Y al llamarle "devenir", ya se comprende que el tiempo era servidor de la sustancia. El cambio se da en la sustancia concreta;[13] es ella la que cambia; pero el cambio se da en el tiempo, lleva tiempo. El tiempo es lo que en el pensamiento de Aristóteles quedaría de más análogo a la escala de los números y a ese viaje que va desde los infiernos hasta los espacios donde los astros incorruptibles se mueven. Escala que va desde el no-ser todavía al ser ya. Pero el no-ser todavía es posterior al ser ya, "la potencia es superior al acto"; la semilla al árbol. El tiempo vendría a ser un círculo, bajo la inmovilidad —actualidad—, producido y regido por ella. La imagen del movimiento de los astros, el más perfecto, vale para la totalidad del tiempo que nos guarda a todos, nos alberga. Todo lo viviente va en el tiempo —en cierto modo— como los astros en su órbita. El movimiento en que algo se engendra quedaba asimilado en cierto modo al movimiento de traslación de los astros. El curso de la naturaleza, de la *fysis* que todo lo genera, era un ciclo. Aristóteles había realizado la hazaña de, eliminado el don de los cielos, la matemática, pensar la vida, la naturaleza viviente

---

[13] "Ni la materia ni la forma devienen."

en función de la inteligencia. Y la inteligencia era celeste en su pureza primera y última, y hasta en su movimiento circular, en que el tiempo a todo envuelve.

El pitagorismo ¿había quedado tan vencido? Sí, en algo esencial: el ciclo generador, la naturaleza no producía según número. La unidad era el fin que había absorbido toda pluralidad. Cada cosa en su "lugar natural" habita el mismo mundo; el universo es orden —*taxis*—, orden de lo uno, en que cada cosa pretende y llega a ser una, ella, ella misma; sólo la materia queda eternamente disponible, "dotada de privación", último residuo de la multiplicidad.

La polémica contra los pitagóricos fue llevada tan agresivamente que habían quedado avasallados algunos dichos de los llamados pitagóricos, tales como el breve fragmento de Filolao que ha llegado hasta nosotros y que Aristóteles había de conocer mejor.

> Porque la naturaleza del número —escribe Filolao— es regla, guía y maestra de toda dificultad y para todo lo que se ignora, ya que a nadie le sería manifiesto nada de las cosas, ni de ellas respecto de sí mismo, ni de una cosa respecto a otra, si no fuera el número la esencia de ello. Pero siendo así, *éste perfecciona todas las cosas adaptándolas al alma mediante la sensación* y haciéndolas susceptibles de ser conocidas y de responderse las unas a las otras según la naturaleza del *gnomon,* dando corporeidad a las relaciones entre las cosas y separándolas individualmente de las cosas, tanto de las limitadas como de las limitantes.[14]

---

[14] Tomado del fragmento de Filolao traducido por María Araujo, *La filosofía en sus textos,* editado en España, bajo la dirección de Julián Marías, Barcelona, Editorial Labor, 1950.

¿Será excesiva audacia el ver en la frase subrayada, "éste —el número— perfecciona todas las cosas adaptándolas al alma mediante la sensación", algo comprobado muchos siglos después por la psicología fisiológica —tan injustamente desdeñada en nuestros días— cuando Fechner enuncia la ley: "La sensación es el logaritmo de la excitación"? Los números, ¿son extraños a la manifestación de las cosas al alma? Al alma, que mide porque es —leemos en Aristóteles— "como una mano".

El alma había sido liberada por Aristóteles de su viaje incesante, desde el fondo de la *fysis* brotaba llevando una avidez a su perfección bajo un tiempo único. El hombre había ganado "su tiempo propio". El mito del "eterno retorno" quedaba abolido al par que el viaje de la metempsicosis. El hombre habría encontrado su lugar en el Universo: en cuanto ser viviente es un acto que informa una materia; en cuanto humano se acerca cuanto es posible al acto puro, *en cuanto conoce "el acto de la inteligencia es vida". El porvenir parecía ganado para siempre* por este Aristóteles, "condenado por Dios a ser filósofo".

El dios temporal no pudo contener con el Motor inmóvil. Dios del pensamiento. Carecía de finalidad. Y para el hombre, en cualquier estación de su historia, y más aún cuando se dispone a conquistar su "ser", un dios que le asegure y le haga sentir la finalidad de todo lo que a su alrededor se mueve, la finalidad del incesante movimiento en que su vida está envuelta, le "servirá" más que ningún otro; será irrebatiblemente el dios triunfante. El que el Motor inmóvil fuese "primera causa eficiente" no le hubiera dado la victoria si ello no fuese seguido con el más estricto rigor filosófico de que era al mismo tiempo "la última causa final".

Era, pues, el Motor inmóvil el dios humano entre todos

y no hubiera necesitado de tanta perfección de pensamiento para vencer al Dios del tiempo, aun racionalizado en número y amasado en armonía. Su función "salvadora" no tenía ni siquiera necesidad de ser enunciada, por lo que inspiraría mayor seguridad. No había quedado en él ni rastro de la relación de sometimiento —temor, adoración— en la que el hombre se encuentra inicialmente con sus dioses, especialmente si son "salvadores". Tampoco, por tanto, rastro alguno de sacrificio. La filosofía había realizado la hazaña de mostrar al hombre —a todos los hombres— la naturaleza hecha transparente, inteligible, y en ella un dios, inteligencia pura, pensamiento de pensamientos que no exigía sacrificio.

Era de pensar que todos los hombres, siguiendo su naturaleza, encontrasen en la filosofía la satisfacción completa de su necesidad de saber, total en el sentido de saber qué hacer de su vida, el saber humano entre todos, la "razón práctica". Mas no fue así.

Sin contar con la "rebelión" de los cínicos y "el retroceso" de los estoicos y epicúreos, los llamados pitagóricos prosiguen su vida en ese modo escondido que augura un posterior resurgimiento. Había algo irreductible en el pitagorismo, no formulado. No era, no llegó a ser una doctrina como la estoica, como las sucesivas "Academias". En la resistencia irreductible ante un pensamiento tan claramente formulado como el de Aristóteles alienta algo de la misma especie de lo que actuó en Aristóteles ante "los llamados pitagóricos". Una diferencia de actitud y bajo ella una esperanza diferente. Nada separa más a los hombres que aquello que esperan, y la esperanza más difícil de abandonar es la que todavía no ha encontrado su argumento.

La esperanza, a su vez, oculta y lleva consigo una necesidad, y si no encuentra su argumento hasta un momento determinado es porque ha de recorrer su camino propio, el camino por el cual el hombre en quien anida apura su prueba, su "experiencia". Los más claros pensamientos no pueden en ocasiones ser aceptados porque ahorrarían una experiencia que debe de ser vivida. Y en último término ahorrarían la vida misma. La aceptación del Motor inmóvil, del Dios del pensamiento, ahorraba, hubiera ahorrado a los recalcitrantes pitagóricos su vida, la vida tal como la entendían y sentían: la vida total del alma. Y ello era, sin duda, justamente —y por una extraña paradoja— el máximo de los sacrificios a un dios que parecía no exigir ninguno.

Pues desde la vida inmediata, tal como es sentida por quien siente y sabe tener un alma —acabada de conquistar—, tal como hemos procurado mostrar que les ocurría a los pitagóricos, la aceptación del Motor inmóvil comportaba un sacrificio, el sacrificio de esa alma y su derecho a su doble viaje infernal y sideral; el sacrificio de su "historia". ¿Será acaso que ningún dios, ni el del puro pensamiento, puede existir sin sacrificio humano?

Los pitagóricos se negaron a hacer el sacrificio que exige el Dios del pensamiento; el sacrificio de su historia y de la historia irrenunciable del alma. Quedaron por ello apegados a un pasado vencido; esto era sacrificio, además de los que diariamente y en las ocasiones señaladas ofrecían a sus almas tutelares, más que dioses. Dioses… en verdad no podían tenerlos; la "teología" de otro dios hace que no puedan presentarse como dioses. Los combates entre los dioses suceden en realidad en torno al título de dios, más bien, en el caso de los dioses de la filosofía, una lucha por develar lo divino, todo aquello que el pensamiento puede develar de la divinidad.

Fue Aristóteles quien ganó en esta lucha; después, dioses, lo que se dice dioses, no podía haberlos. Sólo el dios de Plotino será "más dios" que el de Aristóteles.

Y así, en el momento histórico —siglo I d.C.— en que la soledad humana acusaba la ausencia de los dioses y la insuficiencia del dios de la filosofía, encontramos a los pitagóricos agrupados en secta religiosa, olvidados de las tareas intelectuales, viviendo en misterio y en mito; convertidos en una religión secreta, de iniciados. Su mirada tendía a reunir los mitos en que se podía descubrir un símbolo del doble viaje del alma y de la oculta armonía del universo. Y aún más que mirar, se diría que escuchaban la voz ahogada de una sabiduría que los hombres no habían sabido merecer; situados al margen de la historia oficial para proseguir su secreta, íntima historia —esa reserva histórica que los vencidos constituyen siempre. Pues la "razón histórica" no podrá hacer su cálculo[15] con las cuatro reglas elementales, sino usando del cálculo infinitesimal, del integral y aun de alguno todavía desconocido que abarque lo imperceptible en épocas enteras, lo que quedó vencido, lo no llegado a razón o lo sobrado de ella, simiente de la razón futura.

¿Lo sabían ellos acaso? No parecía importarles mucho su puesto en el mundo de las ideas ni de las vigencias. En la renuncia plena del intento filosófico habían retornado a sus orígenes adentrándose todavía más en el anhelo religioso de donde nacieran, en su "sentir originario". Ya ni los números parecían importar, sino en su función de introducir en la vida diaria el ritmo, el canon "que adapte el alma a su realidad verdadera librándola de la sensación", del hechizo de la

---

[15] Ortega y Gasset me hablaba un día ya lejano de "las altas matemáticas de la historia".

vida de aquí. Tal es la situación que se desprende del descubrimiento de la Basílica Pitagórica de Roma.[16] Y la suerte de la blanca capilla parece marcar, significar la suerte del pitagorismo.

¿Le cabrá suerte distinta de la habida hasta ahora al pitagorismo? Desde la situación actual del conocimiento su destino resulta el más paradójico que sea posible imaginar. Fue vencido por el pensamiento aristotélico a causa de no poder dar cuenta de la "naturaleza". Mas, cuando la naturaleza se hizo asequible al conocimiento humano, se hizo dócil al número, según muestra la física matemática desde Galileo hasta la actual del espacio-tiempo, la física de la relatividad, más pitagórica aún. Hoy, bajo su equívoco esplendor, el hombre vuelve a ser la cuestión, criatura errante que parece haber perdido su "puesto en el cosmos" ha de reencontrar la razón que le haga asequible su propia vida, la razón que rescate sus muchas almas perdidas en la historia y

---

[16] Hacia 1917 fue descubierta una basílica construida subterráneamente, bajo un montículo en la Vía Prenestina, cerca de la *Porta Maggiore* de Roma con ocasión de los trabajos del ferrocarril Roma-Nápoles. El investigador francés J. Carcopino llegó a identificarla —a través de un estudio en el que el más vasto saber sirve a la intuición— como una basílica pitagórica de la mitad del siglo I de nuestra era. Véase su admirable libro *La Basilique Pitagoricienne de la Porte Majeure,* París, 1944. Su diagnóstico, muy combatido, obtuvo la adhesión de sabios tales como Franz Cumont. Véase *Lux Perpetua,* París, 1949.

Según las investigaciones de Carcopino, la basílica apenas sirvió a sus fines, pues aún no terminada en su decoración hubo de ser abandonada por sus frecuentadores y patronos, víctimas de un *senatus consultum* votado por instigación de Claudio, "exilando de Italia a todos los que el vulgo englobaba bajo el nombre de matemáticos". Apareció, pues, intacta ante los ojos de sus descubridores, revestida de blancos estucos, de esa blancura tan cara a los pitagóricos.

que le haga diáfano su tiempo, el suyo, cuanto sea posible... La *polimatía*, el relativismo no resuelto de los pitagóricos, su aceptación del tiempo pueden estar a punto de declarar bajo otro nombre —como vencidos al fin— su oculto sentido.

TRES DIOSES

AL FINAL del Mundo Antiguo aparece un instante privilegiado; cuando el cristianismo en la simplicidad anterior a la teología coexiste con los antiguos dioses. Más que cristianismo había cristianos y un dios cuyo comercio con el hombre era enteramente distinto, hasta llegar a ser incomprensible, del habido con todos los dioses conocidos. El nuevo dios se abría paso entre dos clases de dioses, entre dos especies de la manifestación de la divinidad.

Las manifestaciones de lo divino parecen corresponder a las situaciones más íntimas de la vida humana y todavía a las actividades primeras de la vida sin más, que en la humana adquieren un sentido: comer y ser comido, consumir y ser consumido. El dios de la vida es primeramente el que devora, la avidez inicial a donde todo vuelve y que de todo tiene apetencia, mucho antes que el poder creador. El dios creador es un dios revelado. Y aun Él habló para decir "Soy el que ES" en la zarza que arde sin consumirse. Pero esta zarza sede de la revelación del dios creador se alimentaba sólo de sí misma, no necesitaba de ningún otro alimento; fuego puro sin fin.

Mas el dios que el hombre siente sobre su vida de un modo "espontáneo", el dios "natural", es el que devora y destruye, el que reclama ser alimentado. El sacrificio lo aplaca momentáneamente. Un dios en quien se concentra y aparece esta pura potencia devoradora es Cronos en la vieja *Teogonía* de Hesíodo, a quien ningún sacrificio puede aplacar. Y ésta parece ser la señal de la divinidad en su máxima potencia: lo que no accede al sacrificio, el fondo irreductible y rencoroso; lo implacable es la primera manifestación de lo divino.

Pues mientras un dios accede siempre al sacrificio no acaba enteramente de ser dios. Y como lo divino se manifiesta primariamente como avidez, reclamará siempre nuevos sacrificios. Entonces el sacrificio se extenderá numéricamente cuando ya, como en el caso de los aztecas, no puede reclamar nada más en el centro de la vida que el corazón sangrante de la víctima. Ya que no existe el hombre, el hombre uno, cuyo corazón pueda aplacar definitivamente la sed divina.

Tampoco el dios Cronos se sacia y, así, viene a ser esclavo de la infinitud del número; dependiente y necesitado de la cadena innumerable de las generaciones a quien devorar.

Pues en correspondencia con las situaciones humanas ambivalentes, lo divino aparece siempre representando el aspecto más activo: entre devorar y ser devorado, lo activo es devorar. Mientras lo divino muestra sólo este aspecto parcial de la actividad, es demoníaco; y hasta diabólico. Corresponde como actividad a la serie sin término de la reproducción; es el dios de lo que simplemente se reproduce, sin que se llegue a lo que propiamente es generación. Y si todas las cosas y los seres vivos especialmente están bajo Cronos es en cuanto que son producto de la reproducción, simples números no cualitativos, en cuanto que todavía no se ha verificado el acontecimiento decisivo de una verdadera generación. Pues el verdadero nacimiento de algo sometido al tiempo comporta una resistencia que escapa a ese poder devorador que sólo podrá darse en correspondencia a una divinidad cuya existencia no depende del alimento que recibe en el sacrificio. Y así, el dios que arde en la zarza no necesita, Dios del Ser, alimentarse de nada. Y en su consunción sin fin promete al hombre algo que no será devorado.

Pues, en el engendrarse de los seres hay un aspecto que es simplemente reproducción, reiteración de un sello, aplicación de una forma dispendiada en el número; cantidad. Y salvándose de ello, emergiendo, la realidad de algo que se genera, algo que aun en la cadena del número se distingue porque es ya conato de ser, que necesita y llama ser engendrado enteramente. Llamada que se dirige al dios no devorador, al dios de la generación; al Padre verdadero, al que permite nacer y que ha de estar al principio, al fin y permanentemente sosteniendo al conato ávido de ser, asistiéndole y retirándose.

Pues este dios, cuando, de padre rencoroso y ávido que devora, se convierte en dios que engendra, ha de retirarse por momentos. Surge entonces ese vacío de lo divino en que el hombre apura su ineludible soledad, la soledad necesaria para hundirse en su ser, aún no habido. Y es propio del padre el retirarse, el lanzar al hijo a la soledad, el despegarle de sí. Y en el Dios verdadero, frente al Hijo único, el abandonarlo.

Mas hay otra situación esencial de la vida humana: ver y ser visto; mirar y sentirse mirado. El conocimiento que es necesidad de ver nace de una necesidad, la inmediata de tener que andar entre las cosas.[1] Mas no se agota ahí. Hay un ansia y un goce en ver que prosigue sobrepasando la necesidad inmediata. Hay una pasión de ver que como pasión

---

[1] Idea fundamental de la tesis sobre la "razón vital" de Ortega y Gasset, en su crítica del "saber desinteresado" de Aristóteles.

consume y devora, y que comporta la resistencia más valedera ante la realidad implacable. Y es también la salvación de ese primario sentirse mirado, al descubierto, sin que se sepa por quien, quién es el que nos mira. En los dioses imágenes de Grecia hay una respuesta a esta situación doble; imágenes fijadas por el arte, apresadas por el hombre para no depender enteramente de esos instantes fugitivos en que se siente una presencia total y fugitiva; un desconocido que nos mira y desaparece. Pues las imágenes de esos dioses debieron de ser sentidas, más que vistas, como sucede cuando en el aire algo imperceptible se mueve, llenando el hueco de una forma que se ha ido. Las formas de lo divino se sienten en la ausencia y a lo más se entrevén.

El darles forma permanente en una materia es para retenerlas en algo que, por fuerza, las encubre a la vez. De ahí que las imágenes de los dioses alcancen su equilibrio y su madurez en la época arcaica —tal la Hera de Samos del Museo del Louvre— cuando la materia, la piedra, deja sentir aún la materia dócil a un soplo de forma, apenas discernida; cuando materia y sueño se juntan y es la imagen, sueño materializado o materia ablandada en sueño, alma apenas definida. Las imágenes de la época clásica que pretenden definir y fijar enteramente la presencia divina la asemejan a la presencia humana y apenas guardan alguna huella de ese otro género de presencia que sólo se vislumbra en el instante en que parece abrirse un trasmundo; esa imagen que sin ser vista arrastra al alma porque responde plenamente al ansia de ver. La visión perfecta jamás se logra y cuando vemos algo plenamente es algo cuya presencia no es plena y entonces la deficiencia viene del objeto que no porta en sí la cualidad, la condición de lo plenamente visible, de lo que responde a la visión. Y cuando la mirada encuentra al fin algo que responde a su demanda de ver enteramente, a la necesidad de una pura y total presencia, es fugitivo o solamente dado en insinuación, en presentimiento. Y así, el ansia de ver plenamente algo plenamente visible jamás se satisface. El ver, actividad en que el hombre se sentirá más a salvo de la vida y su contradicción, lleva consigo la tragedia.

En el alimentarse y servir de alimento, en devorar y ser devorado se muestra el aspecto deleznable de la vida humana que busca ese dios que permite y sostiene aun retirándose el ser; se clama por el dios que engendra de verdad. Ver y ser visto, el ansia y el temor unido al anhelo de ser visto, clama por la presencia de algo que no comporta resistencia a la luz. Por un dios de la visión, de la inteligencia. Por el conocimiento que despeje la oscuridad de ese interior de donde nace la mirada humana, de ese ciego que mira porque se asoma a mirar por nuestros ojos. Tras de la mirada humana se esconde el ciego menesteroso que sólo a ratos ve y parcialmente, a quien sólo se le dan limosnas de visiones, dejándole intacta, y cada vez más de manifiesto, la oscuridad, la imposibilidad de ver ese algo, justo lo que más le importa.

De este padecer es protagonista Edipo, hombre en el confín de lo humano que comparece frente a los dioses asumiendo la tragedia de la visión. No sólo vio, sino que adivinaba. Y adivinando no vio aquello que le importaba y que creyó saber. Su ceguera provenía de que creyó saber bastante al conocer la sentencia, el logos del oráculo. Creyó saber por noticia, sin haber visto. El ciego que miraba por sus ojos se hundió en su desnuda condición, en su verdad cierta: no ver, no ver nada.

De esos dos contrarios: temor de ser visto, ansia de ver, que definen la condición humana, es el temor quien primero proporciona el ámbito para el dios de la visión, y de la inteligencia. El ansia de ser visto necesitará, para manifestarse, una garantía encontrada por el pensamiento y ofrecida en una manifestación divina, sólo a partir de que en una u otra forma lo divino se haya manifestado. Es el Dios de Israel quien hizo sentir en grado máximo al hombre el temor de ser visto, el afán de esconderse, y es Él quien, a través de Cristo, hace salir al hombre de sí, ofreciendo a la visión divina lo más oscuro y recóndito, el centro de su ser. Pero, la victoria de Cristo marcará justamente el final del Mundo Antiguo. En el instante de tránsito a que nos referimos, el dios de la visión no es Cristo, sino el dios de la visión intelectual, el descubierto por la filosofía.

Es el dios que corresponde a la necesidad de ver más que al temor de ser visto. La pura presencia contenida en la "naturaleza". El dios de Aristóteles —"pensamiento de pensamientos"— y aun más esplendente el dios de Plotino: "luz de luz". La manifestación en su totalidad que responde al ansia de ver. Visión en que el interior; el dentro y el fuera de las cosas y aun de la condición humana, ha quedado abolido. Lejos de buscar en el interior de cada cosa, el pensamiento griego, que llegó a la idea de Dios, buscó desinteriorizarlas. Quizá, porque el "interior" del hombre no podía aparecer; el hombre en Grecia no podía entrar en sí mismo; llevado así por el afán de visión, se exteriorizaba, se buscaba fuera de sí y creía sólo encontrarse cuando, al fin, podía verse en el mundo inteligible, como una idea transparente al fin a la mirada.[2]

---

[2] Para el alma griega debió de ser sentido como culpa, inicialmente, el estar en un cuerpo que resiste a la luz. Por eso la escultura griega tiene un carácter votivo, de ofrenda a la luz.

Dios de la visión y del ser; del ser correspondiente a la mirada y al anhelo que la sostiene. La mirada descubre el ser, lo que resiste al tiempo siendo diáfano; en realidad, el ser de la luz. "Luz de luz" será la fórmula acabada de este dios descubierto por el pensamiento, por la inteligencia movida por ese íntimo anhelo de la vida humana de ver y de ser vista: por esa ansia de una manifestación total.

Y si bajo esa luz, disuelto ya en ella, hubiera estado el Dios desconocido, el que presidía en ausencia y oscuridad la tragedia, ninguna nueva religión hubiera sido tal vez necesaria ni posible. Mas, quedaba rebelde a toda revelación de la mente, indescifrable aun ante "el pensamiento de pensamientos", oscuro y ciego bajo la luz suprema, esa resistencia de la vida humana en su desnudez, ese hecho escueto de haber nacido y palpitar solo, igualmente en las tinieblas que en la luz.

Pues la soledad humana sigue desamparada en la luz cuando no ha podido deshacer la resistencia, el ansia infinita contenida en toda vida; cuando persiste en el secreto que es al par promesa y angustia sin nombre. La soledad advenida bajo la plenitud de la revelación de lo divino, de la luz de luz, era la verdadera soledad, la del desamparo. Como premio a su acción de descubrir la divinidad, lo divino oculto y manifiesto en la "naturaleza", el hombre se encontraba errante, sin sede donde alojar su ser. Sin nadie a quien dirigirse para acabar de nacer, para que su secreto se revelase. Y así, sólo tenía como posibilidades —bajo el Dios de la luz— dos formas de suicidio; una correspondía exactamente a este Dios de la visión y de la luz, otra a la divinidad del fuego: convertirse en objeto del mundo inteligible, reintegrarse a la inteligencia. El suicidio en la luz, de donde antes había caído al infierno de la vida. Pues, la luz divina no pudo vencer al infierno terrestre, a la condición infernal de la vida humana. "El acto de la inteligencia es vida", había dicho el mismo que definiera a Dios como "pensamiento de pensamientos"; mas esa vida, acto del pensamiento, era vida pura, vida intelectual: porque "el acto del pensamiento es vida".

Y algo en la condición humana se resiste a esta luz del pensamiento, algo pasivamente resiste a esa actualidad de la inteligencia: la desnudez de existir, la esperanza irrefrenable, causa de todo error. La esperanza inconfesable de seguir viviendo en la luz, mas sin renunciar a nada, sin haberse desprendido de ninguna de las notas que la abstracción desprende de la vida en su integridad. El Dios del pensamiento era también el del amor, el que atrae hacia sí todas las cosas sin que por ello pierdan su ser, que atrae hacia sí al hombre individuo, en su desvalida concreción. Mas, de ese amor, el hombre no obtiene ninguna respuesta. Si en la relación —ver y ser visto—, la divinidad descubierta por la filosofía hace ver sin que ella llegue jamás a hacer sentir sobre cada uno de los hombres su mirada, el amor correrá la misma suerte; el dios de Aristóteles atraía hacia sí todas las cosas "como el objeto de la voluntad y del deseo mueve sin ser movido por ellos", mueve sin ser movido. Y bajo él, la esperanza más inconfesable de todas las que mueven el corazón del hombre quedaba sin respuesta; la esperanza entre todas, ser visto, ser amado: mover a Dios.

"El Motor inmóvil" no respondía, ni siquiera podía permitir al hombre expresar esa su esperanza última y su primer anhelo oculto en la oscuridad de su corazón. La "naturaleza" contenía, oculto y aparente a la vez, el ser que es inteligencia; mas, el corazón del hombre contiene por su parte el anhelo de ver y de ser visto; de amar y ser amado.

Y es ansia lógica pues sólo la visión será perfecta cuando ninguna oscuridad haya sido abandonada a su propia suerte, cuando lo más sombrío de la caverna que es el corazón humano ascienda a la luz también. Y el cuerpo mismo transfigurado pueda entrar, sin dejar de ser cuerpo, en el resplandor de la luz, cuando haya dejado de oponer resistencia a la luz y pueda ser traspasado por ella sin haber dejado de ser cuerpo. Entonces el reino de la visión, del Dios que ve, estará logrado.

Y aun todavía el amor, ese movimiento el más esencial de todos los que padece la vida humana, donde se resume la condición del hombre —el ser que entre todos se mueve— no será amor enteramente, si el que se mueve, no logra al fin mover. Si es que no hay un Dios que sea movido por el hombre.

"DIOS HA MUERTO"

No se libra el hombre de ciertas "cosas" cuando han desaparecido, menos aún cuando es él mismo quien ha logrado hacerlas desaparecer. Podrían dividirse las cosas de la vida en dos categorías: aquellas que desaparecen cuando las negamos y aquellas otras de realidad misteriosa que, aun negadas, dejan intacta nuestra relación con ellas. Así, eso que se oculta en la palabra, casi impronunciable hoy, Dios.

Mas no es exacto el decir que la relación quede intacta con ciertas realidades cuando las negamos; más bien sucede que la relación cambia de signo y se intensifica hasta tal punto que, cuando más fuera de nuestro horizonte quede el objeto, más amplia, profunda es nuestra relación con él, hasta invadir el área entera de nuestra vida, hasta dejar de ser una relación en el sentido estricto del término… Pues relación sólo la hay cuando los dos términos aparecen claramente dibujados. Cuando uno de ellos, que es el que comporta la máxima realidad, desaparece, se abisma la relación. Y entonces sucede simplemente que el otro, el que no puede desaparecer —en este caso, nosotros, nuestra humana vida—, queda sumido en una situación indefinible, queda, a su vez, abismado.

Rescatar esta relación del abismo en que ha quedado sumida no es cosa de la mente, pues la función del pensamiento ante esa clase de "objetos" —Dios, eminentemente— ha sido más bien superficial, ha consistido en añadir una claridad última cuando ya había aparecido una claridad en cuanto a su definición. Mas definir no es revelar, ni tan siquiera develar. Y de nada sirve que en una situación en que todo esté abismado la mente recuerde sus claras definiciones o ensaye otras, si no las precede la realidad misma saliendo del abismo, si no tiene lugar una versión nueva de lo eterno.

El momento actual se nos aparece el más mezclado y confuso por ser el que estamos viviendo (la vida es siempre confusión), y por la multiformidad del proceso, por la multitud de caras que presenta la situación frente a lo divino. Como si estuviésemos en realidad, apurando al mismo tiempo todas las diversas situaciones que el hombre ha vivido en ese drama esencial frente a Dios o los dioses, y el hombre actual fuera el protagonista de toda la historia religiosa de la humanidad condensada, de todos los conflictos que se han presentado en los instantes decisivos de la historia. La ausencia, el vacío de Dios podemos sentirlo bajo dos formas que parecen radicalmente diferentes a simple vista: la forma intelectual del ateísmo, y la angustia, la anonadadora irrealidad que envuelve al hombre cuando Dios ha muerto. Que no haya Dios, en cualquiera de las fórmulas acuñadas por el positivismo o el racionalismo del siglo XIX, que nos dispongamos a pensar acerca de todas las cosas sin contar con Él, como suponen y hacen todas las filosofías, excepto "las confesionales", parece marcar la situación de la mente actual. Mas existe otra situación —si es que es otra: la de la vida de cada hombre que no es ni pretende ser filósofo, que vive simplemente la ausencia de Dios. Y dentro de ese vivir sin Dios aún se distingue la simple aceptación casi inconsciente de ese ímpetu, de esa violencia, de esa extraña esperanza que cifra el cumplimiento de lo humano, la promesa final de nuestra historia sobre la tierra a la desaparición total de la conciencia de Dios. Y aun... lo más inabordable: toda la desenfrenada provocación aún no registrada de los últimos años en que, sin conciencia o con ella, algunos hombres han apurado las posibilidades del mal, el reto a todos los temores últimos, han perpetrado lo insospechable, llegando hasta la acción sin sentido ni justificación en que el hombre no es ya reconocible; desafíos realizados como un crimen que traspasa a las víctimas y que va dirigido contra esa instancia última de la conciencia antes ocupada por Dios, esa violencia pasiva, ese abandonarse automáticamente a cualquier instinto o "tentación", si todo ello, todo ese horror múltiple y único de los años aún no transcurridos, se produjera sobre un vacío y una anonadada conciencia que se dijera: "Puesto que Dios ha muerto..."

En la historia conocida siempre ha llegado un momento en que los dioses han muerto. Y es extraño. Lo divino, aquello que el hombre ha sentido como irreductible a su vida, sufre eclipses. Y esto sería quizá la definición primaria y más amplia de lo divino: lo irreductible a lo humano, configurado de diversas maneras según sean los aspectos que eso divino haya tomado, según sean los afanes y anhelos del hombre. Y en cualquiera de los casos ha llegado el instante terrible de que "eso divino", irreductible a lo humano, ha corrido la suerte de lo humano: pasar, ser vencido y aun morir. ¿Por qué? ¿Qué ha sucedido en esos instantes? ¿Ha sido en verdad algo inexorable?

Pues inexorable aparece en la historia el que el hombre, bien recibiéndolo por revelación o creándolo poéticamente y definiéndolo con el pensamiento, haya trabajado afanosamente y padecido a sus dioses, haya sido paciente de lo divino y haya sido su escultor.

El hacerlo ha sido —imposible negarlo— la máxima tarea humana, la previa a toda gran epopeya histórica. Hasta ahora no ha transcurrido ninguna gran acción histórica, esos monumentos temporales llamados "culturas", que no haya ido acompañada, como de algo esencial, de este padecer y de este forjar a Dios. Aun en una religión como la cristiana, nacida de la revelación, ha sido indispensable esa actividad de dar forma, de definir por el pensamiento a su Dios, apasionada y frenéticamente.

Y así tenemos dos sucesos ante nosotros. Uno, la pérdida de los dioses en todas las religiones de nuestro pasado ancestral; las desapariciones de los dioses y sustitución por otros, dinastías enteras como en Grecia, como en Egipto. De otra parte una religión, la cristiana, que comporta en su centro mismo, como el misterio abismal, la muerte de Dios a manos de los hombres.

Es una de las originalidades del cristianismo, no reductible a ninguna otra religión anterior de donde pudiera inspirarse. Pues hay dioses que mueren, que sufren una pasión hasta la muerte y que resucitan: Atis, Osiris, Adonis. Mas no a manos de los hombres, sino de potencias enemigas de su mismo rango. Para los que viven dentro del cristianismo el problema no existe: sucedió así. Mas, para quienes viven sumergidos en esa situación actual a que hemos aludido, la pregunta se impone inexorable. ¿De dónde ha surgido tan tremenda pesadilla? Pues la religión para una conciencia arreligiosa ha de ser considerada como delirio, pesadilla sufrida en común, de igual contextura anímica que las neurosis, como ya Freud ha indicado, aunque sin lanzarse a apurar la cuestión así planteada. Que los dioses, que lo divino en sus diversas configuraciones se muera. Que los dioses se maten entre sí y que haya entre ellos, como entre los humanos, crimen. Que los dioses simplemente palidezcan, se paseen, como los mortales. Y por último que Dios haya muerto a manos del hombre, de los hombres. Y entreverando estos instantes exclusivamente religiosos, los momentos de ateísmo formulados por la razón, con un aire de independencia, como si ella caminara sola por su cuenta.

Y así, tenemos un proceso "sagrado" de destrucción de lo divino, tan inevitable en su acontecer como el momento contrario; cuando de lo sagrado han ido apareciendo los dioses por una acción sagrada.

Acción sagrada porque tiene lugar en el centro mismo de lo sagrado, cuando lo sagrado, ambiguo, multiforme, equívoco se hace uno, idéntico a sí mismo, igual para todos. Parece como si esta acción de negar a Dios naciera en un momento de querer volver a la situación primaria de la vida —quizá nunca dada históricamente en forma pura—, a la situación en que el hombre no había recibido ninguna revelación, ni había él mismo descubierto a Dios; a la situación en que lo sagrado envolvía la vida humana. Y de ahí que el ateísmo puro, racional, sea distinto, cuando se da —tan raramente—, de las formas en que se niega a Dios para destruirlo. El ateísmo niega matemáticamente la existencia de Dios, mas se refiere al Dios-idea, pues con el fondo oscuro permanentemente, con las tinieblas del Dios desconocido, ni siquiera cuenta. Mientras que la destrucción de lo divino, la acción de destruir lo divino solamente se verifica en el abismo del Dios desconocido, atentando a lo que de irrevelado, de no descubierto hay bajo la idea de Dios. Y es, así, la acción sagrada y trágica entre todas, pues la tragedia sólo tiene lugar bajo el dominio del Dios desconocido.

Acción trágica, como si fuese la respuesta humana, la única en que se resumen todas, la presunta unidad de todos los protagonistas de tragedia que no quieren apurar su destino trágico, alcanzar el saber enunciado para siempre por Esquilo: "aprender padeciendo". La acción destructora de lo divino nace, sin duda, de una desesperación, respuesta en que se apuran cortándolos los conflictos de las tragedias, es decir, de la necesidad.

Mas claro está que, al ser verificada la acción racionalmente, se complica y aun está implicada con el desarrollo de la razón misma, con su crecimiento, con su madurez. Es decir, que se trata de una acción sagrada, elemental por tanto, ejecutada en el momento de la mayor madurez del hombre, en el momento en que parece que tales acciones sagradas ya no se verifiquen, ni haya por qué. Se trata de una de las más profundas paradojas humanas. Realizar una acción sagrada profana, con la convicción de que se trata del despeje de una situación de la proclamación de la libertad, de la subida al poder de la razón que absolutamente no quiere compartirlo con nadie.

Es el ateísmo, pues, el producto de una acción sagrada, de la acción sagrada entre todas que es la de destruir a Dios, realizada en forma tal que parece solamente la enunciación de una verdad consabida que sólo precisa, como las verdades lógicas, el ser enunciada, simplemente dicha en términos casi matemáticos.

Son fácilmente recordables los momentos históricos del ateísmo, pues se han producido en la mayor claridad de los tiempos, en la madurez de la razón; son lo más público de cuanto el hombre ha pensado y sentido.

Heráclito es el primero que dice: "Este universo común para todos no es la obra de ningún hombre, ni de ningún Dios, sino el resultado del fuego central que se alumbra con medida y se extingue con medida". El tono despectivo, tan característico de Heráclito, no alcanza a desvanecer el tono polémico —cosa tan propia de los filósofos que no precisan nunca sus antagonistas por desdén—. Mas todo ello queda envuelto bajo el amplio ademán de despejar un horizonte. Como si los dioses impidieran con su ilusoria presencia la visión del universo, este universo común para todos, y hasta cabría pensar que impedían no sólo la visión de la realidad autónoma del universo, sino de su condición de ser común para todos, que los dioses oscurecían y dividían, como hace siempre la oscuridad.

Heráclito sustituía la creencia en los dioses con otra creencia: la del fuego central que se enciende y se extingue con medida. Creencias en funciones de idea. Pues en Heráclito tiene lugar uno de los acontecimientos más espléndidos de una cultura, más necesarios, sin el cual dicha cultura no alcanzaría jamás a su última nobleza y claridad: el que se aparezca transparentemente como idea una creencia íntima, una fe diríamos originaria. La fe en la naturaleza bajo esa forma del fuego en Heráclito se transformó en la idea de un logos, una razón que varía, una medida suprema. El fuego es el supuesto, el *sustratum* material y al mismo tiempo la metáfora de la idea del logos. Mas el fuego es entre todos los elementos el más viviente, el que da la imagen de la vida que no acaba, que se alimenta de sí misma. Y el de más difícil definición. Lo que transformándose es siempre lo mismo. Es, como Heráclito dice, el que engendra y destruye. Es una metáfora de la idea de Dios, una forma en que lo sagrado se concreta. El pensamiento de Heráclito es uno de esos geniales momentos en que lo sagrado se define y, al par, el alma humana que lo confiesa como su íntima fe.

Y así, viene a suceder en Heráclito algo muy paradójico: su "ateísmo" es no sólo la enunciación de una fe, sino algo todavía más decisivo: un paso en la configuración de lo sagrado, preparatorio y necesario para la aparición de la idea de Dios que tiene lugar en la filosofía griega. Y en realidad todos los filósofos "creadores" de Grecia aportarán algo a la formación de esta idea que es la obra suprema, la acción definitiva de la filosofía. De ahí que el ateísmo de los pensadores griegos sea, en verdad, lo contrario: una negación de esa forma en que lo divino aparece bajo las imágenes de los dioses para despejar el campo de lo sagrado y de la mente humana a la par, y llegar así a la integración de la idea de Dios. Ni siquiera el "materialismo" de Demócrito es una excepción, pues la materia es uno de los descubrimientos necesarios para la aparición de la idea de Dios, la materia y el espacio...

Y, sin embargo, es de Demócrito de donde se inspirará el otro "momento" del ateísmo "pagano" ya en una estación bien diferente, en el poeta Lucrecio. No es la existencia de los dioses lo que niega; aquí ya no se trata del ser, sino del hombre. El hombre es el problema y los dioses son negados justamente en relación con el hombre y dentro de esa relación en aquel aspecto que al hombre le importa más, la providencia: "En el caso de que haya dioses, no se ocupan para nada de los hombres". Es otro el problema y otro también el verdadero suceso que tal afirmación comporta. Se trata de una situación contraria en el camino del hombre bajo sus dioses. No es un momento en la revelación de lo sagrado, sino de ocultamiento, de vacío. Lo que en Demócrito era teoría, en Lucrecio era sentir originario dentro del cual se sentía inmenso. El mundo estaba vacío y los átomos no podían poblarlo. La materia estaba despojada ya de todo sentido sagrado, de esa fuerza sagrada que siempre conservó en los filósofos griegos, y quizá más aún en los "materialistas". Pues bajo una misma "teoría" alientan situaciones vitales bien distintas. Una misma "idea", según el momento en que haya parecido, puede significar lo contrario.

Y así, la declaración de Lucrecio respecto a los dioses es la expresión de la soledad humana, en esa forma del desamparo. Lo divino se había disgregado en sus dos polos: de una parte, las imágenes de los dioses vacías y sin acción; de otra, la fuerza de lo sagrado enigmática y enredada, apareciendo en los cultos a deidades extrañas y advenedizas. Y una idea de Dios acuñada por la filosofía, ineficaz, o eficaz sólo para algunos, para los capaces de alimentar su amor de la "luz intelectual".

Era una declaración desesperada que no negaba la existencia de los dioses, pero ponía en entredicho su relación con los hombres: era una declaración de los límites que cercan lo humano, en realidad más negadora del hombre que de los dioses. La declaración de los derechos del hombre hecha en modo restrictivo, lo que el hombre tiene derecho a esperar si no hay dioses o si no se ocupan de él para nada: el vacío, el no ser.

Hubiera sonado a declaración entusiasta este verso de Lucrecio en otra etapa del mundo. Y aun el suicidio subsiguiente hubiera tenido otro signo, pues Empédocles se arrojó al Etna, se suicidó como Lucrecio, mas su gesto tiene la significación contraria a un suicidio, siéndolo. No podía seguir esperando y quería, de todos modos, ser arrebatado por los dioses, y quizá lo fue; quizá el fuego hirviente cobró vida y figura, voz, para el que se arrojó hacia abajo como si hubiera sido arrebatado por ese carro de fuego que entra en la leyenda de tantos héroes de la Antigüedad; pues ciertas almas enamoradas del fuego no pueden soportar morir apagándose.

Y si Lucrecio no se hubiera suicidado, su vida hubiera tenido una significación suicida como la tiene la de tantos hombres que no han consumado el gesto suicida, pues basta vivir así, sintiendo el vacío del universo, para que el hombre sienta perder su ser, y convertirse lentamente en imagen de nada, en eco sin voz, en espejo de una oquedad.

Es un género de ateísmo más negador de lo humano que de los dioses; ateísmo puro que es renuncia, simple renuncia a lo que de los dioses no se recibe, confinamiento desesperado en lo humano sintiéndolo limitado. Es, no la negación de los dioses, sino la denuncia de la imposibilidad de una vida divina: la vida divina no es accesible al hombre. Entonces la existencia de los dioses se torna indiferente, desprovista de todo sentido vital; es el puro ateísmo que no comporta las ventajas de la destrucción esa herencia que el hombre recibe de sus dioses siempre que los mata.

Pues los dioses del Olimpo fueron palideciendo, adelgazándose en sombras, bajo el empuje de esos dos focos en que se había bifurcado lo sagrado: la idea de Dios creada por el pensamiento —"el pensamiento de pensamiento"—, pura luminosidad la fascinación ambigua de lo sagrado en las formas de culto de las religiones secretas de iniciación, cuando Apolo y Dionisos llegaron a ser distintos y hasta enemigos, cuando la luz y la sombra se separaron y quedó de un lado la luz apresada en la idea de Dios, del dios definido por el pensamiento, puro pensamiento él y el que nos fascina, y de otro la fascinación oscura de las entrañas. Cuando lo divino en su pureza no embriaga sino a unos pocos de la más rara especie de filósofos.

Y el ateísmo sólo puede ejercerse, actuar en el vacío de lo divino, en ciertas almas sordas a lo sagrado, que han sido solamente educadas en la idea de Dios, en la idea lógica nacida, ciertamente, de una pasión también —Platón y aun Aristóteles sólo a fuerza de pasión pudieron hacer su teología—. Mas la teología, convertida en lógica pura y en moral práctica, se desvirtúa y deja insatisfechos el hambre y la sed, el ansia de las entrañas que no encuentran dónde apacentarse. El ateísmo es la respuesta de la desolación humana y, en el caso de Lucrecio, el reproche del hombre ante lo inaccesible de los dioses.

Mas el vacío de Dios que deja sentir el ateísmo formalmente expresado, no es todavía la muerte de Dios. El ateísmo pagano corresponde a esas dos situaciones de liberación por la inteligencia en que una realidad antes oculta bajo los dioses aparece; una realidad que es lo que es simplemente, sin ese algo más que toda forma de divinidad lleva consigo. La otra situación, expresada por Lucrecio, es la desolación, el abandono en que el hombre se siente en su soledad. En la primera se hace sentir lo que los dioses tienen de devoradores de toda realidad, a la que oscurecen con su luz: el que sólo ellos existen cuando existen. En Grecia el hombre siempre mantuvo esa vocación de ateísmo frente a los dioses múltiples, situando por encima de ellos a la necesidad, a la némesis en que el amor encadenado los encadena.

En el segundo aspecto del ateísmo se hace sentir lo inaccesible de la vida divina; ese abismo que rodea a todo dios separándolo radicalmente de la vida humana, aunque sea a ella semejante, por el ir y venir de las pasiones. Y está en correspondencia con ese aspecto con que la divinidad suprema se ha aparecido muy a menudo a los hombres: la no intervención. Dios ha sido también el gran indiferente. Dios o los dioses que moran en el cielo, mientras el hombre a solas camina sobre la tierra.

Este momento del ateísmo, que siente en la divinidad la

indiferencia, tendrá su agotamiento en el Calvario cuando Cristo, el Hijo de Dios, se siente abandonado por Él. En esta paradoja que agota la desesperación se abrirá el camino de la accesibilidad: Dios se ha hecho accesible sólo después de haber permitido a su hijo sentirse abandonado. Y muestra la dialéctica de la relación del hombre con la divinidad, dialéctica creadora que Hegel anunció como la marcha del Espíritu absoluto, que sólo apurando sus momentos negativos emerge para afirmarse de modo imperecedero.

Mas la muerte de Dios no es su negación, la negación de su idea o de algunos de los atributos que a ella convienen. Sólo se entiende plenamente el "Dios ha muerto" cuando es el Dios del amor quien muere, pues sólo muere en verdad lo que se ama, sólo ello entra en la muerte: lo demás sólo desaparece. Si el amor no existiera, la experiencia de la muerte faltaría. Y sólo cuando Dios se hizo Dios del amor pudo morir por y entre los hombres de verdad.

Y Dios no puede morir si no es a manos humanas. Si el hombre no ha hecho esto, ¿de dónde ese delirio, esa pesadilla? La razón ha podido funcionar con cristalina transparencia cuando se ha ejercido sobre el territorio acotado de lo razonable. Y entonces queda fuera la vida con sus delirios, sus pesadillas imborrables y su sombra; y todo ello es resistencia invencible a la razón. Y es que —abstracción hecha de toda verdad revelada— el hombre necesita proyectar en lo divino, en una acción absoluta, el fondo oculto de sus acciones más secretas, y así descifra su laberinto. La necesidad que exige matar a lo que se ama, y aún más, lo que se adora, es un afán de poderío con la avidez de absorber lo que oculta dentro. Se quiere heredar lo que se adora, liberándose al par de ello.

Y así la destrucción de los dioses es una etapa cumplida

en toda religión, la destrucción, que no la muerte de Dios, solamente visible en la cristiana. Y cada vez que el hombre ha soñado destruir sus dioses y los ha suplantado por otros, los ha heredado, como si en este trance de la destrucción de lo divino se sacrificase una etapa de su crecimiento, y él recibiera algo divino que le humanizara. Unas dinastías de dioses fueron sustituidas por otras en Egipto y en Grecia; Urano, engendrador de monstruos fue destruido por su hijo Cronos, que, a su vez, todo lo devora. El hombre a la caída de Urano se libera de los monstruos por él engendrados sin descanso, y gana tiempo, el tiempo propio de la vida humanizada donde nace ya el amor que es ritmo engendrador de criaturas con forma viable. Un espacio vital y un orden. La aparición de una potencia humanizadora: el amor, que comporta un ritmo, una medida, mordido también por la fragilidad, efímero. Como si el precio de haberse salvado de los monstruos de Urano fuese un mundo poblado de criaturas con forma y figura, y un orden, pero efímero, el universo temporal. Mas estas luchas tuvieron lugar entre los dioses; el hombre era extraño a su desarrollo. Y así la herencia del amor, el Nuevo Dios, le era un tanto extraña, no era todavía amor adentrado en el hombre. Lo divino se transformaba como si tuviera que ir dando paso a unos dioses, a una forma de la divinidad, que hicieran posible la vida humana y se fueran creando, a través de luchas terribles, un espacio y un tiempo habitables. Y la vida humana hubiera estado necesitada siempre de sacrificios divinos, de destrucciones de divinidades enteras, de robos hechos a lo divino, como más tarde, ya bajo el reino de Cronos, hará Prometeo.

El hombre se ha alimentado de la destrucción de sus dioses; de cada una de ellas gana en su medio o en su sustancia. El ateísmo, en la historia de la razón, en esa historia que el hombre sigue por su cuenta, quiere revivir el mismo proceso y cada vez que el pensamiento destituye a los dioses o al Dios único, será con la recóndita esperanza de alimentarse, de heredarlos y de ganar en poderío.

Mas todo ello parece claro y hasta sin misterio, hasta llegar al "Dios ha muerto", que sólo dentro del cristianismo ha podido proferirse, porque sólo Cristo nos dio la imagen de un Dios muerto verdaderamente. Y no en luchas ni devorado por otros dioses, sino por los hombres: Él, la semilla de Dios caída en la tierra.

El dios del amor

"Dios ha muerto" es la frase en que Nietzsche enuncia y profetiza al par la tragedia de nuestra época. Para sentirlo así, es preciso creer en Él y aún más, amarlo. Pues sólo el amor descubre la muerte; sólo por el amor sabemos lo poco que sabemos de ella. Y en cuanto a Dios, el amor ha sido una fase tardía; primero es el terror el que gobierna los pasos del hombre bajo su sombra; el temor y aun el rencor; la ira que aun en la tradición cristiana Job testimonia. Los primeros sentimientos que señalan la relación del hombre con un Dios revelado son el temor y aun el espanto. Espanto ante su presencia escondida, ante el abismo que yace sin mostrarse, espanto mayor aun cuando amenaza con descubrir su faz. El amor vendrá más tarde, y no fue descubrimiento del hombre, quizá porque tampoco conocía el amor. En la tradición judeocristiana todo, el amor mismo, es revelado. El hombre es el perseguido-persecutor, el elegido a quien hay que abatir mil veces, para detenerle en su endiosamiento. Y sólo en esa religión es donde el "Dios ha muerto" puede pronunciarse en toda su gravedad, hasta el fin. Sólo en ella, el hombre ha matado a su Dios. En la persona del Hijo, ante el silencio del Padre que lo permitió. El Misterio de la Redención esconde la razón de este acto: ¿necesitaba el hombre matar a Dios, a su Dios, invirtiendo así la acción más sagrada de todas: el sacrificio? ¿Necesitaba Dios mismo recibir este sacrificio de esencia y materia divinas iguales a sí mismo, satisfacerse con un alimento sacado de sí, de su propio dolor, beber la sangre destilada en una herida divina? En todo caso el hombre hubo de cumplir esta terrible acción.

Y diríase que en cuanto al aspecto humano, solamente humano de la tragedia, el hombre aparece como el criminal que va en busca del crimen, del crimen único que había de apaciguarle y realizar su naturaleza. De todo el Antiguo Testamento se desprende la imagen de un hombre perseguido por el crimen que late en sus entrañas. Va en busca de su crimen que era ése: matar a la semilla de su Dios, a la palabra, a la luz, a su futuro infinito.

Dios en busca de aplacamiento para poder perdonar y el hombre en busca de realizar su crimen para poder ser perdonado, de cometer el crimen máximo, el inimaginable, para hallar reconciliación. Hacer lo que no puede ser superado, lo que no tiene nombre, lo que desborda el pensamiento. Los dos, Dios en la persona de su Hijo y el hombre, apuraron el cáliz. Pues en aquel momento, fue apurado también el cáliz de lo humano; no era posible más.

"Dios ha muerto", el grito de Nietzsche no es sino el grito de una conciencia cristiana, nacido de las profundidades donde se crea el crimen; un grito nacido, como todos, de las entrañas; pero éste nacido de las entrañas de la verdad última de la condición humana. Pues, aun para el no cristiano, este grito tendrá que ser aceptado como un momento límite de la condición humana. Se crea o no en la verdad de la Pasión, lo que en ella sucedió —aun entendido como un delirio humano y sólo humano— ha de ser aceptado como la más terrible de las pesadillas nacida de las humanas entrañas. Para el no cristiano la "Pasión" tendrá, al menos, la verdad del sueño; de esos sueños compartidos que para los no religiosos deben de ser todas las religiones. Mas justamente sería un deber el dar cuenta de estas pesadillas, de estos espantos nacidos de tan ignorados lugares de nuestra alma.

¿Por qué, de dónde, esta aquiescencia íntima del alma que parece encontrar en este crimen un apaciguamiento de su angustia? ¿Por qué el grito de Nietzsche, veinte siglos más tarde, el servidor de Dionisos, dios de la tragedia, el que reconoció su identidad enajenándose en "Dionisos crucificado"?

La tragedia griega muestra, bajo la sombría luz del dios desconocido, la necesidad del crimen. También del sacrificio. Como si el sacrificio fuera la forma inicial, sagrada, del crimen, o el crimen, ciertos crímenes, el sacrificio llevado y mantenido en los límites de lo humano, nada más; lo mismo en Edipo que en el ignorante autor de un crimen rural; la manifestación del destino que ciega cuando más se quiere ver... La fatalidad del crimen cumplida ritualmente es el centro de la tragedia; la tragedia misma. En ella Dios ha muerto también. Es una de las maneras en que el hombre conoce, experimenta la muerte de Dios. Pues quien hace el crimen ha sido por él abandonado; todo criminal lleva algo, un residuo sagrado, un resto de sacrificio y de tragedia. Aun el criminal en busca de la historia, el que anda suelto en busca del autor de su fábula.

El crimen contra Dios es el crimen contra el amor, contra lo que se adora, pues se llega a ver en él, concreción de la vida divina, la resistencia última a la divinización del hombre. Lucrecio no pudo soñar con esta acción de dar muerte a los dioses para heredar la inaccesible vida divina, pero el criminal por amor lo hace oscuramente y mata lo divino que se le ofrece y que le resiste, en una especie de vértigo, de tentativa última para sumergirse en su seno definitivamente.

Y así, quien dice "Dios ha muerto" participa al menos en su muerte, en el crimen. ¿No lo hará acaso movido por la esperanza de hundirse en él, de identificarse abismándose, llevado por esa locura de amor que llega hasta el crimen cuando ya no se soporta más la diferencia con el amado, el abismo que aun en los amores entre los iguales permanece siempre? Y profiere su grito "Dios ha muerto" esperando, quizá, absorber a Dios dentro de sí, comulgar en la muerte de un modo absoluto, que no haya más esa diferencia entre la vida divina y la nuestra. Desesperación de seguir soportando la inaccesibilidad de lo divino.

No puede suscitar este grito ni la esperanza subyacente y enmascarada, como casi todas las que han conmovido el alma humana, el Dios impasible de la filosofía, el apresado en la "idea" de Dios que es el Dios objeto del ateísmo. Es el Dios vivo, el que arde en la zarza de la eterna creación y del inagotable sufrimiento, quien tenía que proseguir su pasión hasta agotarla en la de sufrir también la muerte inferida por su criatura. Es Él quien puede suscitar este crimen y este amor. El que lo suscita inexorablemente. Pues hay que apurar el sufrimiento bajo el Dios del sufrimiento y abismarse siguiéndole hasta su abismo.

Mas, después de proferido el grito, el crimen resulta imposible. Una de las fuentes de insatisfacción para el "cristiano" ha sido esta imposibilidad de que Dios muera, de que la comunión —fruto de su muerte— sea completa, total.

Pues, el fruto esperado de la muerte de Dios, del hundimiento de la semilla, es el pan de Dios, la comunión total; sólo la muerte la hizo posible en la forma en que fue instaurada. Y sólo de la muerte espera el hombre la total comunión con lo que ama, aunque sea humano. Y por eso mata cuando mata, pidiéndole a la muerte el cumplimiento de la promesa contenida en el amor. Lo que en la vida aparece inexorablemente separado, la muerte lo igualará. Y aun el que Dios muera, haciéndose en ello su igual, puede producir la comunión, sin entrar en el fondo de este misterio, mirando sólo su reflejo en la conciencia humana.

Y aun para el cristiano la comunión no se consuma; no destruye definitivamente la diferencia que ha de soportarse, ese sufrir de Dios, de su lejanía, de su inaccesibilidad. Y, así, vino a surgir un tipo de cristiano desesperado ya de la comunión, cegado cada vez más por la muerte, hasta dejarse fascinar por ella; son los atraídos por la nada en busca del aniquilamiento, secreto último quizá del "quietismo" español y de todo quietismo declarado o encubierto: la desesperación de alcanzar una total, única, comunión. Y la experiencia de esta imposibilidad, la aparición de la muerte, de la nada en quien Dios y el hombre se igualan, búsqueda, suicidio en la nada porque en ella ya no hay diferencia, como si ella fuese el fondo del abismo divino.

"Dios ha muerto." Se ha hundido otra vez su semilla, ahora en las humanas entrañas, en ese nuestro infierno, donde engendramos, cuando engendramos. Cuando se abisma el ser, la realidad luminosa y una, no caemos en la nada, sino en el laberinto infernal de nuestras entrañas de las que no podemos desprendernos. Pues todo puede aniquilarse en la vida humana: la conciencia, el pensamiento y toda idea en él sustentada, y aun la misma alma, ese espacio mediador viviente, puede también replegarse hasta dar la ilusión de un total aniquilamiento. Todo lo que es luz o acoge la luz puede caer en las tinieblas. Mas las tinieblas mismas quedan; es la nada, la igualdad en la negación, quien nos acoge como una madre que nos hará nacer de nuevo. Una oscuridad que palpita y de donde inexorablemente hay que renacer nos acoge, unas tinieblas que nos dan de nuevo a luz. Dios, su semilla, sufre con nosotros, en nosotros, este viaje infernal, este descenso a los infiernos de la posibilidad inagotable; este devorarse, amor vuelto contra sí. Dios puede morir; podemos matarlo... mas sólo en nosotros, haciéndolo descender a nuestro infierno, a esas entrañas donde el amor germina; donde toda destrucción se vuelve en ansia de creación. Donde el amor padece la necesidad de engendrar y toda la sustancia aniquilada se convierte en semilla. Nuestro infierno creador. Si Dios creó de la nada, el hombre sólo crea desde su infierno nuestra vida indestructible. De ella, agotada nuestra humana comunión, saldrá un día a la claridad que no muere, pero invisible casi, confundido con la luz, volver, quizá, a decir a nuestro amor rescatado: *Noli me tangere...*

EL DELIRIO DEL SUPERHOMBRE

La deificación parece ser un proceso "natural" en el hombre. Las religiones no lo inventan, lo suponen. Ninguna podría haberlo hecho valer si no fuese "un supuesto" de la vida humana. Por el contrario, el papel de algunas parece haber sido el de contener esta tendencia espontánea del corazón humano; este apetito de hacerse divino que el hombre tiene y que una y otra vez surge, aun de los desengaños más atroces, como un fuego inextinguible.

Anhelo de deificación que llega, como todos los anhelos profundos, a ser delirio. Mas, entre todos los anhelos, éste de ser divino o llegar a lo divino bien puede ser el más hondo, el más irrenunciable. Iba implícito en el delirio de persecución que debió acompañar o ser el vehículo del nacimiento de los dioses. Pues, el que se siente perseguido bien pronto persigue, o quizá se siente perseguido porque no se atreve o no sabe declarar lo que persigue.

Este delirio de deificación se agita siempre en el fondo de los sombríos conflictos de la tragedia: de la tragedia poética, y de esa tragedia real que es la marcha del hombre sobre la tierra, en su historia verdadera; en esa lucha y conflicto perenne en que consiste ser hombre.

Y si todo delirio nace de un anhelo del fondo más oscuro de la condición humana, el delirio de deificación nace y descubre el anhelo más imposible. Y, como tal, al renacer una y otra vez en formas diferentes, muestra la imposible condición del ser humano. Como si el ser hombre fuese un imposible; un empeño imposible que persiste. Y al persistir es porque, en cierto modo, se realiza. En cierto modo... Así, la verdadera historia del hombre sería más que la de sus logros la de sus ensueños y desvaríos; la historia de sus persistentes delirios.

Los oscuros ensueños se van aclarando en la historia. Y se aclaran cuando alguien los ha expresado, llevándolos a su extremo; cuando alguien ha sido su víctima, pues los delirios sagrados se resuelven o aclaran solamente en el sacrificio.

Nietzsche fue la víctima, en estos tiempos que aún no acaban de pasar, del sacrificio que exige el delirio del ser humano de transformarse en divino. Un sacrificio que le aisló de la vida intelectual de su tiempo; le puso aparte, lo hizo incomprensible. Por él fue llevado, más allá de toda comunidad, a donde la palabra ya no puede brotar, a ser consumido en silencio. Había retrocedido desde el pensar de la filosofía, y aun desde la "inspiración" poética, al mundo trágico; no sólo en su pensamiento, sino en su "ser". Mas no podría haber concebido tan claramente su delirio del "superhombre", si su ser hubiese permanecido aparte. No fue un pensamiento; fue un delirio de protagonista de tragedia que ningún poeta ha podido transcribir. Nietzsche fue el autor de su propia tragedia, al par que protagonista. Como si Edipo hubiera escrito su fábula en lugar de ir a insinuarse en la conciencia impasible de Sófocles.

La claridad que arroja el delirio del superhombre nietzscheano alumbra la historia del hombre occidental en su secreto, íntimo fondo. Pues su delirio es coherente y hasta cierto punto inevitable; por eso es historia y no simple "locura" individual.

Hacía tiempo que el hombre no se ensoñaba a sí mismo

con tanta violencia y quizá nunca se había atrevido a hacerlo con tan declarada audacia. Pues a partir de Grecia, la filosofía primero y la religión cristiana más tarde —ya en la Edad Media— habían aplacado este delirio de deificación. La filosofía sobre todo había sido su máxima cura; había conseguido casi el anularlo. Y así, resulta explicable el odio de Nietzsche a la filosofía. Tenía que desandar todo su camino, deshaciendo toda la sabia, lenta persuasión que ella había desplegado desde los tiempos de Sócrates.

La filosofía había convencido al hombre de tener un ser, un ser propio, "humano"; su más feliz cristalización fue la idea de "naturaleza humana" acuñada definitivamente por los estoicos, moneda que el cristianismo aceptó, pues venía a consolidar en el pensamiento lo que la persona de Cristo al bajar a la tierra: que el hombre tenía un ser posible, en términos religiosos, "redimible". Había que aceptar gozosamente ser hombre. La idea de "naturaleza humana", es decir: que el hombre tenga un ser, bien podía servir de trasunto filosófico de esta fe original.

Así, el ansia de ser que el hombre padece quedó aplacada durante un largo periodo. El hombre podía traspasar, sin anularla, su humana condición por la santidad o más allá… en la vida eterna. El anhelo de deificación había encontrado un cauce. El hombre descansó de este empeño, y así su anhelo fue dirigido durante la Edad Media a la acción: su anhelo de *ser* se satisfacía con la promesa de eternidad.

Fue en el Renacimiento —las utopías lo muestran— cuando el hombre comenzó a ensoñarse nuevamente, a fantasear sobre su ser, despertó de nuevo la duda, la angustia, el ensueño sobre su destino. Más tarde, en la Contrarreforma, se recogería esta inquietud metafísica dentro de los moldes ortodoxos diciendo que *la vida es sueño*.

Porque parece ser que el hombre es la criatura que ha de soñarse a sí misma y que ese "proyecto", ese "cuidado" en que consiste la existencia elemental según la filosofía existencial, sea no más que la práctica, la realización de ese ensoñarse su propio ser. Ortega y Gasset decía que la vida humana es novela. Y novelar es más que proyectar; es inventarse, verse, ensoñarse. Mas este ensoñarse a sí mismo ¿de dónde viene? El ensoñarse es la forma más tenue del delirio. Y el delirio de deificación, de llegar a ser divino, es el más hondo y al parecer irrenunciable de todos. ¿Por qué? ¿De qué condición humana nace?

Ningún ensueño ni delirio sobre el propio ser se explicaría si el hombre no fuera un pordiosero: un indigente que puede y sabe pedir. Sólo los animales muy próximos al hombre piden, gritan; el hombre clama. Su primera forma de expresión es un clamor; un delirio de exasperación en que irrumpe la necesidad largamente contenida. Es la queja con la que Job inaugura la historia del hombre.

Todas las cosas son siervas mudas conformes con su haber, sin disentimiento. Son lo que son en servidumbre y silencio. En el animal aparece ya la simple manifestación de la necesidad, a diferencia de la planta que muere sin queja: su morir es marchitarse, como su florecer, sumido en el silencio. Es la perfecta servidumbre. En el animal superior hay ya la explicitación de la necesidad, la simple manifestación de ella que, en el animal que convive con el hombre, va dirigida a su amo. Mas, sólo el hombre es pordiosero.

El hombre siente su servidumbre y su necesidad; su doble y unitaria condición de ser viviente. Y, al pedir, recoge indigencia y servidumbre, pues pide porque es siervo y necesita; pero en el pedir hay ya un conato de exigencia.

Cuando el hombre siente su servidumbre la primera forma de sentirla es pedir. Sólo el hombre es pordiosero y lo seguirá siendo siempre; es una de sus posibilidades esenciales. El pedir muestra la deficiencia en que está, la falta de algo o la falta, sin más. Es ya una primera forma de conciencia. Y antes que conciencia, sentir originario que hace nacer la conciencia. Pues hay una súplica espontánea que es manifestación intencional de la falta, que va dirigida concretamente a alguien, pero que no hace nacer todavía la conciencia.

Y es sólo después de pordiosear en vano, cuando la súplica se transforma en exigencia y, con ella, nace el pensar. Exigir es pensar ya. La exigencia hace nacer el pensamiento. Cuando el hombre piensa deja de ser eso que todas las criaturas son: siervo. Y cualquier exigencia que formule ulteriormente su pensamiento estará ya contenida en el primer momento en que pensó. Y aun en la actitud que le condujo a pensar; en esa primaria e implacable exigencia.

La necesidad irguiéndose convertida en exigencia es ya pensamiento, disposición a pensar. Pensar es a su vez exigir. Pero durante mucho tiempo el pensamiento se detuvo en una cierta actitud, no recorrió el camino íntegro de la exigencia, con la que está identificado. En el periodo del "ser" —cuando el hombre creía tener un ser— se detuvo en su exigencia, en su conciencia por tanto, y vivió en cierta especie de servidumbre: en esa que no deja de mendigar lo que tiene, y que es contentamiento. Satisfacción, contentamiento de ser, como el mendigo que al fin ha recibido lo que pide, pero sólo lo conservará si lo sigue pidiendo.

Es el contentamiento esencial de toda la Edad Media que rezuma aun en la nostalgia de su poesía, aun en el amor platónico y más en el amor "platónico" que en nada. El platonismo medieval es la expresión más cabal quizá de ese profundo contentamiento del mendigo que es el hombre. Porque es la aceptación de la distancia, de la lejanía, de la ausencia, en suma: la aceptación del no-ser dentro del ser, la incorporación del no-ser que el hombre padece dentro del ser que ya tiene. El platonizante es el mendigo más satisfecho.

Pues la mendicidad procede de que el hombre siente el no-ser dentro de sí, ya que su vida elemental es avidez, conato. Y esa avidez sin límites no se puede satisfacer con nada que sea tener, ser ya; se satisface tan sólo con todo lo que no es, con el horizonte infinito de lo no presente, con la ausencia; esta articulación del no-ser, de la ausencia con el ser y la presencia, es la hazaña del platonismo, forma en que el no-ser se transforma en alimento y, aún más, en horizonte.

La pobreza, la indigencia humana ha sido sentida por el hombre. Mas no reconocida, pues la condición humana parece ser de tal modo que actúa primero a través de su contrario, no descubriendo su sentir sino haciendo algo para buscar su compensación. Así, ese sentir originario ha sido y será siempre, ante todo, fuente de acción.

El rey-mendigo

Y así, el pordiosero tuvo que hacer dos cosas: *revestirse,* investirse que es no sólo esconderse, sino cubrirse de esplendor. Y se tuvo que hacer rey. El rey, primero, debió conservar mucho del pordiosero y en la investidura real quedan trazas de esta conversión: una investidura de harapos transformada en esplendor.

De la mendicidad esencial surge el ímpetu ascensional que lleva a querer coronarse. Y en el camino inexorable aparece una barrera, un "tabú" del que quizá conserve el rastro la fábula de *Edipo rey*.

Es el primer superhombre, el que inocentemente quiere coronarse. Edipo lo supo todo, menos quién era. La tragedia se le hace presente cuando se entera de quién es, es decir, de quién es hijo. La tragedia surge en el reconocimiento. Reconocimiento que es abatimiento. Era un hombre errante dotado de clarividencia y de autoridad natural; el ser rey era ocupar simplemente el lugar a que estaba destinado.

Su ímpetu era como el de la yedra, como él hija de Dionisos, que crece hacia arriba huyendo de su condición reptante, de su debilidad esencial. Se ha señalado la paradoja del error, de la ignorancia de Edipo que todo lo supo y que no sospechó lo que más le importaba: su destino. Mas este error inexplicable ha de tener una explicación en un impulso que le cegó, privándole no sólo del conocimiento de adivino, sino hasta de la simple capacidad de sospecha. Un interés muy fuerte debió de actuar de inhibición para no sospechar de lo que por tantos motivos se hacía sospechoso. Era simplemente el ímpetu ascensional, la necesidad de hacerse rey que le condujo a desposar a la reina. Y la reina resultó ser la única mujer prohibida: el tabú. Quizá en la trágica fábula quede el rastro de esa barrera primera que el hombre encuentra en el ímpetu ascensional que le desprende de su condición de mendigo. Y el mendigo sólo puede borrar enteramente su condición, no si queda en la simple situación de no haber de pedir nada a nadie, sino en la contraria de dar, de conceder todo favor, de dispensar y de mandar. Sólo cuando manda el hombre se siente redimido de su condición esencial de tener que pordiosear lo que necesita.

Pues, si el hombre tuviera un ser, como las demás criaturas,[1] no habría de sentir esa imperiosa necesidad de ser él quien dispense y otorgue. No nace la realeza de que los hombres necesiten ser mandados como de que el hombre necesita mandar, convertir su pobreza originaria en poder; encubrir su desnudez, esa desnudez que no puede exhibir, revistiéndola de esplendor. Y de ceñir su desamparada cabeza con una corona.

Es el superhombre primero sin conciencia de lo que quiere, más preocupado en seguida con legitimar su acción y su investidura. Toda investidura es vestido mágico que reviste al hombre de algo extrahumano que le falta. La investidura real donaba algo divino y cuando este sentido se extinga, la realeza se habrá extinguido como fuerza actuante en la historia.

El mendigo se nos aparece aún como signo de que el hombre habría de ser divino. Y al no ser un dios no es otra cosa que mendigo. El mendigo y el rey forman un solo personaje y en el uno se encontrarán siempre huellas del otro. Como si en la unidad de los dos se manifestara la ambigüedad esencial de lo humano. Los dos igualmente espontáneos y primarios y, por ello, sagrados, pertenecientes al mundo de lo sagrado.

Los dos viven en esa historia del corazón, del goce y del sufrimiento que corresponden al pedir y al otorgar. El rey corriendo el riesgo de *negarse,* de negarse al mendigo, de no reconocerse en él. El mendigo refugiado en su no-ser, sin riesgo, predestinado a ser el juez, un personaje inevitable, tan inevitable en el drama de la vida humana como el rey y

---

[1] El hombre ha de hacerse su vida, a diferencia de las demás criaturas que reciben su *ser,* dice Ortega y Gasset.

el mendigo. Y para que aquel que juzga no sea juzgado a su vez, es preciso que sea alguien sumido en el no-ser de la condición primaria. Juzgar sólo deberían los que no viven, los que no están comprometidos en un proyecto de vida personal. Y si el mendigo no eligió, sino que aceptó el hundirse para apurar esa condición humana, tendrá que aceptar más tarde el riesgo de ser juez.

Son las instancias superiores del ser hombre, el cual se coloca sobre su desamparada condición haciendo aquello de que es objeto o víctima: reinar, juzgar.

Y aun hay otra elemental, inmediata, pero lentamente descubierta: el ser padre. El descubrirlo es ya una instancia superior, la definitiva, la que permite que haya rey y juez. Hasta que la paternidad no es descubierta todo "encumbramiento" es imposible.

Es la etapa primera del crecimiento humano. En que del mendigo inicial y sin dejar de serlo, aparecen como despliegue de su ser inocentemente divino esas instancias en que el hombre es rey, es creador, es, él mismo, comienzo que engendra.

Mas esta etapa, "natural y espontánea", quedará siempre como el sustrato último; algo que hace las veces de sustancia en el ser humano, lo que se llama sus entrañas. Y como entrañas, un tanto ocultas, y cuanto más ocultas, más infernales. Pues el infierno, el humano, no es otro que el de las entrañas condenadas a no vivir.

Y nunca dejarán de vivir del todo. Serán lo que es toda vida semiescondida: inspiración. Inspiración aun en los proyectos más alejados al parecer de ellas, esos proyectos máximos de ser hombre, como el mismo superhombre.

Mas, antes de que aparezca el superhombre desde esta etapa primaria, elemental, del rey-mendigo, habrá que pasar por la humana, la decidida, implacable exigencia humana que halla en la conciencia y en el pensar su lugar exacto —su medida—, su residencia.

La etapa humana

Todo sucede como si el hombre mendigara su ser a lo largo de la historia. Las formas de su poderío cuanto más espléndidas más delatan la necesidad que se esconde bajo ellas. Sólo al llegar a un cierto punto comienza a exigir y deja de mendigar. Entonces comienza la filosofía, hija de la exigencia.

La pregunta en que nace la filosofía es la concreción de la exigencia; sin embargo, al ser pregunta sigue siendo demanda, petición. No va dirigida a nadie, a nada. El hombre se demanda a sí mismo; se exige.

Mas, durante muchos siglos, mientras la filosofía no descubra el "sujeto" del conocimiento, se conservará aún algo del mendigar primero. La idea del "ser" es la dádiva encontrada; el "ser" tiene algo de limosna ganada. Pues que la idea del "ser" como tal, antes de ser pregunta, fue la respuesta.[2]

Y de una manera un tanto análoga a como el rey se revestía de una fuerza no suya, sino depositada en él por un ser divino o mágico, el ser del hombre —a partir de los estoicos hasta Descartes— advino como consecuencia —reflejo— de la respuesta del Ser en general. El hombre, aun

---

[2] Extraña este comienzo de la filosofía de Heidegger; su planteamiento sobre la pregunta acerca del "ser" reprochándole a la ontología de todos los tiempos el no haberla planteado a fondo. Pero, en realidad, el "ser" no ha sido la pregunta, sino la respuesta hallada por la filosofía, y toda la ontología ha partido de ella.

siendo distinto, estaba dentro del Ser descubierto en las cosas, en la "naturaleza".

Y, más tarde, esa noción del "ser" se incorporó al cristianismo bajo la idea de la creación, de la creación desde la nada. El ser del hombre había sido recibido —de nuevo aparece el mendigo—, visto desde su origen: la nada originaria, anterior al ser creado. Y, así, se puso más de manifiesto la condición del hombre; el mendigo que ha recibido algo espléndido, mas en precario y en riesgo de muerte eterna. Tenía ser; sí, pero asechado por algo peor que la nada, pues que el ser, una vez que es, no puede aniquilarse.

Es Descartes quien lleva a punto la "exigencia"; ante su pensamiento se recibe la impresión de que se está pensando por primera vez plenamente. Es decir, no como pensamiento sino como acción; es el *acto de pensar* realizado en toda su pureza y plenitud, inexorablemente. De ahí la infinitud de consecuencias. Porque el *cogito* cartesiano es pura acción; exigencia llevada a cabo, liberación del hombre de su condición mendicante.

Entonces el hombre parece existir, haber hallado por fin el lugar exacto de su ser: la conciencia. Y, en efecto, se dispuso a vivir desde ella. Era como si hubiese encontrado el centro desde el cual todo le resultaría visible, porque él mismo se había hecho presente a sí; su ser no le estaba escondido, sino presente —se había revelado a sí mismo. El hombre había encontrado él mismo su ser en virtud de su exigencia cumplida. Y el cumplimiento había sido no más que su simple formulación.

Era la soledad delimitada asépticamente, diríamos. Ya nada podría entremezclarse. Hubo de surgir inevitablemente el "espíritu", el sujeto puro del conocimiento, sujeto trascendental, anulado de todo goce o sufrimiento, avatares propios del rey-mendigo. Era quedar definitivamente a salvo de toda contingencia.

El contacto con lo divino parecía haberse eludido definitivamente también, ya que el hombre había dejado de ser recipiendario de nada venido de lo alto, ni de otro lugar, de nada que no brotara de sí mismo.

Y era también la soledad humana completa, pura, porque la conciencia —residencia del ser humano, su recinto propio y exclusivo— era igualmente el lugar donde el hombre se libraba de ese mundo infernal y subterráneo, simbolizado en la metáfora de las entrañas. La conciencia estaba suspendida sobre ellas, como espacio inasible para el infierno, lugar inaccesible para nada no-humano, donde toda cosa no enteramente humana quedaba sometida a lo humano, o eliminada, sin dejar huella. La conciencia, en su impasibilidad, actúa con esa silenciosa energía de lo que no alberga lugar para nada extraño. La conciencia no permite la extrañeza. El hombre, libre de lo extraño y de lo entrañable, había encontrado por fin su ser propio, a salvo de toda enajenación.

Evidencia y seguridad constituyen "la vida" según la conciencia. "Evidencia", lo que más faltaba a aquel peregrino terrestre para quien todo estaba oculto y que había de adivinar los enigmas: a Edipo, el adivino ignorante, el mendigo-rey. Para la conciencia nada es enigmático; tener conciencia es poseer o entrar en posesión, es claridad que por esencia destruye el enigma. Porque el origen de cualquier enigma que se presente es el del propio ser que queda aclarado hasta la evidencia en el *cogito* cartesiano. La exigencia que lleva al pensar había encontrado su cumplimiento.

Y, así, quedó fundada la etapa de *lo humano*. Y con la velocidad que delata los tiempos de madurez de una cultura, la plenitud de la cosecha fue recogida. Si alguien quiere sorprender al hombre como tal, en el punto exacto de su humanización, habrá de dirigirse a este periodo del pensamiento europeo que va desde Descartes hasta el fin del idealismo, es decir, hasta el momento en que frente a Hegel se levantan las réplicas de Marx, Kierkegaard y más tarde Nietzsche. Los tres, desde ángulos tan diferentes, alzan frente a "lo humano" lo no-humano: lo no-humano económico que deshumaniza —enajena— la vida pretendidamente humana y su libertad, logro último del vivir desde y según la conciencia. La precariedad e indigencia del ser mismo del hombre —otra vez el mendigo frente a Dios—, mas cargado por el fardo de una culpa en Kierkegaard, y la continuación "lógica" del idealismo ávido de deificación en el superhombre de Nietzsche.

Desde el *Discurso del método* hasta el momento en que aparece el *Manifiesto* de Marx y Engels dirigido a los "proletarios de todos los países" —a los que no habían participado de ese logro pleno de lo humano, a las víctimas anónimas frente al protagonista de la humanización—, corre la confianza y todo lo que de ella se deriva. Por los mismos años, Kierkegaard había revelado el abismo de la angustia. Antes, casi un siglo, Pascal había hecho sentir el abismo, el vacío que separa al hombre de Dios y lo atrae; la infinitud ínsita en su ser no-ser.

Y, en verdad, tal situación no había sido extirpada de la poesía. Cervantes presenta la duda no resuelta en evidencia alguna, sino en la obediencia a ciegas a una invisible Dulcinea que —conciencia quizá suprahumana— no muestra su rostro. Dulcinea es lo inaccesible que se cierne sobre todo esfuerzo humano, como enigma permanente. Shakespeare presentaba a su vacilante criatura humana, como Don Quijote, "demasiado humana", vacilando y atraída por igual entre el ser y el no ser. Y Calderón, ya en la plenitud del humano siglo de la conciencia y del método, a su Segismundo, criatura hecha de sueño, sombra de sueño, humano también, cifra y compendio del hombre. Príncipe y mendigo, hombre sin más. Hombres todos sin evidencia de su humanidad.

Mas la conciencia prosiguió su crecimiento hasta el último límite en el idealismo romántico alemán. Y, parejamente, en la poesía romántica, Hölderlin había realizado la trágica aventura antecedente del superhombre de Nietzsche. La aventura en que el hombre se juega su ser, ya logrado en plenitud, frente a lo divino, como antes del cristianismo —cuando aún no se sabía— frente a los dioses griegos. Hölderlin repite y revive desde el mundo de la conciencia, de la plenitud de lo humano, la tragedia de Empédocles: reta a lo divino, lo provoca y a pesar de que el hombre ya está logrado y se posee en su conciencia, vuelve a ser devorado por lo divino.

El idealismo, al llevar el sujeto del conocimiento a su último límite, muestra el sujeto trascendental, ya sin límites, al que corresponde el "saber absoluto": la filosofía —en la que han sido absorbidas la poesía y la religión—, constituida como "saber" con todas las garantías del saber libre de enigmas, de misterio. El horizonte no está ya escindido. La claridad cartesiana se ha constituido en horizonte, horizonte último del sujeto que encuentra en sí mismo la garantía de su existencia, en libertad. Y es en esta libertad donde ha de aparecer el drama.

La libertad es el modo de existir de ese sujeto del conocimiento que ha encontrado en sí las condiciones de lo divino: independencia en su ser y frente a él, la transparencia de un mundo sin enigma. En Fichte es el individuo la sede de esta libertad, y la libertad el ser mismo del hombre, cuyo ser es acción. Acción es libertad, corolario último y obligado de la conciencia cartesiana.

En la primera etapa, el hombre estaba definido por su alma; en esta etapa cartesiana lo estará por la conciencia. Mas en el extremo del idealismo se ha ganado el "espíritu", algo más activo que la conciencia, idéntico a sí mismo, que tiene las cualidades de lo divino, pero en el hombre. Bordeaba así esta filosofía la mística de un modo bastante análogo a como se adentró en ella Plotino en el extremo límite del pensamiento antiguo.

El superhombre

La etapa de "lo humano" había mantenido recogida la deificación a que el hombre tiende espontáneamente. Al librarse de la mendicidad, o al deslizarse sobre ella, la criatura humana se había quedado libre también de todo ensueño de deificación. Por una vez diríase que el hombre, al ensoñarse a sí mismo, se soñaba como era en realidad. El sueño no le arrastraba más allá de su condición.

Mas, sin conciencia de ello, sin caer en la cuenta del nombre, ni aun del hecho mismo en lo que tenía de extraordinario, el idealismo dibujó la figura del superhombre. Es decir, no dibujó figura alguna ni podía hacerlo, pues se dirigió, más que a Dios, a lo divino. Era lo inverso de esa fe en que Dios en persona toma figura de hombre. Era el hombre quien llegaba a no tener figura y a escapar a su imagen —cosa que la filosofía había perseguido siempre sin declararlo.

Y la réplica fue el superhombre de Nietzsche. Recuperación de lo divino, en todo aquello que la idea de Dios y, más aún, lo divino definido por la filosofía había dejado atrás, oculto. Era una réplica, más que contra el cristianismo, contra la filosofía. Pues en realidad, Nietzsche fue arrastrado a su anticristianismo por su rebelión contra la filosofía, contra toda la filosofía.

Retrocedió al punto exacto donde surge la tragedia en que el hombre, el mendigo-rey, cae envuelto en su ignorancia, vencido por los dioses. Réplica también a los mismos dioses griegos. Pues el superhombre es el dios nacido de las humanas entrañas. Por eso, la soledad de Nietzsche, hombre, es no la soledad de la conciencia, sino la del hombre en su infierno entrañable que clama a un dios inexistente —al vacío de Dios— y queriendo dejar definitivamente de ser el mendigo, engendra un dios en su soledad.

Extraño parto humano, como si la luz hubiese revelado en el oscuro interior del hombre, en la oscuridad rebelde a la conciencia, un semidiós aprisionado. El hombre, prisión de lo divino, su carcelero que al fin lo deja escapar en la libertad del sueño.

Y, así, encontramos frente a frente estas dos especies de superhombre, la una declarada, la otra —paradójicamente nacida de la conciencia— sin formular. La idealista, sin huella alguna de la miseria, no conoce gloria; la que nació del fondo último de las entrañas lleva el estigma de la soledad y de la angustia de haber llegado a más. Swedenborg dice hablando de los ángeles que cuando ascienden a un plano superior al que les es natural, sienten angustia.

El superhombre del idealismo era resultado de la instalación del hombre en el plano del espíritu. Pronto le llegaría la angustia.

El "superhombre" entre todos nació de Nietzsche en un rapto de entusiasmo, de aquello que más puede embriagar al hombre: la destrucción de sus límites, de su definición. Largo tiempo había venido preparándola en ese largo camino de la implacable destrucción de la filosofía y sus ideas límites: bien y mal. Toda su obra después de *El origen de la tragedia* fue el proceso de desarraigo del hombre de todo lo humano. No vislumbraba al superhombre; lo hizo ante la presencia de los dioses griegos, de los héroes y semidioses humanos de toda la cultura de Occidente, con la extraña excepción del señor de la Edad Media.

En el sujeto del idealismo se consumaba la vieja idea, cifra de la aspiración de la filosofía, de que el espíritu no padece: lo que tal vez haya sido el anhelo último que haya movido al pensamiento filosófico: situar al hombre, al ser que padece por su solo ser —el delito de haber nacido—, en un lugar a salvo del sufrimiento, sea la impasibilidad de los estoicos, o la "vida contemplativa" de Aristóteles y Plotino. El sujeto descubierto en el idealismo cumplía embriagadoramente este anhelo y esta exigencia que había perseguido la filosofía. Pues está no sólo sustraído al padecer, sino más allá de donde cualquier padecer tiene sentido: su vida *es* la libertad.

Y por eso, por ser libertad, el sujeto propuesto por el idealismo trasciende lo humano, por ser libertad pura, sin lucha, sin tragedia. Pues humano es vivir la libertad trágicamente.

Nietzsche vivió y apuró la libertad, lejos de la impasibilidad, sólo humanamente. Hubiera sido natural que hubiese aceptado la libertad trágica de un Kierkegaard o de un Unamuno. Pero la tragedia de la libertad, o la libertad vivida trágicamente, requiere un *alguien* a quien ofrecérsela.

Toda tragedia es un sacrificio; su protagonista necesita un alguien a quien ofrecerle su agonía. Y en esta soledad radical, frente a la cual la soledad de la conciencia cartesiana se borra, Nietzsche apuró la tragedia de la libertad humana. No tuvo a quien dedicar su sacrificio. Y comenzó la destrucción.

Destruyó toda la etapa "humana" para ir a situarse allá, en el mismo lugar que el rey-mendigo Edipo, el cegado por la luz de Apolo. En el mismo lugar también de su adversario: Sócrates. Pues Sócrates padeció por ayudar a que naciese el hombre. Nietzsche, en el otro polo del crecimiento y desarrollo de "lo humano", cuando ese hombre nacido de las manos de Sócrates había alcanzado todo lo que podía exigir, contendió con él: no era ésa la criatura esperada. El motivo de la disidencia tiene relación con lo enunciado en la acusación contra Sócrates.

Era la vieja cuestión habida entre la filosofía y la piedad, en la que se jugaba no sólo la relación con los dioses del Olimpo griego, sino algo más terrible; el desarraigo del hombre de lo sagrado.

Y lo sagrado fue sentido por Nietzsche como el caos primero. Regresó hasta el caos en busca de altar donde ofrecer su sacrificio; sacerdote disidente de toda religión más o menos humanizada y enemigo celoso de la más humana del Dios-Hombre. Descubrió a Dionisos, dios primario de la vida, la misma vida en naciente, desplegándose en la metamorfosis. Pues la metamorfosis es el primer paso del caos al orden. Había que retroceder hasta el caos, hasta la vida sin forma, para rectificar el destino del hombre, para que el hombre no fuese ese ser distinto: dotado de ser fijo, de conciencia, enclavado entre el *bien* y el *mal*. Fundir a la humana criatura del caos primario de la vida bajo el calor de

Dionisos para que fuese algo que incluyera todo: todo lo que después se llamó "bien" y "mal" en virtud de una "idea". Tener ser es a costa de que exista el Bien y el Mal. Había que renunciar y destruir toda idea, cualquier idea y la idea como tal, para que el hombre encontrase su perdido destino. Perdido por el error de haber querido ser "humano". Lo humano había sido el gran error del hombre, el error de la contestación de Edipo a la esfinge que él hubo de pagar luego. Ser humano lleva consigo el bien y el mal, significa partir con una carga, gravado por el mal y obligado al bien. Ser humano es ser culpable, como toda la sabiduría trágica ha sabido siempre.

Dionisos, dios de la vida, la vida misma no sometida a forma, huyendo de forma en forma, liberaría a la criatura llamada hombre de ese su destino "humano" por ella elegido, su fatal error. Nietzsche podía haber escrito un relato, de acuerdo con el Génesis, sobre la pérdida de la inocencia originaria por haber comido de la fruta prohibida, mas en sentido inverso. Pues el "seréis como dioses" fue el engaño de la serpiente —diría Nietzsche— porque el destino de ser dioses se hubiera cumplido de no haber probado jamás ese fruto de ceniza, que convierte en espectro la vida.

Por la aceptación infinita del padecer y del riesgo que es la ascensión del ser hacia la libertad, el hombre pasaría de la inocencia del animal a la condición divina. Dionisos y no Cristo; más aún, Cristo por el padecer, despojado de moral, "sin humanismo". Nietzsche va contra lo humano de Cristo.

Y el corazón de fuego de la fiera sería rescatado. Las entrañas sedientas de divinidad; el corazón oscuro de la tierra ascendería a la luz. Del animal que había insinuado el destino: "ser como dioses" y el águila —libertad viviente— le llegó a Nietzsche la inspiración que ordena al hombre que deje de ser el animal disidente, el que abandonó en la caverna originaria un trozo de su corazón condenado a no vivir. Lo divino ahora nace, no de la conciencia, ni del conocimiento, sino del originario corazón de la fiera que no conoce el temor.

Así, el sacrificio sería pura destrucción: sería el sacrificio de todo el ser logrado del hombre. El último sacrificio del hombre de Occidente al Dios desconocido.

Nietzsche trasladó la omnipresencia de lo divino a la vida. Un instante de esa vida rescatada llevará en sí todas las vidas posibles, actualizará en un solo instante todos los ciclos recorridos. No habrá nada en la vida sumido en la posibilidad, nada oculto. Hasta entonces, lo divino había ofrecido al hombre el cumplimiento de su anhelo de una presencia total. Desde el "acto puro" —el dios aristotélico— sin rastro alguno de "potencia", la presencia total se había ofrecido en el pensamiento a salvo del padecer y de la pasividad. La vida, por el contrario, sujeta a padecer, pasiva, guardaba algo escondido. El hombre participaba del pensamiento, pero, ser viviente, estaba sujeto a pasividad. Su vida nunca le estaría enteramente presente; el tiempo se la celaba, y su propio ser le era no sólo oculto, sino enigmático.

El sueño de Nietzsche, encarnado en el superhombre, pretendió vivir la vida a todo riesgo, y había deshecho su enigma: nada de su ser le estaba oculto. La vida sin más, pero toda la vida en "acto puro"; vida divina omnipresente, saltando en el tiempo.

Mas el círculo mágico del "eterno retorno" aprisionó a esta criatura que no podía renunciar al tiempo, ni querer la eternidad. La vida que podía ser apurada en un solo instante, para no dejar de ser vida, tenía que seguir desplegándose en el tiempo. El trascender infinito había sido aprisionado. El "eterno retorno" es el reflejo de sí mismo, la infinitud prisionera de la repetición. Y este "eterno retorno" ¿incluirá la historia humana con sus errores?, ¿la etapa de lo humano ya apurado?, ¿se repetirá siempre el error fatal?... La inocencia no recorre ciclos, no tiene historia. Libre de todo, pero no de la memoria, del peso de sí misma, la vida humana volvía a humanizarse. ¿O el "eterno retorno" será la totalidad de la vida en el instante, la vida divinizada hasta no necesitar vivir?

El superhombre, rectificación del proyecto en que el hombre de Occidente decidió su ser, no se hundió lo bastante en el oscuro seno de la vida primaria, de lo sagrado. Lo divino —descubierto por el pensamiento— le atrajo fascinándole. Quiso ser divino, como lo "divino" que ya estaba pensado, descubierto... Había en realidad sacrificado el hombre ante lo divino, abismándose en él. Todo lo humano había sido destruido implacablemente, menos el tiempo. Y más allá del tiempo, le hubiera esperado una última resistencia: la nada.

El superhombre ha sido el último delirio nacido de las entrañas del rey-mendigo, del inocente-culpable que no pudo dejar la carga del tiempo, resistencia implacable que la vida humana opone a todo delirio de deificación.

LA ÚLTIMA APARICIÓN
DE LO SAGRADO: LA NADA

La filosofía jamás había penetrado en el infierno. Era su limitación y también algo así como su castidad. Lo ignoraba como ignoraba el paraíso, al que acababa por conducir sin haberlo prometido. La castidad de la filosofía ha consistido, además de otras cosas, en no prometer nada; nada a la vida personal, a los más íntimos anhelos. Por el contrario, su ejercicio fue desde el primer instante renuncia y ascético juego.

La renuncia que sigue o acompaña en el mismo instante a ese exigir que es el pensar y, aún más, a ese exigir que es decidirse a pensar como único modo de acercarse a la realidad.

Y la renuncia que acompaña al pensamiento filosófico fue renuncia a prometer y a entrar en el lugar del temor. Condescendientes, la filosofía estoica y el comprensivo epicureísmo ofrecieron un despliegue de razones para no temer ni esperar, dando por inexistente ese infierno que todo ser vivo lleva consigo, dentro de sí. La filosofía, sin romper su castidad, se avenía a dar razones que por sí solas mantendrían al hombre en el limbo de la *apatheia*.

Y, por tanto, toda la realidad vendría a coincidir con el pensamiento, idéntica al pensamiento: el ser. Nada más a salvo del infierno que el ser que ya es o que el ser que va camino de ser, "naturalmente".

Sólo Platón pareció bordear esos abismos infernales al no temer a esos espacios desiertos del no ser. Pero el no-ser quedó referido siempre al ser, salvo en esos "algo" que en el

Parménides aparecen como ejemplo de lo que "no hay idea": lo que sobra de los cuerpos vivos, los desechos de la materia, todo eso de lo que "no hay ni idea", Y aquello de lo que no hay ni idea quedó, simplemente, al margen de la idea. De la "idea" que comenzó siendo el ser para ir exigiendo cada vez más la presencia y la colaboración del no-ser.

Y con eso, de "lo que no hay ni idea", quedaba eludido el horror. El horror que produce el vacío, el no ser, sobre la vida. El no-ser que afecta y muerde el ser; el no-ser dotado de actividad.

Esto, el no-ser dotado de actividad, no podía, ni aun en Platón, ser abordado por la inteligencia. Había quedado en ese no-ser absoluto que Parménides aparta de una vez para siempre del Ser y que ningún pensamiento relativista —ni sofistas ni cínicos, en cualquiera de sus versiones históricas— se ha atrevido a mostrar.

Pues el pensamiento filosófico desde su raíz misma, y definitivamente en Parménides, se apartó del infierno. En principio, el infierno era, ha sido, simplemente la vida; la vida toda de la que la filosofía exigía más que prometía salvarse. Situándose en la filosofía griega se hace ostensible que vivir es lo mismo que vivir en el infierno, que la vida es de por sí infernal. Y la poesía trágica no hace sino comprobarlo, mostrar "lo otro" que la filosofía; la "otra mirada", la que al posarse sobre la vida es arrastrada hacia abajo, hacia lo inescrutable, donde ninguna definición es válida; ni ninguna explicación posible. En ella se verifica una renuncia también que acompaña a una castidad, como en la filosofía, mas diferentes y aun opuestas. La renuncia lo es la razón, al dar y pedir razones; es la castidad de la simple aceptación de las tinieblas del ser humano confundidas en el "Dios desconocido". Y esta castidad es diferente, porque el visitar los infiernos exige más que castidad, inocencia; ignorancia, olvido del propio ser. Por el contrario, la conciencia que recogía el infierno ha solido hablar en primera persona.

El cambio, ese cambio con categoría de conversión, que ha verificado la filosofía actual: razón vital, existencialismo en sus diferentes versiones, la exime de esa casta renuncia a los infiernos del ser, del conocimiento de las entrañas. Mas ¿podrá hacerlo sin la inocencia de la poesía y sin la ascesis de la filosofía tradicional? El estar eximida de la renuncia no es sino el modo negativo de decir que, en realidad, está obligada a descender a los infiernos inexplorados de la vida, aunque la vida no sea toda ella —en el supuesto— infernal. No le está permitida la elusión del infierno a quien pretende explorar la vida humana. En nombre del Ser, era posible y aunque necesario. Mas conocer la vida en nombre de la vida obliga a explorar la totalidad de la vida, a no retroceder ante nada.

Y esto exige, exigirá cada vez más inexorablemente de la inteligencia, una inocencia que nunca tuvo y una renuncia nueva: la renuncia, si no a su infierno, a su laberinto propio. La conquista de una simplicidad que la acerque a la luz original, a la luz que no impone su claridad: a no hacer de su claridad una estructura como hizo Descartes y tras de él, todos los demás, excepto Nietzsche, Kierkegaard y, anteriormente, Pascal, en quienes alumbra una desigual claridad más evocadora de la lámpara de aceite indecisa, alada y vacilante que la uniforme luz de la conciencia y de la razón "pura".

Una luz viviente. Pues ¿permitirá la vida ser sorprendida por otra? ¿Será dócil a otra luz que a la nacida de su agonía entre la vida y la muerte? La claridad de la conciencia produce la intemporalidad. La otra luz nacida en la agonía es la temporalidad que se consume y puede dar por ello una cierta aproximación de muerte superada; de muerte consumida también al par que la vida. Una luz, un fuego en que se consuma al par la vida y la muerte. Pues la muerte no es el contrario, ni la negación de la vida en su integridad.

En términos del ser, la nada era impensable. La nada como tal apareció, no en la filosofía sino en la religión, como último fondo de donde saliera la realidad toda por un acto creador. Esta nada no pudo en realidad entrar a formar parte de la filosofía que se ocupaba de las cosas creadas, de las cosas que son, que están dentro o bajo el ser. Sólo al hombre podía afectarle esta nada. Pero le afectó poco, en tanto que ente pensable y definible; le afectaría en su vida, en su agonía de criatura perdida en las tinieblas.

Mas, para el cristiano, la salida de las tinieblas está abierta a un camino ya descubierto y trazado. Será diferente a partir de Lutero, cuya religión reintegra al hombre a las tinieblas primeras del ser, a la soledad desnuda frente a Dios: un Dios que ha juzgado desde sus abismos inescrutables, casi como el Dios desconocido.

Y desde ese momento, comenzó a surgir la nada. La nada que no puede ser ni idea, porque no puede ser pensada en función de ser, del Ser. La nada se irá abriendo camino en la mente y el ánimo del hombre como sentir originario. Es decir: en los infiernos del ser.

En los infiernos, en las entrañas. Pues "las entrañas" son la metáfora que capta —con más fidelidad y amplitud que el moderno término psicológico "subconciencia"— lo originario, el sentir irreductible, primero del hombre en su vida, su condición de viviente. La maquinaria del reloj que mide y siente el tiempo, la vibración solitaria y muda y que sale de su mudez en el grito, en el llanto; que se paraliza en la angustia y que se cierra herméticamente en esos estados, tan del hombre moderno, que producen su tan frecuente pseudolibertad. Son ellas, es en ellas, en su irreductible sentir donde aparece el sentir de la nada; la nada que no puede ser idea, pues es lo que devora, lo que más puede devorar: "Lo otro" que amenaza a lo que el hombre tiene de ser; pura palpitación en las tinieblas.

Apareció en los místicos como la máxima resistencia a vencer. San Juan de la Cruz se adentra en ella como en desierto de su propio ser que le separa del amado divino. Miguel de Molinos, fundador del "quietismo" español, la acepta como a Dios mismo. Por eso, sin duda: por ser la máxima resistencia, la amenaza última. Y esa amenaza, si es última, sólo puede provenir del propio Dios. Es casi una inversión de lo divino y lo diabólico según la ortodoxia católica: el demonio era el agente de la nada, de la negación total, radical. El *non serviam* ¿no fue acaso el grito de la nada vencida por Dios en su acto creador, la resistencia no vencida totalmente ante el amor que crea, que genera el ser?

El sentido de la resistencia ha sufrido alteraciones en la historia. El Dios revelado hizo que la resistencia ante la apetencia humana de ser fuese sentida como proveniente del Mal. Y el mal era el vacío, la nada devoradora. Dios era el camino "natural" del ser, por donde la apetencia humana de ser se conducía "naturalmente". A partir de Lutero se fue invirtiendo la relación, aun para algunos católicos como Miguel de Molinos, el místico quietista. La resistencia al ser propio del hombre es la nada, y la nada es Dios, lleva a Él; dejarse caer, hundirse en la nada es hundirse en el fondo secreto de lo divino. El demonio no asecha ya por la nada, sino por el ser; el ser es la tentación.

Y así el infierno queda también apaciguado, anulado. Al

aceptar la nada, el infierno se anula, carece de entidad; el abandono absoluto, la absoluta entrega de las pretensiones de ser propias del hombre. Curiosamente tal inversión del sentido de la nada tuvo lugar en el siglo XVII en el momento mismo en que el hombre occidental se lanzaba a su aventura de ser, de existir como individuo.

Abandonarse a la nada es la salida del infierno de la temporalidad; el perderse en la noche de los tiempos, dejando la historia, la conciencia y la responsabilidad aparejadas a toda pretensión de ser. El retorno, eterno por definitivo.

Esta aceptación quietista de la nada descubre una intercambiabilidad entre lo divino y lo diabólico, para el hombre —no en sí mismo—, mirada desde la decisión humana de ser. Pues, cuando el hombre se decide a ser, se siente ser y siente al par la resistencia que se le opone. Si la siente venir de Dios, como sucede a partir de Lutero, puede decidirse a abatir su ser en Dios. Y en este abatimiento encuentra la nada; la nada en que ha de rendir su ser a ciegas, sin que la esperanza la penetre. El soneto a Cristo crucificado de autor anónimo español escrito en el siglo XVII expresa esta aceptación total de la divinidad que deja atrás la esperanza y aun la vence. Dios no es la fuente de una promesa, ni la amenaza de condenación: es el todo sin fronteras que incluye la nada; la nada del alma, por el amor.

La otra alternativa es persistir en el proyecto de ser; el contender con Dios o el simple afirmarse en la creación "a su imagen y semejanza". Entonces la nada será sentida como la peor amenaza, la inimaginable, como en Unamuno que increpa a Dios, al Dios no-existente, "Porque, Señor, si Tú existieras, existiría yo también de veras".

Y ya sin referencia alguna a la divinidad, en un pensamiento popularizado en nuestros días, aparece la nada rodeando el proyecto de ser, la inexorable exigencia de existir, no vencida por ella, ni vencedora. El tiempo es la única victoria del existente.

Es la creación, el crear sin tregua lo que sostiene a este que quiere ser frente a —no necesariamente contra— lo divino inescrutable: la creación humana que desde entonces toma conciencia de su fondo inescrutable también. Es la fe que hará surgir el romanticismo: el filosófico y todos los demás. Y de ahí, ese aire luciferino de la creación romántica que sólo el pensamiento filosófico eludirá.

Pues aquí, la nada, el vacío vuelve a ser diabólico, mas ahora con signo positivo, porque es el supuesto de la creación. Cuanto más brote cercana a la nada, más auténticamente creación será la obra humana. Y este romanticismo de la creación no será agotado ni sustituido por otro credo vigente hasta los días de hoy. La obra humana pretende ser creadora; vale tanto, sostenerse desde la nada y aun arrastrarla consigo, incorporarla, si posible fuera. Los intentos son múltiples, y no es necesario enumerarlos, pues proceden todos ellos de esa única raíz de crear que sostiene el proyecto humano de ser.

La nada muestra así su condición "viviente" al cambiar de lugar, según cambia el proyecto de ser del hombre; según que el hombre pretenda o no ser y según lo que pretenda ser y cómo. Es la sombra de Dios; la resistencia divina. La sombra de Dios que puede ser simplemente su sombra —su amparo— o su vacío en las tinieblas contrarias.

La nada no puede configurarse como el ser, ni articularse; dividirse en géneros y especies, ser contenido de una idea o de una definición. Pero no aparece fija; se mueve, se modula; cambia de signo; es ambigua, movediza, circunda al ser humano o entra en él; se desliza por alguna apertura de su alma. Se parece a lo posible, a la sombra y al silencio. Nunca es la misma.

No es la misma, no tiene entidad, pero es activa, sombra de la vida también. Una de sus funciones es reducir: reduce a polvo, a nada los sucesos y, sobre todo, los proyectos. Por eso es la gran amenaza para el hombre en cuanto proyecta su ser. Es con lo que tiene que contar todo proyecto. El místico, aun el no quietista lo sabe; el poeta no siempre; mas siempre lo sospecha.

Su acción es viviente. Diríase que es la vida sin textura, sin consistencia.[1] La vida que tiene una textura, es ya ser, aunque en la vida siempre hay más que la textura y por ello en el hombre es más que en quienes es sólo textura. En el hombre, la nada muestra que es más que ser, ser a la manera de las cosas, de los objetos. Por eso, en el hombre a medida que crece el ser crece la nada. Y entonces la nada funciona a manera de la posibilidad. La nada hace nacer.

La nada es inercia. Invita a ser y no lo tolera: es la suprema resistencia. Por eso crea el infierno, ese infralugar donde la vida no tiene textura. Ceder a él es sumergirse en la locura, en esa locura que precede a toda enajenación.

Pues locura es enajenarse, hacerse "otro", mas no del todo, que sería cambio, aunque inesperado, anormal. Hacerse el que no se es sin lograr serlo. Tal sustitución no lograda de la personalidad ha de ir precedida de un desmoronamiento de lo que es textura, ser en la vida humana. Y si eso se produce sin la destrucción total, es el infierno en que el que va a ser "loco" —a hacerse "otro"— gime, a veces toda la vida, sin llegar a ese punto que se entiende por *locu-*

---

[1] "Consistencia" es el término con que la filosofía de Ortega designa lo que se tenía por "esencia".

ra, en que aparece la completa sustitución de la personalidad. La locura se llamó "mal sagrado". Al despojarse el hombre de toda relación con Dios, se ha quedado en mero proyecto de ser; a esto se le llama "existencia". En Heidegger y aun más extremadamente, apurando la situación, en Sartre, la nada es la total soledad.

Y la cuestión que se presenta es si el hombre puede, en verdad, estar entera, absolutamente, solo. A su lado, va "el otro", el otro sombra de sí mismo, como Unamuno alumbrara en esa su tragedia —una de las raras tragedias modernas logradas— *El otro.* ¿Quién es "el otro"? El hermano invisible, o perdido, aquel que me haría ser de veras si compartiera su existir conmigo; si nos integráramos en un ser único, a quien ya no le podría ser dirigida la pregunta terrible: "¿Qué has hecho de tu hermano?" Los otros que constituyen el infierno en la tragedia de Sartre; en ambos casos, el alguien irreductible y enigmático, réplica y espejo de nuestro enigma. La resistencia no de nada, sino de lo más lejos de la nada, que no es un algo, sino el *alguien.* El alguien que se es, y que halla en el otro espejo y resistencia, siente la ausencia del Alguien, sin más. Estar solo es estarlo de ese alguien, dibujado por la ausencia, por el hueco.

Más allá de "el otro" se extiende el desierto de la ausencia de un alguien. A esa ausencia, hueco sin límites, llama el hombre de hoy: la nada. La nada; el silencio en que se hunde su palabra, todas las palabras de todos los unos y los otros, fundidas, deshechas en rumor; la inanidad de toda acción. Y de esa inanidad del presente surge como realidad única, no perecedera en el seno de la nada, lo que pareció siempre la imagen de lo perecedero: el pasado, la historia. Menos que nunca tendría hoy sentido entonar la elegía del pasado, las lamentaciones del olvido. Lo amenazado por el olvido sale a flote en la memoria más despierta y minuciosa que nunca hayamos conocido; el pasado en todas sus formas, el inmediato y aquellos tiempos remotos que las épocas de madurez ni sospechaban, son el pasto de la atención del hombre de hoy, como si en ellos encontrase una resistencia a la nada. Recordar, historiar, que viene a ser un contrario olvido.

Parece como si el hombre de hoy librase con la nada un cuerpo a cuerpo, como si hubiera intimado con ella más que hombre alguno. La nada ha perdido su carácter de postrimería.

Aunque nunca fue en el mundo creyente en lo divino una postrimería: entre ella y la vida presente se alzaba la eternidad del infierno y del paraíso. Y, así, el derrumbe de la eternidad la ha hecho aparecer como algo inmediato, que circunda al ser humano, al hombre, sin más.

Y en ella hay algo del infierno y del paraíso, un paraíso instantáneo que se hunde y hace aparecer el infierno. Y hay más todavía de la eternidad, pues mientras se siente es eterna. Porque es como un éxtasis de lo negativo donde el tiempo también se hunde. La amenaza de la nada es absorber el tiempo, reducirlo a simple pasar que pesa. Y, así, el hombre se prende al menudo episodio, al acontecimiento, sin más, y hasta se siente salvado cuando puede establecer un "hecho". Hechos, cosas, cantidades, son las defensas que inconscientemente levanta el hombre frente a ese vacío que su sentir le acusa. Y existe la "puritana" forma de reacción, la que construye la conciencia frente al sentir originario, perdiéndose en un laberinto de deberes. Es la forma más refinada de reacción, pues entre la defensa que se parapeta en los hechos y los deberes de la conciencia están los "quehaceres", el hacer que puede llegar hasta la obra de arte. La obra de arte que no arrastra consigo la nada de donde toda creación ha de salir —ese silencio del alma que precede a toda obra— sino esa inanidad de su suerte; el haber nacido sin necesidad, el no ir dirigida a nadie; el no ser, ni poder ser ofrecida.

Los productos de la activa época que pasamos, tan entregada a la más vertiginosa actividad, llevan el sello de no poder ser por nadie consumidos, como frutos de inanición. Esa inanición, esa hambre que azota nuestro mundo, productor como nunca de cosas, de obras de arte, de alimentos.

El que todo ocurra como si no ocurriera; que la palabra se borre sin haberse hecho carne, alimento del alma. El que todo se le haga nada al hombre de hoy, crea o no en ella; el que se vea a ella sometido, sin ser ella su fe, hace de ella una especie de dios adverso, como si fuera lentamente ocupando el lugar reservado al demonio en los siglos de plenitud de la creencia cristiana. Y anticipa el infierno, con su minuto de gloria en rebeldía, de la que se precipita quien la goza.

Porque la nada no puede hacerse en la vida humana, ni en la conciencia, ni en el alma y menos aún en las entrañas, donde el gemido subsiste eterno, *e pur si muove,* frente a todo decreto de la conciencia. La nada es la sombra de la conciencia enteramente desasida de cosa alguna y de aquello que la sostiene; su trasfondo. El pretender vivir sólo desde la conciencia ha hecho aparecer su vacío, cuando se desprende y al par se cierra. Pues el vivir según la conciencia aniquila la vida, los motivos reales, las cosas tal y como son vividas. La conciencia ha ido diciendo al hombre "inconscientemente": "No, no es nada". Y todo, cualquier contenido de una fe, aun inmediata, se ha ido reduciendo a nada.

Inversamente, las cosas que no son nada, son algo cuando se las padece. Hasta el vacío, hasta la ausencia cobra carácter positivo y se semeja a la presencia hasta convertirse en su promesa. El hueco del ser despertó en la mente griega la idea del ser, el vacío de las cosas y el de los dioses. Frente a los dioses de Grecia más que nunca el hombre podía haber sentido la nada, si el sentir de la nada proviniese de afuera.

Y es de adentro de donde brota, de lo más hondo del interior del hombre, de su infierno irreductible, la nada. Brota incesantemente en un fluir manso e implacable porque une sin fundirlos a los contrarios. Cede y es implacable; es la negación del ser y para quien se deje fascinar por ella, acaba siendo todo el ser en la aniquilación.

La armonía de los contrarios es la unidad en plenitud, el todo donde la nada aísla a cada contrario del otro, dejándolo suelto, sin referencia. Y así después de haberse comenzado viendo en ella algo, este algo se transforma en su contrario; mas siempre negativamente. Sustrae de cada contrario su positividad y lo mantiene en lo que tiene de negativo. Por eso vivimos tiempos de "anti", en que sólo prospera y crece lo que se yergue negando otra cosa y en tanto que la niega.

La armonía de los contrarios son las nupcias en que no sólo se manifiesta lo que de positivo tenía cada contrario, sino en que surge algo nuevo no habido; la armonía es más rica que la previa disonancia. No sustrae, sino que añade algo imprevisible; es el milagro incesante de la vida que ha hecho soñar, anhelar un milagro total. El arte ha sido la llamada de esta nostalgia que el cumplimiento de la armonía no buscada hacía sentir al hombre. Mientras que, desde hace tiempo, el arte corre fascinado —en lo más representativo— por la disonancia sin solución, por los contrarios que muestran, de una parte, su irreductibilidad, y la negación, imprevisible también, que adviene de su tenaz disonancia. El milagro de la armonía tiene su equivalente en la negación imprevista, en el vacío que crece diabólicamente en la disonancia irreductible. Es otra forma de "actuación" de la nada.

En todo movimiento creador —y la armonía de los contrarios es a lo menos el instante necesario que produce algunos de ellos— el engendrar tiene la positividad de lo negativo; de lo negativo surgió algo positivo. En la disonancia irremediable dentro de la nada se produce lo contrario: lo negativo surge positivamente; es la positividad de lo negativo.

Así, se hace ostensible, por ejemplo, en la música atonal, en la pintura de ciertas épocas de Picasso. Es la aventura del arte moderno.

Y todo parece indicar que al destruir el hombre toda resistencia en su mente, en su alma, la nada se le revela, no en calidad de contrario del ser, de sombra del ser, sino como algo sin límites dotado de actividad y que siendo la negación de todo aparece positivamente. Algo indeterminado, ambiguo, amenazador, y que al ser nombrado parece ceder. Pues sucede al contrario de como piensan quienes no la han sentido. La nada es de ese género de "cosas" que al ser nombradas producen un alivio como sucedió con los dioses demoniacos, devoradores insaciables del hombre; su solo nombre y su figura, por espantable que fuese, eran mejor que el no conocerlos. La nada se comporta como lo sagrado en el origen de nuestra historia.

El fondo sagrado de donde el hombre se fuera despertando lentamente como del sueño inicial reaparece ahora en la nada. El vivir desde la conciencia hizo el vacío en torno al hombre, fue reduciéndolo todo a ideas sostenidas en la duda.[2] Y entre las ideas sostenidas en la conciencia, el sujeto,

---

[2] "Las creencias son la misma realidad: las ideas nacen de la duda", dice Ortega.

único ser, afirmándose a sí mismo; dotándose de ser a sí mismo en un esfuerzo sin tregua. El vivir en la conciencia desembocó en vivir en el espíritu. "Espíritu" es libertad, acción creadora. ¿Puede el hombre instalarse totalmente en eso? Al intentarlo, una resistencia se le ha aparecido; una resistencia que no es ser, puesto que el sujeto pensante de ningún ser sabe que no sea sí mismo. Y la resistencia que no puede en modo alguno ser llamada "ser", es nada. Mas es todo; es el fondo innominado que no es idea sino sentir. Sentir... porque el hombre no es sólo "espíritu", algo idéntico a sí mismo que no necesita apoyarse en otro... Espíritu es libertad; actualidad libre de pasividad. Y el sentir se presenta ante él recogiendo en forma infernal ese vacío hecho por su conciencia.

La nada es lo irreductible que encuentra la libertad humana cuando pretende ser absoluta. Y la pretensión de algo absoluto puede dejar caer su absoluto sobre aquello que le resiste, verificándose así una conversión entre lo absoluto del ser y del no-ser. Quien pretende ser absolutamente acaba sintiéndose nada dentro de una resistencia sin fronteras. Es lo sagrado que reaparece en su máxima resistencia. Lo sagrado con todos sus caracteres: hermético, ambiguo, activo, incoercible. Y, como todo lo que resiste al hombre, parece esconder una promesa. Fascinación de la serpiente que no dice aquellas palabras ni ningunas otras sino que insinúa lo que está más allá de todo decir, de toda palabra, que tal es el secreto de la fascinación; insinuar lo que no podría ser dicho, produciendo así un lleno que paraliza el ánimo. El "lleno" que la nada produce en quien se detiene frente a ella. Lleno que no puede concretarse, articularse, que no permite que haya poros, vacíos, merced a los cuales la realidad —el ser— se articula. El vacío, la negación que colabora con el ser y le sirve.

La nada asemeja ser la sombra de un todo que no accede a ser discernido, el vacío de un lleno tan compacto que es su equivalente, la negativa muda informulada a toda revelación. Es lo sagrado "puro" sin indicio alguno de que permitirá ser develado.

Lo "sagrado puro", la absoluta mudez que corresponde a la ignorancia y al olvido de la condición humana; ser libre, activo, mas padeciendo. El proyecto de ser, de vivir en acto puro, ha despertado a la nada. Para esta vida no habría "cosas"; cosas, circunstancias, receptáculos de la resistencia que el vivir humano encuentra y necesita. La nada es esa resistencia despertada, liberada de sus receptáculos, totalizada.

Pues este proyecto de vivir a la manera del "acto puro" —vida resuelta en actualidad— ofrece cumplimiento al ansia de deificación; mas sostenido y mantenido como proyecto, cuando el anhelo se ha convertido en proyecto, viene a caer en mimetismo de la vida divina. El mimetismo, hijo de la fascinación; la vida mimética está fascinada, se ha cerrado a la libertad.

Cerrado a la libertad, el hombre sujeto a ser libre, encuentra que todas las cosas son nada. Mas, la primera, originaria "apertura" de la vida humana a las cosas que la rodean, a las circunstancias, es padecerlas. Las cosas que no son nada son algo cuando se las padece. Y el propio ser, el sujeto —anulado en el sentir de la nada— se yergue cuando es fiel a su doble condición de haber de sufrir al propio tiempo la cárcel de las circunstancias y su propia libertad: "Somos necesariamente libres".[3]

---

[3] Ortega y Gasset.

II

EL TRATO CON LO DIVINO: LA PIEDAD

SINOPSIS DE LA PIEDAD

La historia del pensamiento encubre un proceso que ha tenido lugar con cierta lentitud en las capas más profundas de la conciencia; allí precisamente donde la conciencia se eleva encubriendo también, como toda superficie, las creencias y todavía algo más hondo que las creencias mismas, las formas íntimas de la vida humana; las situaciones que definen al ser humano no ya frente a lo humano, sino a toda la realidad que le rodea. Pues realidad es no sólo la que el pensamiento ha podido captar y definir sino esa otra que queda indefinible e imperceptible, esa que rodea a la conciencia, destacándola como isla de luz en medio de las tinieblas.

Ortega y Gasset en uno de sus más luminosos ensayos: *Ni vitalismo ni racionalismo,* plantea de modo inigualable la última consecuencia a que había llegado el racionalismo europeo en su extremosidad: la razón lo penetra todo. Y el hombre europeo individualista aun sin saberlo —individualista de corazón— entendía como razón su propia y personal razón. Que una de las incapacidades del hombre moderno es la de haber perdido de vista la unidad última del universo, donde sólo ve cosas inanimadas o materia informe que en gracia a su razón llegan a tener un orden y un sentido.

Y es que a partir del pensamiento cartesiano la conciencia ganó en claridad y nitidez y, al ensancharse, se apoderó del hombre todo. Y lo que iba quedándose fuera no eran cosas, sino nada menos que la realidad, la realidad oscura y múltiple. Al reducirse el conocimiento a la razón solamente, se redujo también eso tan sagrado que es el contacto inicial del hombre con la realidad a un modo único: el de la conciencia. Quedaba la conciencia en su claridad lunar aislada hasta el propio cuerpo, donde por no se sabe qué azarosa contingencia venía a estar insertada.

El hombre se tornaba en simple soporte del conocimiento racional, con todo lo que esto conlleva de extraordinario, pero la realidad en torno se iba estrechando a su compás; a medida que "el sujeto" se ampliaba, diríase que absorbiendo las funciones que el alma desempeñaba antes, la realidad se empequeñecía.

Pero este agostamiento de la realidad no tenía lugar de un modo uniforme sino de un modo que ha modificado en esencia la inserción del hombre como criatura viva en el universo. La raíz metafísica —que ha quedado invisible o que aparece sólo parcialmente.[1]

La cuestión es de gravedad tanta que salta a la vista la pregunta: ¿es que es posible que lo metafísico sufra cambios? La contestación de Hegel es afirmativa, su historia, despliegue en el mundo del Espíritu absoluto, es justamente eso: cambios, mutaciones habidas en lo metafísico. El pensamiento griego y el medieval salvan al ser verdadero del tiempo y el movimiento; la historia, por tanto, no *era* propiamente. De ahí que la ciencia histórica no haya podido constituirse como saber; jamás lo hubiera podido hacer desde ese pensamiento que salva al ser —pura identidad— del tiempo. La originalidad del pensamiento idealista alemán, la nueva revelación que trajo es que la historia *es,* a conse-

---

[1] La "razón vital" de José Ortega y Gasset —"Tesis metafísica acerca de..."— pone al descubierto la raíz metafísica de la vida humana.

cuencia de que el movimiento tiene lugar dentro del ser mismo, que es por esencia *pasión*. El Espíritu absoluto tiene los caracteres de la vida; descubrimiento embriagador para la conciencia moderna. En el capítulo primero de las *Lecciones de filosofía de la historia* de Hegel, introducción a la posibilidad de una historia, se describen y fijan estos caracteres que se pueden concentrar en uno solo: el Espíritu renace, crece resucitando.

Es innegable la inspiración cristiana de este pensamiento. Pues el cristianismo nos había traído ya hacía muchos siglos un Dios que padece y muere; que agoniza y resucita, Dios del amor, cuyo misterio supremo es una Pasión; la Pasión divina que salva dentro de sí todas las pasiones que afligen y engrandecen la condición humana. La moral cristiana tendría que ser, y lo ha sido aún más en la vida de los santos que en la doctrina oficial de la Iglesia, moral de la pasión y no de la impasibilidad, como era en el sabio antiguo y el filósofo griego. San Agustín, en quien el cristianismo se clarifica y revela intelectual e históricamente, aparece en la iconografía piadosa con un gesto de máxima elocuencia ofreciendo su corazón envuelto en llamas.

Que el espíritu padece es el supuesto de que haya historia en el sentido no del mero acontecer, sino del ser verdadero. Y este ser verdadero ¿no podrá ser entendido también en el sentido de eso invisible —horizonte puede llamarse— que no se ve y hace ver, especie de limitación ideal que por no ser real hace posible que el hombre encuentre la realidad? Mas horizonte es la forma de visibilidad de la realidad. Y sucede que la realidad se hace presente de formas más íntimas. La reducción de la realidad a un horizonte es quizá lo propio del idealismo, de todo idealismo y de un modo extremo del alemán.

El horizonte es una unidad y como toda unidad verdadera es invisible. Y en su virtud visible la multiplicidad de las cosas reales. Mas esta forma de aparición de la realidad corresponde de lleno al pensamiento y fue descubierta por la filosofía en Grecia. Antes, propiamente no se veía o no se sabía del ver y de lo que el ver implica. El ver es por esencia impasible, es también por esencia "actual". El anhelo humano que ha mantenido en tensión el esfuerzo de la filosofía, el "ascetismo" que este ver implica, llegó a su total plenitud con el idealismo alemán. Reducir la realidad toda a un horizonte único, visible, al "saber absoluto". El saber absoluto encierra dentro de sí, disueltos, asimilados, los saberes particulares, las ciencias que entran a formar parte del saber único, trozos, ahora bien patente en su condición, del horizonte único, en el que todo es visible y actual.

Las consecuencias de la formulación de este "saber absoluto" y su pretensión consiguiente son incalculables. Dice Bergson que cuando el hombre descubrió el ver, descubrió al mismo tiempo la modificación que en su vida, en su estar en el mundo, sucedía. El pensar lleva consigo una exigencia que le es propia. Por algo fue sentido como salvación de la vida, un vivir fuera de la vida. Cuando se ve intelectualmente, se descubre una presencia pura, transparente, y el pensamiento anula el tiempo porque presenta una coincidencia perfecta, la del ver con el objeto visto; una simultaneidad que ha hecho de la contemplación, por mucho tiempo, la imagen de la vida perfecta.

Vida es movimiento, pero el hombre ha manifestado un cierto horror a este movimiento que es el vivir, al desmentido que la multiplicidad da a cada acto del pensamiento y a esa unidad que la vida presupone y busca, hacia la cual corre. Cuando se piensa, aparece, revelándose, un objeto o una relación objetivamente y al mismo tiempo brotando en el interior del hombre; dentro y al par fuera. Y esta coincidencia es la que sin duda ha traído sobre el acto de pensar todo su inmenso prestigio, todo su atractivo muchas veces inexplicado; ese "presupuesto" del sentir más allá de todas las excelencias declaradas sobre la nobleza del pensar.

El idealismo alemán brotó, sin duda, del frenesí de este modo de sentir que pretende ganar todo el vivir. Ese anhelo que los filósofos neoplatónicos llevaron también a su extremo bajo el nombre de "vida contemplativa", "vida de ángeles", "vida sin cuerpo en el cuerpo", que decía Plotino.

Una simplicidad fecunda parece ser la característica de la filosofía para Bergson. La formulación del saber absoluto contiene toda la filosofía de Hegel, pero algo más, algo que lleva en sí la posibilidad de transformar todo un mundo.

Transformar el mundo no es otra cosa que modificar eso último para lo que no tenemos nombre, la inserción del hombre en el universo, la situación con referencia a todas las especies de la realidad, de lo que es y de lo que no es. Para el "saber absoluto" todo es "ser", como para todo idealismo y racionalismo. Ortega, en su crítica del idealismo, lo hacía notar bien, oponiendo "lo que hay" a lo que es. Lo cual puede significar que en lo "que hay", fuera del ser o sin haber llegado al ser, existen varias especies de realidad. Aristóteles dijo "el ser se dice de muchas maneras" y ahora tendríamos que decir que la realidad —la que no está en el ser— tiene muchas maneras de entrar en contacto con el hombre, pues no podemos decir que se diga de muchas maneras, ya que el decir sólo se refiere al ser. Solamente puede decirse lo que en alguna forma es.

A pesar del descubrimiento del ser y del pensar, la vida humana durante todos esos siglos había estado enclavada en la inmensa realidad de diversas maneras. El pensar es actualidad y apenas puede comprender el pasado, el pensar capta el ser y deja fuera lo que es a medias, lo que es y no es, lo que no puede entrar bajo el principio de contradicción. El pensamiento unifica cuanto ilumina; al revelar nunca lo hace dejando caer su luz sobre un solo objeto, sino que muestra sus conexiones; es un trozo entero de la realidad con una cierta contextura lo que deja ver. De ahí la existencia de distintos saberes, la constitución de las ciencias... Esto quiere decir que aquello que hay y no es, en cuanto que de algún modo afecte a nuestra vida, no tendrá ante nuestros ojos una continuidad. Este reino —el de la realidad sin ser— es el de la cualidad simple y aun el término cualidad parece excesivamente racionalista para sugerir esa condición de lo que no podemos nombrar de ninguna manera. La cualidad es siempre un salto; toda cualidad parece estar rodeada de un abismo, emerger sorprendiéndonos con su misterio. La cualidad es pura existencia que no admite ser fundida con otra. La razón, naturalmente, ha pretendido siempre reducir la cualidad a lo mensurable, a lo continuo. La razón por naturaleza tiende a anular todo abismo.

Y así la situación del hombre moderno, poscartesiano y más aún poshegeliano, se nos hace ya un poco más clara: creyente en la razón como único medio de relacionarse con la realidad —razón discursiva o intuición intelectual— se ve en la vida real rodeado de cualidades, de semiseres —la cualidad es un semiser ya que no puede estar suelta— irreductibles a razones; se ve asechado por cosas que no lo son y que aparecen inconexas; en suma, por ese mundo de lo monstruoso que el arte lograba de algún modo apresar. El mundo que se había llamado de la fantasía. Dentro del "saber absoluto", el arte; la poesía había sido disuelta también, era un momento del proceso que la razón podía absorber perfectamente dentro de sí. La razón de Hegel es el espíritu absoluto, es decir, sujeto y objeto a la vez, lo divino realizándose en la historia, en suma.

Pero el hombre concreto nunca lograba vivir desde ese saber entronizar perfectamente al espíritu en sí; ser ese espíritu sujeto y objeto a la vez. Y así cada vez se sentía perdido, náufrago[2] en una realidad extraña, irreductible, ante la cual quedaba desarmado, pues hay algo en la vida humana insobornable ante cualquier ensueño de la razón: ese fondo último del humano vivir que se llaman las entrañas y que son la sede del padecer. Al padecer sólo pasajeramente puede engañársele.

Y sólo pasajeramente puede tenerse en suspenso a ese fondo último de la vida que es la esperanza. Esperanza, avidez, hambre. Y padecer. Si el intelecto es vida en acto, actualidad pura e impasibilidad, eso otro de la vida humana es lo contrario: pasividad, padecer en toda forma, sentir el instante que gota a gota pasa, sentir inapelablemente el transcurrir que es la vida, padecer sin tregua por el hecho simple de estar vivo, que no puede reducirse a razón. Sentir la multiplicidad, la discordancia, lo heterogéneo aun en sí mismo —si es que hay "mismo" en este estrato de la vida—, sentir lo que no se dice, estar condenado al silencio. ¿Podrá la razón hablar por todo esto? En otras edades lo había hecho llevando su poder unificador más allá de sí misma en una generosidad casi al borde de la traición. Pero en esta era del pretendido saber absoluto todo eso quedaba simple-

---

[2] La situación de "naufragio" es propia de la vida humana, y en ella nace la necesidad del pensamiento, según Ortega.

mente absorbido, cancelado, disuelto. Tal era la pretensión que la vida diaria encontraba inverificable.

Y no sólo los semiseres y el tiempo, sino también la muerte, que no siendo vida ocurre en la vida; la muerte y los muertos, es decir, todo lo que de un modo u otro está en otro plano que la vida lúcida de la conciencia; lo que no se sabe, "lo otro". La vida humana, apetencia inextinguible de unidad, está rodeada de alteridad, lindando con "lo otro". Y eso idéntico que el hombre cree ser en los momentos en que la inteligencia le saca fuera de la vida por su simultaneidad y su actualidad, tiene que tratar con "lo otro". No somos sólo sujeto del conocimiento, un punto de identidad rodeado de lo que no la tiene y de lo que la tuvo y misteriosamente ha desaparecido, actualidad combatida por el tiempo; impasibilidad que ha de responder por algo que vive bajo ella y que es continuo, inacabable padecer.

Y, así, venía a hacerse imposible el vivir idealista, la "realización" vital del espíritu absoluto, del saber absoluto y de la idea del hombre como sujeto puro del conocimiento, lo cual nada dice ciertamente de que esto último, el sujeto puro del conocimiento, no exista en algún modo. Sin duda que existe, pero no solo. Y el que no exista en estado de perfecta pureza y aislamiento, el que se dé la participación con todo lo que en el ser humano es pasividad, padecer y alteración, el que se levante entre la enajenación permanente que es el vivir, es el hecho, el simple hecho de la vida humana.

No penetró, pues, el idealismo en el ánimo del hombre occidental. Es bien evidente. Su idea no ha tenido esa facultad de engendrar certidumbre y ni siquiera —lo que parecía más fácil— pudo ser una inspiración. Sin duda que lo fue, pero la inspiración idealista que marcha unida con la romántica se recoge en retirada ante la invasión de la filosofía contraria. No tuvo, como en los orígenes de nuestra cultura occidental, la fuerza propagadora de la fe cristiana que nacida fuera del ámbito de la razón filosófica —de las escuelas— supo infiltrarse primero, ganar avasalladoramente en seguida el ánimo del hombre desamparado. Pero algo más que a la simple pobreza, algo más que a la desolación, el desamparo llegó a ganar, cuando la misma filosofía pudo unirse con ella. Razón y fe que habían surgido distantes y al parecer contendientes llegaron a unirse en una armonía casi perfecta.

El idealismo alemán comportaba, sin duda, una fe, la había "absorbido", la unidad estaba ya forjada. Y, sin embargo, no ha podido lograrse aquello que el pensamiento griego y la fe cristiana en su desemejanza lograron. Por el contrario, ante el idealismo y contra él surgieron con fuerza mucho mayor en lo que atañe a la creación de nuevas creencias diversas filosofías: positivismo, materialismo histórico y sensualista. Y como precipitado último, residuo operante de todas ellas, el pragmatismo que reduce la realidad a hechos, sin más, y el ser humano al mecanismo que tiene que habérselas con otros mecanismos, cosa en frente de las cosas. A la pura unidad del horizonte donde todo es visible y actual se opone furiosamente la pura, nuda multiplicidad ya cercenada de la ingenua aspiración a la unidad primaria. Al hombre como sujeto puro del conocimiento, sede del espíritu absoluto, el hombre organismo, conjunto de resortes, en fin, "cosa" edificada sobre la ruina del anhelo, de la avidez, de la esperanza originaria.

¿QUÉ ES LA PIEDAD?

En un breve diálogo platónico, el *Eutifrón,* se formula una de esas preguntas que Sócrates hace recaer sobre las cosas más cotidianas, que jamás habían sorprendido a quienes vivían entre ellas. ¿Qué es la piedad? se pregunta aquí, dirigiendo la investigación hacia algo al par cotidiano y encubierto. El carácter socrático se pone de manifiesto más que en ninguna otra parte, pues vemos claramente lo que Sócrates perseguía y dio la vida por hacer: transformar el simple vivir, la vida que se nos ha entregado y que llevamos de un modo inerte, en eso que se ha llamado experiencia. Experiencia que forma esa primera capa, la más humilde, del saber "de las cosas de la vida" y sin la cual ningún antiguo hubiera osado llamarse filósofo.

Mas, con todo esto, la pregunta acerca de la piedad en un diálogo platónico no deja de producirnos extrañeza. El pensamiento filosófico hace mucho que nada tiene que ver con ella y hasta dejó a un género de pensar derivado de él y un tanto decadente —a "las ideologías"— el consumar su destrucción. Destrucción que no lo es sino en el sentido de la vigencia, de la validez o de la objetividad. La piedad, todo ese mundo inmenso designado por ese nombre, sigue viviendo y alentando, pero no encuentra hueco alguno donde alojarse en el edificio del más alto de los saberes, del que confiere rango y jerarquía, lugar adecuado a las realidades para que se manifiesten y operen. La piedad vive de incógnito desde hace mucho tiempo. En una de sus especies:

la "simpatía", ha sido sacada a luz por el filósofo Max Scheler en una forma que muestra cuán grande ha sido el esfuerzo. Así, pues, produce hoy cierta extrañeza la pregunta filosófica sobre la piedad.

Esta extrañeza envuelve la percepción de que estamos ante un conflicto muy hondo. Y así es: el *Eutifrón* forma junto con el *Critón* y el *Fedón,* además de la *Apología,* la apología del maestro, condenado a muerte en virtud de una acusación de impiedad. El breve y no muy comentado diálogo presenta, pues, la más dramática de las preguntas que Sócrates haya podido dirigir a cualquiera de sus conciudadanos. Y, al hacerlo, lo vemos no sólo como hombre piadoso sino rebasando la simple práctica de esa virtud, entregándose a la inquisición de su esencia, es decir, sometiéndola a un conocimiento.

Y, justamente, esto fue lo que irritó más a los conciudadanos de Sócrates: el que pretendiera convertir en conocimiento aquello cuya vida transcurría en la sombra, reacio a dejarse iluminar por la luz de la inteligencia. Aún percibimos la sorda irritación de que Anyto y Melyto se hicieron los torpes intérpretes; irritación sorda en que se acusa siempre todo aquello que vive en la sombra y que al ser iluminado no sabemos bien si se resiste o si se deja llevar por el resentimiento de no haber sido liberado antes. La verdad fue sentida en Grecia como liberación suprema y fue en la filosofía de Platón donde tal sentido adquiere carácter de revelación sagrada. En la *Alegoría de la caverna* vemos justamente la rebelión del hombre que no quiere ser liberado. Y en esta oscuridad de la "caverna" vivía mezclada con las sombras contrarias la piedad. ¿Es posible que ella también se revolviese ante la luz? Hoy, que venimos de un momento contrario, nos sentimos obligados a mirar este conflicto. Hemos pasado por un instante en que la piedad desdeñada por la luz, desconocida por la inteligencia, ha estado sumergida en las sombras. Y ha corrido la suerte de todo lo desdeñado por la conciencia: se ha rebelado contra ella y nada hay más grave que una piedad resentida, que una piedad sirviendo de vehículo al resentimiento; de vehículo y de máscara.

Y, así, no se descubre hoy fácilmente, desde lo que la filosofía ha llegado a ser en la época moderna, cuál sea el motivo de que el pensamiento se pregunte por la piedad. Lo que primero ocurre es que lo hace para mostrar su irracionalidad, para descubrir su falta de fundamento, su no-ser. Pero, sucede que la conclusión a que se llega en el diálogo, a través de una dialéctica bastante simple, es por el contrario afirmación de la piedad. El más volteriano de los lectores no podría descubrir rasgo alguno de ironía que ataque a la esencia de esta virtud. Y, así, lo primero de que nosotros hemos de sorprendernos es de que la piedad interese a una clase de saber que se llama filosófico.

La primera definición propuesta es que piedad es la virtud que hace tratar debidamente a los dioses para acabar en la conclusión de que es lo que trata de lo injusto y lo justo.

Sin duda que se trata, como en el *Critón,* de una apología del maestro, condenado a muerte, en virtud de una acusación de impiedad. En este diálogo se le presenta, por el contrario, no sólo lleno de esa virtud sino poseyéndola más allá de la simple práctica y de los discursos retóricos de los sofistas; entregándose a la inquisición de la esencia misma de la piedad. Se trata, pues, de un conocimiento. Ser piadoso, santo, depende también de un saber adecuado, como cualquier otra virtud.

La respuesta de Platón es cumplida y sobrepasa a la acusación, dejándola en el ínfimo plano intelectual y moral que le corresponde. Y, sin embargo, la "hablilla" que consiguió al fin la muerte y la inmortalidad del maestro ha tenido la virtud de plantear algo que es piedra de toque, cuestión esencial que siempre ha de surgir ante la filosofía y, por ende, ante el mejor de los filósofos. ¿La filosofía no destruye acaso la piedad?

Mas ¿qué es la piedad? En el diálogo *Eutifrón*, a pesar de la persecución dialéctica que de ella se verifica, no nos quedamos (quizá por la específica penuria que hoy padecemos de ella) satisfechos. Desde esta ausencia de hoy podíamos llegar a decir "piedad es el saber tratar adecuadamente con lo otro". Pensemos un instante: cuando hablamos de piedad, siempre se refiere al trato de algo o alguien que no está en nuestro mismo plano vital; un dios, un animal, una planta, un ser humano enfermo o monstruoso, algo invisible o innominado, algo que es y no es. Es decir, una realidad perteneciente a otra región o plano del ser en que estamos los seres humanos, o una realidad que linda o está más allá de los linderos del ser.

Cuando Sócrates se hace esa pregunta, ya la filosofía había descubierto y establecido la idea del ser. Parménides había vencido; serán Platón y Aristóteles quienes especifiquen ese ser único mediante la teoría de las ideas, mediante la distinción entre sustancia y esencia, cualidades y accidente; mediante la *teoría de la definición*. "El ser se dice de muchas maneras" dice Aristóteles, llevando así la unidad del ser parmenidiano a su extremo despliegue: más allá de esta especificación no era posible llegar. Pero todas estas maneras del ser lo son del ser solamente y *se dicen*. *Decir* y *ser* están en este horizonte del logos en una perfecta correlación: es el ser el que se dice propiamente. Cuando surge la pregunta por la piedad, ni siquiera está formulada la teoría de las ideas.

Es precisamente en esa primera captura de las esencias cuando la cuestión se plantea. ¿Podría haberse planteado más tarde cuando ya se ha acotado y revelado todo el territorio del ser, del que se dice en el logos? En suma: la piedad que es saber tratar adecuadamente a "lo otro" ¿está dentro de la lógica del territorio del logos? —nos preguntamos hoy. La acusación de Anyto y de Melyto, de no haber estado inspirada por la más antipiadosa de las actitudes, podía haber sido formulada como un serio temor, el temor de que "lo otro", todas las especies de "lo otro" queden destruidas ante y por lo Uno.

La filosofía, desde su origen y, de modo evidente, desde el victorioso pensamiento de Parménides, es declaración y afirmación de la unidad. Doctrina de la unidad, ya implicada en la pregunta primera sobre las cosas —las cosas en su totalidad—, pues ya ahí *todas las cosas* están unificadas en el ser. Mas la unidad —y el ser— fueron concebidos de manera diferente por Parménides y por Heráclito. Venció la forma más pura de la unidad, como quizá sucede siempre que dos versiones de una misma idea contienden, pues el hombre suele adherirse a una idea extremándola, llevándola hasta sus últimas consecuencias. En el extremismo parece residir, hasta ahora, la capacidad de engendrar creencias, la capacidad de inspiración.

Parménides presenta la unidad de identidad en oposición a la unidad de armonía de los contrarios de Heráclito. En la identidad parece residir para el hombre una fuerza atractiva superior a toda otra, como si por ser irrealizable en la vida, toda la vida, aun sin saberlo, tendiera hacia ella. Y sucede, además, que desde la identidad se llegaría más tarde a pensar el *sujeto,* el soporte uno, igual a sí mismo, que la unidad de armonía no hubiera permitido. Y esto se encuentra en conexión con la íntima apetencia de ser que el hombre ha sentido. Cuando Plotino en su cuarta *Enneada* presenta las pruebas de la inmortalidad del alma, lo que prueba, en realidad, es la existencia del sujeto. Y su razonamiento bien podía valer para hablar del sujeto puro o del sujeto trascendental del idealismo alemán... Es precisamente la idea del alma-armonía la que rechaza con mayor fuerza dialéctica, porque ¿quién es el que produce la armonía del arco y de la cuerda?: ha de haber un músico, es decir, un alguien, aunque en el pensamiento de Plotino la persona humana no esté presente, hija como es de la inspiración cristiana.

Diríase que esta unidad de identidad impuesta por Parménides va anulando en su crecimiento a través de toda la historia de la filosofía a las realidades particulares que no pueden alcanzar la identidad. Si el ser idéntico a sí mismo acabó por presentarse como sujeto creador del objeto primero, y por sujeto absoluto después, es porque ya desde el primer momento de su formulación actúa de esta manera: reduce, y lo que no puede ser reducido queda extrañado, sin posibilidad de ser reconocido.

Y así vemos en el breve diálogo *Eutifrón* algo sumamente delator de este proceso que apuntamos. La piedad se define primero como el trato adecuado con los dioses, para acabar reconocida como una virtud, es decir, un modo *de ser del hombre* justo. Se ha verificado una conversión típica de la doctrina del ser y quizá más evidente aquí que en otras cuestiones: lo que era trato, relación, sentimiento, supeditación, quizá, del hombre a realidades de otro plano —a realidades *otras*— ha quedado convertido en un *ser* del hombre. Y esto ¿no era para inspirar temor a los no filósofos y aun a los filósofos mismos?

La acusación de impiedad había pesado sobre los filósofos desde que comenzó su auge en la vida social. Como se sabe, Anaxágoras fue librado de la muerte por su leal discípulo Pericles. Aspasia, afecta a su filosofía, padeció también la misma acusación que costaría la vida y traería la inmortalidad a Sócrates. Y es preciso pensar que tales acusaciones, purificadas de la vileza en que suelen ir envueltas, han de tener algún profundo motivo, ya que no razón; que algo, todo un modo de vivir, se siente amenazado y reacciona como aquello que se siente sin armas para contender a la luz de la razón, de esa oscura manera. Pues es una de las más tristes cosas que la razón sólo encuentre frente a ella la violencia, y haya de ser ella misma quien se corrija, huérfana de algo que la persuada.

Conversión al ser; reducción a la unidad. Si tal suceso es grave respecto a todo, lo será mucho más cuando se trata del trato con los dioses, porque los dioses han sido, hasta que nace la filosofía, los dueños del mundo. Del trato con ellos lo han esperado y temido todo los hombres y específicamente en Grecia la vida de los dioses, sus idas y venidas, sus historias eran la vida, más que la humana, un tanto precaria, aplastada siempre, presa de la avidez y esclava de la penuria. Los dioses griegos llegaron a tener ciertos caracteres humanos, mas por lo mismo, resultaban más humillantes para el hombre que había de sentir en ellos una especie de usurpación. Entre dioses y hombres había un parentesco envidioso. Don Miguel de Unamuno ha dicho que "la envidia es una forma de parentesco". Quizá la envidia sea la forma sagrada de parentesco, cuando no están definidos todavía los seres y, por tanto, están intricados el ser "del uno" en "el otro"; los parientes se sienten robados entre sí, cada cual se encuentra en "el otro" más que en sí mismo. Porque, en realidad, no hay sí mismo... Tal sucedía entre los simples mortales y los dioses inmortales de la Grecia... "mortales, inmortales... de los unos nacen los otros" había dicho Heráclito. Mas la filosofía iba a cortar este nacer uno de otro, esta envidia mutua, este engendrarse y deshacerse; iba a constituir con la idea del "ser" la estabilidad del ser humano... y los dioses, a través de sus temerosos servidores, se quejaban. Tal podría ser el trasfondo de la acusación de impiedad contra Sócrates, que Melyto y Anyto, cegados por una envidia sólo humana, no pudieron ver.

Mas ¿qué se esconde detrás de la definición de la piedad que proponemos: "Piedad es saber tratar con lo otro". Porque tratar con lo otro es simplemente tratar con la realidad. Realidad es "la contravoluntad" ha dicho Ortega y Gasset, es decir, lo que me circunda y resiste. El pensamiento filosófico lo ha sabido bien desde su misma raíz, desde esa pregunta en que el filósofo ha conservado el asombro infantil y que delata lo extraño que el ser llamado hombre se siente, lo extraño antes que ninguna otra cosa.

Y, ahora, nos vemos trasladados a un tiempo remoto, a un tiempo en que el hombre sin audacia aún para preguntarse por lo que le rodeaba encontraba la respuesta antes que la pregunta, es decir, la realidad confusa y sin medida. Tiempo de pura alteración, en que todo trato es aventurado y temeroso, trato con "lo otro" puro, porque "lo uno" estaba solamente presente de un modo velado, atrayendo, operando ya, pero sin manifestarse. Cuando en Grecia aparecen las divinidades olímpicas este tiempo ha sido ya vencido, pues ellas son las primeras apariciones tranquilizadoras en medio de sus vaivenes; los rostros por los que el hombre se siente mirado y a los que el hombre puede mirar. La envidia, primera forma de parentesco, aparece cuando ya hay rostros, seres en formación, unidad en tránsito; cuando "lo uno" comienza a hacerse ostensible. Pues la unidad es la que produce la envidia en quien todavía no la vislumbra en su confusa dispersión.

Antes que los dioses se presentaran ante los hombres, la realidad estaba conformada de alguna otra manera, es decir, no lo estaba todavía y ante su inmensidad, el hombre, extraño y confundido, se dirigía verificando algunas acciones específicas, acciones sagradas, "trato con lo otro", en que aparece esto que llamamos piedad.

La forma primera de la piedad

Toda verdadera religión conserva como centro un misterio en que subsiste el misterio primero, y un actuar humano adecuado que reproduce estas acciones sagradas.

El carácter de la religión primitiva de Grecia no difiere de las demás conocidas. La originalidad de la religión griega se marca precisamente en la configuración poética de los dioses olímpicos. Es la poesía conformando a los dioses y explicando el mundo lo que hace diferir a Grecia, ya antes de que hubiese filosofía, de las demás culturas antiguas. Y el carácter de pacto que tales dioses tienen se ve claramente si reconocemos esta analogía profunda de la religión primitiva griega con las más antiguas del mundo. Y la analogía estriba en que son antes que nada formas de culto. Un culto mucho más que una revelación. Diríase que a la revelación (usamos aquí revelación en sentido genérico) ha precedido un periodo largo en que el hombre se ha dirigido a esa realidad misteriosa en la forma sagrada por excelencia: el sacrificio. Allí donde hay dioses seguirá existiendo el sacrificio y las religiones modernas que han diluido a Dios en "lo divino" no han hecho sino dejar el sacrificio ilimitado, disolverlo en la angustia indefinible. Pues la angustia es un mal sagrado, como la envidia, pero todavía anterior.

Al sacrificio precede la angustia. El hombre guarda —por eso tiene historia— los estados de su ánimo, y la posibilidad de recaer en los periodos primitivos siempre está presente. La conciencia y el pensamiento al crecer no han podido borrar la huella de la situación primera del hombre en la realidad inmensa e innominada, es decir, no han podido transformar al ser humano de criatura metafísica en criatura simplemente natural o racional. Y la angustia primitiva revive siempre que la conciencia declina o pretende demasiado.

Ante esa realidad primera indescifrada, que no se ha dado a sí misma sino como inmensidad y enigma, el hombre clama ofreciendo sus primicias; ofrece lo mejor. Su vida, antes que a él, pertenecerá a la desconocida deidad que, como nada pide, con nada se conforma. No se ha escuchado la primera palabra todavía. El mundo sagrado es la realidad desnuda, hermética, sin revelar. En la inmensidad, el hombre quiere orientarse con estas acciones sagradas. Lo primero que se le ocurre no es pensar, sino hacer. En el hacer hay algo más pasivo que en el pensar; la acción sagrada es una acción pasiva, como se muestra en toda la ambigüedad del sacrificio, suprema acción que un hombre o una estirpe solamente tiene derecho a realizar y que siendo ofrecimiento es respuesta a esa presión que la realidad sin límites ejerce.

Porque el sacrificio es un pacto, como todo rito. Pacto en que se ofrece algo a cambio de lo demás. Sin duda que el que se acerca a ofrecer un don para que sea consumido es porque ha sentido una terrible violencia; porque ha sentido en su angustia la llamada, porque se ha sentido a punto de ser consumido totalmente. Cree que la ofrenda va a aplacar esa furia que le amenaza. Y él mismo busca a su vez alimentarse. La primera relación que vemos así entre el hombre y la realidad es la de alimentarse y servir de alimento. Ofrecerse para rescatarse. Aplacar por la ofrenda el peligro de ser devorado, para obtener su primera porción de ser.

Si recordamos las fiestas que se conocen de la religión primitiva griega podemos ver tres clases de cultos: los dirigidos a las divinidades, los dirigidos a los muertos y aquellos en que se hace sentir el ciclo de lo que después será el orden de la naturaleza: nacimiento y muerte de la primavera y de las cosechas.

Todos ofrecen un carácter de regular algo, de someter a límite y regla una relación en principio ilimitada. Sacrificio ante los dioses, comunidad transitoria con los muertos y revelación del ciclo de la naturaleza visible más que en nada en el cereal. De los tres debía de desprenderse una liberación y una fuerte confianza. Liberación, confianza en el orden de las fuerzas que hacen nacer y renacer los frutos de la tierra, y esperanza. Esperanza no revelada, en lucha aún con la angustia y asomando tímidamente sobre ella, sobrenadando como un presentimiento, como algo que no tiene base firme en qué apoyarse.

El saber y la piedad

El saber que corresponde con la realidad, significado en el sacrificio, es sin duda la inspiración. Saber recibido, mas sin la nitidez del saber revelado. En la inspiración hay también trueque como en el sacrificio, intercambio en que el hombre recibe algo superior, que quizá no le pertenece, un don; don que acrecienta el misterio de donde viene porque es como una muestra nada más de todo un territorio que debe existir y del que aparece aisladamente. El saber tiene el carácter de regalo, de cargo a veces para el elegido, es casi un estigma, una señal. Saber desmedido para el ser humano que él tendrá que manejar con infinito cuidado. Pues la inspiración —cosa olvidada ya en los tiempos modernos— ha de arrebatar en el instante en que es recibida, pero exige después una delicada medida, un saber tratar con ella, como sucede con todo aquello que estando en nosotros no nos pertenece. Y, así, el saber por inspiración pertenece por entero al mundo de la piedad, es recibido de algo otro y él en sí mismo es sentido como distinto de quien lo tiene; es un huésped a quien hay que saber recibir y tratar para que no desaparezca dejando algo peor aún que su vacío. Porque toda inspiración luminosa tiene su peligro en una inspiración contraria.

Y así la poesía es el saber primero que nace de este piadoso saber inspirado. Conservará siempre la huella de su origen inspirado, de algo que llega desde otro lugar, que llega y huye, claridad que cuando se presenta recuerda lo que no sabía, inesperada memoria repentina que por un instante libra al hombre de ese sentir que no se acuerda de algo que es lo que más le importa.

Poesía es creación, la creación primera humana, y es palabra inspirada, recibida, pasiva todavía. De ahí el carácter sagrado del poeta, carácter imborrable en todas sus efigies de cualquier tiempo. El poeta no acaba de saber lo que dice, ni menos aún cuándo lo dirá; habitado por un saber de inspiración, nada extraño es que se sienta y sea sentido primeramente como habitado por un dios que en él se manifiesta. El poeta original es un oráculo.

Mas el oráculo no habla siempre que se le necesita, ni es tampoco entendido en lo que dice. Y además ¿quién está en el oráculo? ¿Quién es el que habla? La inspiración es un saber que pone de relieve la angustia de este mundo *de lo otro:* angustia de la discontinuidad, angustia de los múltiples instantes separados entre sí por abismos, de vacío y de silencio. El hombre aún no ha podido sentir el tiempo, su tiempo propio, el ritmo de su vida. No es extraño que los filósofos llamados pitagóricos, que parecen ser los intermediarios entre la inspiración y el saber filosófico, hayan descubierto el ritmo, el número y la música. Porque ritmo, número y música son el tránsito de ese mundo de "lo otro" al tiempo en que el hombre va a comenzar a vivir en una cierta continuidad.

Discontinuidad en el saber de la inspiración. Discontinuidad en las apariciones de las fuerzas divinas. Los dioses, cuando acceden a mostrarse, a presentar un rostro, una figura con unas ciertas cualidades, cuando acceden a ser nombrados, establecen ya una cierta continuidad, continuidad que permite la invocación, la llamada que hace descender la inspiración y la fuerza. Es ya un anuncio del ser. Una etapa de la unidad. Es la conciencia poética la que primeramente va revelando este mundo hermético sagrado, la que va marcando las formas del pacto. Pacto irregular, porque no procede como en el pueblo de Israel de una revelación. Las cosmogonías se atreverán a levantar el velo, a vislumbrar los secretos del hacerse de las cosas, del engendrarse de la realidad, de este mundo enigmático tal como el hombre lo ve y lo padece. Al atreverse a mirar en su génesis, ofrece al hombre la razón de su angustia y de su padecer. Es el primer saber, aprovechando la relativa calma producida por los sacrificios aplacadores. Porque las cosmogonías son poesía humana, que el hombre hace para representarse en unidad no sólo lo que ve, sino su misteriosa génesis, su historia. Y en ella el instante de la irrupción del hombre, siempre como criatura hija de una escisión. Ante la piedad primera, la poesía hace el oficio que la filosofía hará más tarde; es una revelación. Confusa, intrincada, conservando el misterio y por eso lejos de contender, aliada con la piedad.

La continuidad irrumpe y la poesía irrumpe también, tiene una irrupción como la tendrá más tarde la filosofía. Es Homero quien presenta los dioses, con su nombre, con su historia. Es la luz de Apolo que promete que todo será revelado, promete saber sin apenas sacrificio. La piedad divina, la respuesta de la realidad inmarcesible, fue dada en Grecia por la luz de Apolo. Será un signo. La piedad suprema llegará a ser para los griegos la inteligencia. Y he aquí por qué los viejos, los reacios a la esperanza se asustan y temen la venganza del mundo innominado ante el hombre que se lanza a saber. No han percibido que se trata de una nueva forma de piedad, la que va a tener lugar por el pensamiento. No perciben que Sócrates, como Anaxágoras, sirve a un dios. Que el viejo hechicero no mentía cuando hablaba del *daimon* encerrado en su interior, con lo cual decía claramente que su inteligencia respondía a una inspiración.

Pero quizá era esa honda verdad la que desataba el miedo, pues nada atemoriza tanto a la vieja piedad como la piedad nueva. Y parece inevitable que quien es su portador no perezca a manos de los seguidores de la piedad antigua. La piedad da muerte a la piedad que le sigue. Y en este crimen realizado en el dominio de lo sagrado se asienta —por el sacrificio— el nacimiento de la piedad nueva.

Mas ¿será posible la piedad desde el ser? En la unidad se

absorbe por una parte cuanto de ser hay y, por otra, se condena a la sombra a lo que no puede llegar al ser, pero que de algún modo tiene realidad. Dioses, divinidades contrarias a Apolo han de someterse a él, han de ser disueltas en su luz. ¿Cómo, descubierto lo uno, el ser, va a ser posible seguir tratando con lo que no puede ser uno, con lo otro persistente? El problema penetrará en la misma filosofía y hasta la escindirá. ¿Habrá una respuesta implacable y dogmática en el Platón que escribe la *República,* una conciencia agudísima del problema en el filósofo que piensa el ser y la unidad en el *Parménides* y esa nueva piedad que quiere absorber a las historias de la vieja piedad en el Platón que recoge los mitos y hasta las palabras de la sacerdotisa Diótima en el *Banquete*?

En Aristóteles, la piedad se retira cuanto es posible. Es el pensamiento del ser, es decir, la revelación del mundo hermético de la *fysis,* que se realiza sin pacto alguno y sin temor. El "Motor inmóvil" absorberá —íbamos a decir hegelianamente— a los dioses, iba a revelar la *fysis* y a pensar la actualidad pura donde el tiempo de la muerte no existe. Por él todo trato se ha convertido en ser. El ser lo es todo.

La nueva piedad de Sócrates encontrará su camino y en él la solución del conflicto entre la piedad antigua y la filosofía del ser en una escuela filosófica que nace simultáneamente con otras, como si todas significaran el intento de lograr la solución de este doble conflicto. Se trata del estoicismo, nacido entre el epicureísmo y el cinismo. Pero es él quien descubre el camino recto. El cinismo desesperado oscila ante la piedad, se deja devorar por ella. Epicuro responde con el cálculo excesivo y temeroso. Sólo el estoicismo producirá esa calma profunda unida al entusiasmo propia de las soluciones verdaderas de los grandes conflictos. Su duración, su capacidad, hasta ahora indefinida, de renacimiento, lo dice también. Y aun hay otra prueba: su capacidad de anonimato, de infundirse por vías infrahistóricas y persistir sin nombre y sin apenas tradición escrita, porque nos referimos a las venerables culturas analfabetas, límite extremo de la piedad de la inteligencia que logra descender a quienes no pueden fatigarse en perseguirla, como una forma de la poesía y de la gracia.

El estoicismo será así la solución clásica y duradera de la piedad desde el ser, y por tanto de algo que parecía imposible: la persistencia del mundo sagrado en el mundo del ser y del pensamiento. Conservará el inevitable "sacrificio" en una forma sutil, casi insensible. La razón será dócil a la "inspiración" e irá acompañada del número y de la armonía. Su manera de dominio será la persuasión y de ella nacerán saberes y artes, formas de pacto con "lo otro" que harán a la inteligencia ser edificadora, conservadora. Nacerá la diplomacia romana, la estrategia intelectual y hasta la cortesía y el protocolo, formas sutiles de tratar con "lo otro" dentro de lo humano sin más.

La solución del conflicto sería total y única si se hubiera verificado desde la filosofía, doctrina de la *unidad* pura. Mas el estoicismo es doctrina de la unidad-armonía de Heráclito, la que Plotino rechaza en su defensa de la inmortalidad del alma. Solución duradera, clásica, el estoicismo muestra la única filosofía que lleva consigo la piedad ya humanizada hasta esa última forma que es la tolerancia. Y es curioso que el estoicismo tuviera una contextura musical más que arquitectónica. Y que, más que el estoicismo, fuera el pitagorismo persistente en él, el que encontrara la solución del trágico conflicto entre el conocimiento de lo uno y la idea del ser y la multiplicidad de lo que será siempre otro.

LA TRAGEDIA, OFICIO
DE LA PIEDAD

La piedad es actuante, busca siempre ser eficaz. Es conocimiento que lleva a la acción, que arrastra a la acción, si es que la acción no la precede.

Para el hombre educado en una cultura racionalista es difícil de comprender que un modo de acción preceda al modo correspondiente de conocimiento. El actuar se sigue del conocer. Mas, de hecho, cuando el conocer es radical, cuando brota de una situación radical de la condición humana, procede de un sentir, conduce a la acción. Y, así, el primer modo de conocimiento puede ser una acción, un modo de conducta.

La piedad es acción porque es sentir, sentir "lo otro" como tal, sin esquematizarlo en una abstracción; la forma pura en que se presentan los diversos planos de la realidad, las diversas especies de realidades con las cuales el hombre tiene que habérselas. Y este habérselas es por lo pronto un trato; un trato según orden, según norma.

Pues el hombre no ha iniciado su historia —si de inicio podemos hablar— expresando su sentir, cosa que sólo sucederá mucho más tarde, cuando pueda contraponer la expresión a "las cosas como son" o a las ideas, al orden establecido. La actividad primera por urgente, por ineludible, y necesaria entre todas y por tanto espontánea, es la que tiende justamente a establecer un orden; la acción que tiende a establecer un orden, sin conciencia de establecerlo sino creyendo con toda ingenuidad captarlo, aprehenderlo. Ingenuidad por falta de experiencia y, más todavía, porque la fuente originaria es un sentir.

La descalificación racionalista del sentir lo confinó a la mera subjetividad descalificándolo como proceso creador o captador de objetividad. La "estética trascendental" de Kant es una restauración que descubre que el sentir del espacio y del tiempo son formas. En ellas el sujeto es mínimamente activo y, sin embargo, son actos.

En Hegel el sentir aparece de nuevo en toda su desvalida condición, contenido de la subjetividad que la objetividad debe quemar; sacrificio y alimento ofrecido a su "encarnación" terrestre. El sentir quedaba descalificado en sentimiento o pasión, materia al fin, alimento del espíritu.

No es extraño que a raíz del pensamiento de Hegel —aunque no hayamos de ver en él la causa directa— apareciera ese vacío dejado por la piedad. Todo sentir quedaba desvirtuado en sentimiento, afección del sujeto confinado en sí mismo, mareas de un mar interior que sólo a su agitación corresponden.

La piedad se manifiesta en lenguaje sagrado, que es acción. Acción que establece —revela— un orden sin pretensión de crearlo, con sabiduría inocente. Inocente porque no se sabe a sí misma, absorta en su quehacer. Sus formas de actuar, sus acciones están contenidas en una forma un tanto rígida: rito, oficio.

El lenguaje de la piedad vive apegado aún al lenguaje en su forma originaria. Y ella podría servir de hilo conductor para llevarnos a rememorar y comprender lo que debió de ser el lenguaje, la función del lenguaje, originalmente.

El lenguaje debe tener un origen objetivo. Mas, entendiendo como objetividad no la típicamente intelectual que nos es tan familiar a los hombres de Occidente —objetividad erigida, construida según la razón; orden racional, en suma, obtenido por la transformación de la realidad en su idea. El lenguaje usual a medida que la objetividad avanzaba se iba haciendo comunicativo, enunciativo en forma directa y personal. Cuando Fichte dice "el yo pienso acompaña a cada una de mis representaciones" no hace sino afirmar la situación del hombre racionalista.

Pero aun en el lenguaje actual persisten modos de decir, especialmente en las capas más entrañables de la sociedad, en la infancia y en la poesía. Y siempre que se juega espontáneamente. Son estribillos, palabras que se repiten en el mismo orden y en el mismo tono, pues de la tonalidad e inflexión de la voz depende en gran parte su sentido. Tonalidad y palabra han sido captadas juntas, han nacido juntas; debió de transcurrir mucho tiempo antes de que el lenguaje adquiriese la tonalidad nuestra uniforme, interrumpida tan sólo por las exclamaciones o las expresiones nacidas de una emoción personal; la emoción estaba en un principio contenida en la frase con su tonalidad e inflexión correspondiente. Era la ocasión la que hacía nacer la frase con su cadencia siempre repetida. El hombre todavía no racionalista o racionalizado debió de ser —como sigue siendo en ciertos lugares no penetrados de nuestra civilización— extremadamente taciturno. La necesidad de hablar continuamente es uno de los lujos —de los dispendios— de los civilizados. Es la vida de la ciudad la que desata este hablar continuo; es el ciudadano, no el hombre de tribu, fratría o comunidad, quien siente el gusto y la obligación de hablar sin tregua sobre *omnia res*.

Pues no se trata en principio de expresar opiniones, ni emociones personales, sino de ejecutar una acción eficaz: conjuro, invocación, oficio; modos de provocar la aparición de un *algo*, suceso, situación, desencadenamiento de un conflicto.

En cuanto captación de este algo, el lenguaje tiene función de encanto mágico; lo fija y lo hace desvanecerse, lo disuelve o lo hace perdurar, lo hace existir o trata de devolverlo al fondo oscuro de donde saliera. Pues aún el horizonte no se ha manifestado y los seres y los sucesos, las "apariciones" —aun de criaturas reales— deben de presentarse viniendo de un fondo oscuro, de un *apeiron* sin nombrar aún. La situación debía ser muy pareja a la vida en los lugares donde las noches son largas y apenas el día permite la visibilidad y la alegría que le acompaña. La luz estaba allí, sin duda, mas el hombre no podía enseñorearse de ella, moverse en ella, pues no la había en su alma, como sucede en las neurosis o en los estados de angustia persistente o bajo el terror.

No hay encanto sin ritmo, pues que el ritmo es la más universal de las leyes, verdadero *a priori* que sostiene el orden y aun la existencia misma de cada cosa. Entrar en un ritmo común es la forma primera de comunicación, cosa que los que quieren conducir hombres no olvidan, por cierto. ¡Cuántos discursos que han arrastrado a las masas se hubieran deslizado sin causar el menor efecto de no haber sido pronunciados con un ritmo elemental, invocador del oscuro fondo adormido! Los tambores mágicos que evocan a los muertos y a los "dioses" en ciertas religiones primitivas lo hacen con un cierto ritmo distinto, según el personaje invocado. El ritmo es rito.

Sólo en épocas racionalistas o racionalizadas el decir queda a la iniciativa del individuo; la libre expresión ha sido lentamente conquistada. Esa libertad de expresión que todavía hoy el hombre de Occidente lucha por conservar, ha significado una conquista mayor aún como simple hecho que como derecho, logro de hablar fuera de las fórmulas, creando la propia expresión.

Al hablar en libre expresión, el individuo se descubre y se enfrenta con los otros: habla desde su soledad o desde su aislamiento, por cuenta propia y haciéndose él solo responsable. Es la condición fundamental de un orden "profano" o meramente humano. Orden que no se da nunca por entero, pues a medida que el orden sagrado se ha ido retirando, la sociedad se ha instalado en su vacío. Y de la sociedad nos vienen no sólo las fórmulas de cortesía, sino los tópicos, que hay que repetir en forma ritual si no se quiere quedar al margen. Lugares comunes, "ideas" al uso y hasta los problemas tal como nos los dan ya planteados... Para ser miembro de una sociedad sin sufrir demasiadas inquietudes, hay que seguir sus tópicos y sus ritos; también su ritmo.

Mas el peso de la sociedad en un mundo donde ya se ha conquistado la "libre expresión" no es sentido lo mismo —por el individuo— que las restricciones impuestas por el orden sagrado en una sociedad todavía no racionalista. Pues este orden que llamamos "sagrado" no puede ser sentido como impuesto, porque no ha nacido todavía la "libre expresión". La poesía —épica y trágica— es el tránsito a la expresión individual que se alcanza dentro de la poesía misma, con la lírica que sigue siendo rito y oficio, mas del sentir de alguien que tiene conciencia de su soledad.

La raíz de la poesía trágica, su núcleo —la célula primaria, si así puede decirse— supervive en ciertos juegos infantiles, que tanto tienen de "encantamiento", en los estribillos y frases hechas con que las gentes del pueblo expresan su sentir, respuesta ante un acontecimiento y aun forma de comunicarlo a otros. No son opiniones, sino sentires, que captan una situación al mismo tiempo; sentires que se objetivan y esto sólo sucede según número y ritmo.

Si quienes consideran que el sentir se expresa de modo irracional, porque todo sentir lo es, tomaran en cuenta estas humildes expresiones y decires advertirían bien pronto que "la irracionalidad" tiende espontáneamente a tomar un orden. El niño manifiesta su alegría y su sorpresa con un estribillo cantado y bailado, su expectación mediante un acertijo. Y aun el más necesitado de expresión de los sentimientos, el amor, sólo alcanza "libre expresión" en personas de individualidad muy marcada. La criada semianalfabeta que va en busca del escribano que le escriba una carta de amor o cuando la copia de un prontuario no lo hace solamente porque le sea difícil formar las letras, sino porque encuentra en las expresiones hechas, rituales, la expresión adecuada de lo que siente, mucho más que en lo que ella pudiera decir: es más auténtica la expresión de su amor cuando repite las fórmulas que cuando se lanza a inventarlas.

Las "razones del corazón que la razón no conoce" se dicen ritualmente en gestos, acciones y palabras, según número y anónimamente, pues cuando se logran acaban por serlo. Por eso, la "razón" las desdeña y en parte no las conoce. La expresión más pura y feliz, más libre por tanto de los sentires, se alcanza en la música que es matemática.

La tragedia griega es la madurez de este modo de expresión: conjuro, invocación, decires, que se repiten de tiempo inmemorial, lenguaje de la piedad; género clásico del mundo arcaico. Oficio de la piedad, del sentir que es hacer y conocer; expresión y fijación de un orden que da sentido a los sucesos indecibles; una forma de liturgia.

La representación de la tragedia no podía tener un carácter "estético". Era un oficio religioso de una religión difícil de reconocer para nosotros los occidentales que hemos conocido la tragedia griega como un texto "literario"; porque es extraño que un oficio religioso alcance valor independiente, como poesía válida para todos los tiempos. Y por el divorcio de lo que hubiera sido la teología de esa religión: la filosofía griega, especialmente de Platón. En la cultura griega no llegó a darse la unidad indisoluble entre teología y misterio —oficio— que se ha dado en el cristianismo. Y también es difícil de asimilar sin más la tragedia a los ritos de la religión primitiva de Grecia —a los que seguían practicándose bajo la sombra protectora de la polis—; era un rito sui géneris quizá nunca más logrado en tal pureza y esplendor.

La diferencia entre la tragedia y los ritos sacrificiales es, por lo pronto, que las ocasiones y el argumento del sacrificio estaban fijados, codificados ya: llegada de la primavera y del invierno; días consagrados a los muertos; nacimiento y muerte; conmemoración de hechos gloriosos. Mientras que la tragedia tenía como motivo las situaciones más extremas de la vida humana cuya codificación no es posible.

¿Significaba la situación trágica algo propio tan sólo de criaturas excepcionales, verdaderos "elegidos"? En principio, sí; el protagonista era una entidad más que un individuo; una estirpe. Y por fuerza había de ser así, pues que en este estadio religioso el mal es impureza casi física que se hereda y se contamina; no falta individual, cosa de la conciencia que la conciencia misma disuelve, sino mancha y maleficio que es necesario purificar y conjurar.

Mas, al conjuro, la mancha y la acción producto del maleficio se revelaban también como falta. El rito tiene función de conocimiento. Conocimiento nacido de la piedad que es saber tratar con "lo otro", y entre "lo otro" está lo que paraliza a los hombres en el espanto. Lo primero es fijarlo y conjurarlo, en seguida reducirlo. Y esta reducción es ya conocimiento.

Y el conocimiento que la tragedia traía era simplemente el conocimiento del hombre. La reabsorción de cualquier destino, de cualquier falta también, por monstruosa que sea, en la condición humana. Y así la conclusión será siempre la misma, como si dijera: "con todo eso que ha ocurrido, por monstruoso que haya sido su crimen, es un hombre". Exorcismo piadoso que reintegra el culpable a la humana condición; que hace entrar "lo otro" en lo uno, que muestra también la extensión de lo uno —el género humano—, sus entrañas.

De ahí, a fin de cuentas, que nadie tenga más culpa que otro. Creonte no resulta más pecador que Antígona que era la pureza misma sacrificada. Pues todos pagan y en todos ha habido error. Como sucede en ciertos juegos infantiles en que todos al fin han de pagar una prenda, porque ninguno atiende perfectamente a su juego, de una parte; mas de otra, nadie ha dejado de atenderlo.

El momento decisivo de la tragedia —el reconocimiento o identificación del personaje con el hombre que ha cometido la falta— desata idéntico proceso en el espectador; se ve y se siente a sí mismo en su verdad; cae de la mentira en que se representa a sí mismo y entra así en el orden de la piedad que, sin destruir las diferencias, crea el equilibrio. Se diría que la acción de la piedad es a la manera del agua: disuelve, comunica, arrastra.

Tal orden no podía establecerse por la razón, ni tan siquiera por la conciencia descubierta por la filosofía. Pues es un orden hecho de razones secretas, sutiles, paradójicas; de razones del corazón que sólo el delirio da a conocer.

La tragedia crea orden y equilibrio porque conjura al mismo tiempo que revela los múltiples *daimones* que asaltan el corazón humano. El *daimon* no es sino la cifra de la situación en que se encuentra espontáneamente toda vida humana, todo hombre: estar fuera de sí, andar enajenado. Y el enajenado delira; delira también el ensimismado, porque el delirio es la fuente primera de donde mana la expresión; el delirio de quien anda asaltado de monstruos y no puede rechazarlos sin dejarlos a ellos también delirar; delirio del que sumido en soledad duda de ser un monstruo. En el delirio el sujeto no es idéntico, ni tampoco *él mismo,* porque en la pasión originaria que es la vida humana, el yo, el tú y el él —hay también "ello"— no se han diferenciado, porque el hombre, el protagonista anda enajenado, no se ha "reconocido" todavía. La tragedia clásica es el género en que encuentra su madurez y su claridad última un largo delirio de siglos; por eso, el protagonista antes que ser un hombre es una estirpe; un delirio inmemorial, primera forma de memoria íntima, autobiográfica. El oficio de la pasión del hombre que entre conjuros, invocación y llanto ayuda al hombre a nacer, a ganar su soledad peculiar; esa soledad en que se es visto y juzgado, en que se es al mismo tiempo que el otro, que los otros, y en relación a ellos. Porque sólo atiende a su juego el que atiende al juego de los demás, al juego total. El arcaico juego infantil encierra un enigma: "cada cual atienda a su juego y el que no atienda pagará una prenda"... y todos han de pagarla al fin, porque no entienden que en el juego de cada uno entra en juego todo; los otros y uno: el universo.

Es lo que la tragedia, rito de la vida griega, hacía sentir al mismo tiempo, en un instante, a los mil espectadores reunidos; oficio de la piedad en su arte de tratar con "lo otro", con uno mismo, cuando nos hacemos otros o cuando todavía no hemos dejado de serlo.

Y el pagar la prenda es la condición de que en el juego de cada uno entre en juego el universo, el juego de todos. Y aun al jugar así, y al hacerlo bien, hay que pagar la prenda. Porque la prenda pagada es el inevitable sacrificio que libra de la carga heredada y de la genérica. Se paga por ser hijo y por ser simplemente hombre y sólo entonces se abre el camino de la vida individual; sólo a partir de entonces se puede pretender ser uno mismo. Al atender al juego total, como Antígona, se cierra el proceso trágico. El justo que paga abre el camino de la libertad.

La piedad ha cumplido su oficio, por el momento. Se ha apurado el conflicto trágico; ha nacido la conciencia y con ella una inédita soledad. Entonces comienza la verdadera historia de la libertad y el pensamiento.

III

LOS PROCESOS DE LO DIVINO

DE LA PAGANIZACIÓN

La muerte en historia sucede de varias maneras, como en la vida personal, pero le lleva la ventaja de ser visible, mientras que en la muerte de la persona lo que más nos interesa queda sustraído a nuestros ojos. Aunque existe una historia no contada de la muerte de alguien y es el curso que se produce en las vidas de los que le eran allegados: la memoria del que ha muerto no pasa por ese proceso simple que va desde el vivo, insoportable dolor al olvido. Toda muerte deja una herencia, lo que en vida fue del que se ha ido y que aparecía ante los ojos de los que le amaban en diversa forma como algo cierto —casi "una cosa"—, al desaparecer el soporte personal, se traspasa a las vidas de quienes lo lloran. Y le sigue la aparición de algo del que murió en los consanguíneos, que toca lo más íntimo y sustancial de la vida, algo que nos lleva a sentir en la persona viviente, algo así como una sustancia. Y las cualidades morales o intelectuales y el "estilo" que aparecen en quienes lo amaron; incorporadas, transformadas, a veces.

Toda muerte va seguida de una lenta resurrección, que comienza tras del vacío irremediable que la muerte deja. Resurrección, si se mira desde la persona viviente desaparecida, como una parcial y hasta grotesca supervivencia mezclada con la destrucción. Fascinadora historia no perseguida por ningún novelista, como si solamente la memoria superficial de los hechos del que se ha ido fuera su herencia.

En la historia, la muerte se ha llamado "decadencia" y su proceso ha sido seguido sólo desde el punto de vista de la desintegración, de la caída del protagonista, en un sentido lineal de una sola dimensión, como si fuese un simple debilitamiento, una pérdida de poder y nada más.

La fascinación ejercida por el Imperio romano ha creado, sin duda, esta imagen simplificada de la "decadencia". Pues lo visible y lo increíble resulta ante sus asombrados hijos el hecho de su caída, de la venida a tierra de su triunfador poder. Y, como siempre que una unidad se alza ante los humanos, es tomada como algo tan "natural" que su desintegración produce una extrañeza sin término que demanda explicaciones, igualmente sin término.

Mas, en realidad, el proceso de la muerte del Imperio romano se funde con la vida, no sólo de los países reconocidos como sus hijos directos, sino con lo que hoy llamamos "cultura occidental". Un abismo se abrió un día, más hondo aún que el de la extinción del poderío imperial. Fue cuando los dioses quedaron bajo la luz del nuevo Dios, único, y comenzaron a entrar en una lenta agonía. Y bajo la agonía de los dioses, un proceso humano tenía lugar, una escisión irreconciliable en dos grupos: de un lado, los que adheridos a la nueva religión miraban hacia el futuro, vivían en función de él; de otro, los apegados al pasado, los fieles a la memoria de los antiguos dioses, los que vivían en y desde su muerte. Pues entre tantos aspectos como puede tomar la vida humana está la de vivir una muerte: vivir un morir.

El momento de una muerte histórica queda fijado cuando aparece de modo inequívoco esta escisión en torno a lo más importante de su cultura y de su vida, a lo que le daba aliento, el núcleo de sus creencias iniciales de las que han nacido las creaciones de su mente o en torno a las cuales se han organizado, y se convierten en *pasado* para algunos. Los dioses convertidos en pasado. Antes había habido siempre

—y en cualquier cultura— gentes de frígida piedad, cuya alma no se ocupaba mucho de los dioses, mas nunca los miraban como "el pasado". Es lo que señala irrebatiblemente la muerte de algo o de alguien: cuando de pronto un día se nos ha convertido en ayer, y la única manera de convivir con ello es recordarlo.

Y hay quienes se apegan a este ayer de dos maneras: la propia tan sólo de una reducida *élite,* de modo consciente y despectivo para "lo que llega", y la propia de los más, de aquellos no tocados por la historia, para quienes los dioses y todo lo que a la vida histórica a punto de extinguirse se refiere son cosas tan naturales como la naturaleza; las gentes que viven de usos. Para ellos, que nunca sintieron el futuro, el pasado sigue siendo presente. La muerte es la que hace aparecer el pasado; siempre que sentimos algo, aunque sea un simple instante, como algo pasado, es porque la muerte sutilmente se ha interpuesto, ha creado el abismo de la discontinuidad. Pues en el tiempo la aparición de la discontinuidad es la actualización constante de la muerte; del continuo morir de todo.

El vivir hacia el futuro, en expectativa, intensifica aún más la aparición del pasado, ya que lo mata violentamente; la visión del futuro precipita la muerte. Y el pensamiento que define lo que va a ser, decreta, al mismo tiempo, la muerte de lo sido; sentencia inapelable que los hombres de acción y algunas formas de filosofía han realizado en su máxima violencia.

Lo que llamamos pueblo es el receptáculo del pasado en un perpetuo presente; el depositario de la continuidad. Algo así como el espacio, como el lugar y la materia donde el tiempo muerde apenas; el lugar donde viene a recaer lo que ha sido un día el más avanzado producto, la creación o la creencia de una audaz minoría.

Mas, por pasivo que sea el pueblo, por exacta que sea la metáfora del espacio-materia, su participación en la historia no es simplemente inerte. Pues la misma materia puede ser inflamada, puede pasar y pasa por diferentes estados en los cuales su pasividad queda modificada y hasta llega al punto de ser redimida. Y, así, el pueblo desde su "eterno presente" participa en los momentos de creación y es como tomado por el entusiasmo. No pierde por ello su condición espacial, pues viene a ser como ese ancho espacio imprescindible para la manifestación de la gloria; ese eco, ese movimiento tan parecido a las ondas marinas; esa respuesta que parece provenir de algo tan cercano a la misma naturaleza... o a Dios.

Mientras dura esa participación entre el pueblo y la minoría creadora o directora, se vive desde el presente hacia el futuro. Cuando irrumpe el abismo, ese instante en que las creencias fundamentales se hacen pasado, se rompe también la participación entre el pueblo y la minoría. Entonces, replegado en su presente, el pueblo es el receptáculo del pasado.

La unidad de una sociedad se marca en la unidad del tiempo; la plenitud en una vida personal o en la vida histórica lleva consigo la absorción del pasado que aparece como líquido, sin peso. El pasado no pesa entonces, mientras que el futuro se abre en una perspectiva ilimitada e indeterminada, como si el tiempo sólo tuviera que correr, seguir hacia adelante. Más que futuro, es porvenir porque todo parece asegurado y, sin embargo, fluye.[1] Las tres dimensiones del tiempo: pasado, presente, porvenir, aparecen fundidas y ninguna de ellas sobrepasa a la otra. No se vive sólo del por-

---

[1] El verdadero sentimiento de seguridad vital no se refiere a nada estático. La imagen que le es más adecuada es la de andar sobre las aguas en movimiento.

venir, ni del pasado; tampoco extasiados en el presente sino en una fluencia donde insensiblemente todo pasa y va quedando. Y así, la ruptura de este fluir del tiempo es la que avisa, antes que nada, que la "decadencia" o la muerte se insinúa. Y la sociedad al desintegrarse queda escindida en grupos que viven del futuro, previendo tiempos cargados de acontecimientos decisivos, en espera… y en grupos que nada quieren saber y se limitan al diario acontecimiento —que es propio de las *élites* que todavía siguen alentando— y los que insensiblemente van quedando unidos a un pasado.

Mas antes de recaer en el "pasado" hay un instante de tránsito que es el *todavía*… la duración, resonancia de este tiempo fluido que parece remansarse antes de estancarse. Porque es el tiempo, las diferentes maneras como el tiempo es sentido y vivido, lo que marca las diferentes situaciones de la vida humana y de la vida histórica hasta llegar a esa situación límite: la muerte, en la cual todo de golpe se hace pasado.

Y volviendo al Imperio romano y a su "decadencia" diríamos que ésta estalló en el instante en que lo divino, con respecto a lo cual la vida del hombre ha medido hasta ahora, se escindió en dos dimensiones del tiempo: el tiempo que corresponde al Dios que creaba el futuro imprevisible, y el pasado de los dioses.

Etapas de la paganización

Todo lo que en la vida se hunde, se hunde en el tiempo, en un abismo temporal. Y antes de que una vida se convierta en pasado hay un revivir, un último esplendor; un despertar, un volver. En la paganización este momento está dado con absoluta nitidez; su protagonista es el emperador Juliano, llamado el Apóstata, porque se volvió hacia el pasado. Tras de él, y solamente tras de ese momento, es cuando puede verdaderamente decirse: los dioses han muerto.

Pero ¿cómo pueden morir los dioses? ¿Mueren alguna vez definitivamente?

Los dioses que han cesado de presidir la vida de una cultura, los dioses destituidos, al persistir en las creencias populares, no pueden ser ya los mismos; algo de su presencia y condición se ha volatilizado, de ellos debe de quedar algo así como un residuo. Y, en el caso de un politeísmo como el pagano, no todos los dioses han debido pervivir en igual medida. ¿Fueron los dioses de la ciudad, los que presidían desde su mansión celeste la vida ciudadana, los que persistieron? o por el contrario ¿fueron aquellos otros nacidos de la vegetación, de la vida más simple; los del vino, el trigo, que también presiden y guían el sufrimiento, las pasiones, la pasión? ¿Cuál fue el proceso del lento agonizar de los dioses paganos, hasta llegar a ser ese simple mojón-límite de los campos; ese hito, esa piedra que separa y divide lo que a los hombres más separa y divide: la propiedad? ¿Cuál es el precipitado de la caída de los dioses?

Cuando los dioses caen, lo primero que debe de advenir es la pérdida o evaporación de lo más celeste, divino, de su condición. Lo divino ha ido apareciendo lentamente por obra de la poesía y de la filosofía. Sólo por la palabra humana en su más alto esplendor, y por un esfuerzo de abstracción, lo divino se ha ido liberando de sus primeras manifestaciones. Mas, antes de ser divinos, los dioses no eran humanos. Pues lo humano ha emergido paralelamente a lo divino y bajo ello. El hombre se fue manifestando en su condición humana, liberándose al par que lo divino se manifestaba, por obra del pensamiento filosófico, a partir de la poesía, sí, aunque riñera batalla contra ella. Los dioses no podían ser a imagen del hombre sino en una estación muy avanzada de la cultura, cuando ya el hombre se había atrevido a mostrarse, a creer en su propia existencia. Y esto aconteció, que sepamos, con la poesía homérica, testimonio de que el hombre recogía sus propias acciones como no indignas de los dioses y aun en rivalidad con ellos. Este inicial orgullo fue la base primera para que el hombre se manifestara, buscara su definición y se preguntara más tarde ¿qué son las cosas? las cosas naturales, y para que, intentando su explicación, llegara a liberar lo divino que las movía y hacía ser.

Difícil es saber, precisar qué comenzaron siendo los dioses antes de que Homero les diera su forma poética tan leve y transparente. Pero, sin duda alguna, cuando llegó la hora de su retirada, cuando fueron destituidos no recayeron en aquel estadio primario, sino más bien en uno contrario.

¿De qué pueden nacer los dioses? Sería un grave error plantear así el problema. Los dioses no nacen, no se manifiestan un día sino que están ya ahí; han estado siempre; es su forma la que les viene dada por el hombre. Su presencia oscura preexistía a su imagen, que es lo que el hombre griego, tan dotado para la expresión, tan necesitado de forma, logró darles. La estancia de lo sagrado preexiste a cualquier invención, a cualquier manifestación de lo divino. Preexiste y persiste siempre; es una estancia de la realidad de la misma vida. Y la acción que el hombre realiza es buscar un lugar donde alojarla, darle forma, nombre, situarlos en una morada para así él mismo ganar la suya; la propia morada humana, su "espacio vital".

La estancia de lo sagrado, de donde salen las formas llamadas dioses, no se manifiesta un día u otro; es consustancial con la vida humana. El esfuerzo poético griego fue darle definición. Definir los dioses es inventarlos como dioses, mas no es inventar la oscura matriz de la vida de donde estos dioses fueron naciendo a la luz. Sólo en la luz son divinos; antes eran eso que sólo diciendo "sagrado" nos parece dar un poco de claridad. Porque lo sagrado es oscuro, y es ambiguo, ambivalente, apegado a un lugar. Lo sagrado no está enseñoreado del espacio, ni del tiempo; es el fondo oscuro de la vida: secreto, inaccesible. Es el arcano.

Y todo lo que rodea al hombre y él mismo es arcano. El hombre es la criatura para la cual la realidad se le da como inaccesible. Pero siempre ha sentido la necesidad ineludible de despejarlo, de abrir camino, de llegar a ello, de que le sea manifestado. Los dioses son las formas de esa manifestación en que el arcano se revela; todo dios por el mero hecho de aparecer, de tener un rostro y un nombre, de estar de manifiesto, es ya benéfico. El arcano se ha convertido en misterio. Y un misterio es algo ya accesible: es la forma en que un secreto, sin perder su condición, se manifiesta.

Cuando aparecen los dioses, es su forma lo que ha advenido; ella es la novedad. Mas la forma no es sólo belleza, sino capacidad de función. Es la función divina la que queda asegurada y liberada en la forma; la que encuentra en ella su garantía. Al prestarles su forma, el poeta ha colaborado con los dioses mismos, como colabora todo aquel que sirve a una revelación.

Y antes que la función propia de cada uno de los dioses —su referencia a la vida humana— existe una función genérica, propia de todos: función ejemplar, que es su sola presencia. Al manifestarse inducen a los hombres a hacerlo, a salir de ese laberinto que es la vida antes de entrar en la cultura. La presencia de los dioses atrae a los hombres hacia la luz.

Cada dios abre un camino en el arcano inicial, en el "lleno" que es originalmente la realidad que rodea al hombre. No es el vacío el que se puebla de dioses, sino al revés: es el lleno de la plenitud arcana, sagrada, el que se abre, se hace accesible a través de los dioses. Ellos abren camino y la vida humana puede desenvolverse, encontrando un hueco que es al par una guía, camino en el espacio dejado en libertad, por donde puede transitar, ir hacia alguna parte. Transitar es justamente vivir; poder y tener donde ir.

Mas primeramente, cuando todavía no había dioses, no era posible el tránsito. El hombre sin dioses está cercado y perdido a la par en un contorno lleno, hermético, inaccesible; sin camino.

Cuando los dioses reinaban, cuando reinaban en Grecia y más tarde en la plenitud de la República romana, presidían los sucesos del alma y sobre todo del alma de la ciudad, la vida en común. El camino —abierto por ellos— había conducido hasta la ley. La ley (lugar común donde se está con los demás), el lugar de todos, la casa invisible que guarda a la ciudad, donde los diferentes viven. Pues una ciudad no es ya la comunidad de una tribu, de una gente, sino la convivencia de distintas gentes; es una igualdad, una homogeneidad abstracta, a diferencia de la homogeneidad de los que son de una misma sangre. La ley se erige sobre una comunidad que trasciende la sangre.

De los dioses, alguno, el más abstracto, el de más amplia extensión ha hecho posible la magnitud de una ciudad que se atreve a recabar para sí todo el mundo conocido. ¿Cómo podría haber surgido este enseñorearse del espacio si no hubiera habido unos dioses del espacio y de la luz, unos dioses abstractos? Todo engrandecimiento de un Estado —así en Egipto, en Grecia— ha ido acompañado y presidido por un dios luminoso que le ha abierto camino, que le ha permitido ir sobre los pueblos que no tenían esta libertad, que permanecían aún en ese estado hermético, en el cual toda unificación se hace imposible. Todo poderío de conquista, de unificación en una cultura ha estado guiado por un dios universal.

A la plenitud del tiempo en que el pasado y el porvenir se unen y se hacen sentir en el presente, brotando de él, sin violencia, lo que diríamos un tiempo íntegro, corresponde en las culturas la universalidad. Raro equilibrio entre lo concreto y lo abstracto; entre la vida sin camino aún y aquella que se ha quedado sola; entre el alma en que la conciencia aún no ha despertado y la conciencia solitaria navegando en el vacío. La vida más concreta, en su particularidad más humilde, está penetrada de un sentido universal y el minúsculo acontecimiento cotidiano está engranado con el gran suceso universal. La acción humana parece establecida para siempre y el hombre como tal tiene su puesto en el mundo.

Es la hora de lo humano; el tiempo y el espacio han sido agrandados a la medida humana y no se han dilatado más allá de lo que la mirada puede vislumbrar. El espacio que el alma humana puede llenar con su aliento no se ha enfriado, es todavía y más que nunca un "espacio vital" habitado por el hombre que siente, entonces, que el mundo ha sido creado, hecho para su señorío.

Bajo el Imperio romano, esta universalidad, señorío del hombre en el espacio vital —espacio-tiempo—, llegó a su extremo. En una embriaguez de universalidad se llegó a descubrir la igualdad entre los hombres todos. El estoicismo fue la "ideología" de este sentimiento. Sentimiento, además de idea, un sentirse el hombre habitante del planeta. Zielinski en su estudio sobre las *Tres morales de la antigüedad* presenta a la moral estoica como la última del mundo antiguo, la más abstracta, desarraigada ya de los antiguos lazos: el terror y la gracia divinas; moral laica, racionalista. Mas, en aquella hora, el estoico había de sentir esa vida en plenitud en un espacio-tiempo fluido y universal. Su moral no era sólo la consecuencia del predominio de la razón sobre las creencias religiosas, sino la expresión de un sentir, de este sentirse ocupando un puesto único en un mundo histórico que, a semejanza del cosmos físico, era también *uno*. La unidad del mundo, para este ciudadano del Imperio romano, no era una idea sino, como diríamos hoy, una "vivencia".

Esta "vivencia" es la que, al advenir la muerte en el instante en que pasado y porvenir se escinden, se va anulando. Vivir en un universo común requiere vivir en un tiempo común, en la comunidad de una esperanza y de una realidad, compartir la hora presente y habitar, en suma, el mismo espacio vital, poblado de los mismos intereses y avatares. La muerte de los dioses redujo este espacio vital común y, aún más, llegó a escindirlo en varios espacios hostiles entre sí.

El porvenir se aparecía sin salida posible; había llegado el momento de vivir a la defensiva, ante el enemigo indomable; Roma, extrañada, se defendía. El enemigo que había aparecido como ratificando la profecía que parecía contener el cristianismo, más allá de los mismos cristianos, era algo "otro", no reductible al poder romano; como Cristo había sido lo irreductible al Panteón. Si el Imperio romano había funcionado "como un vasto sistema de incorporación", la nueva fe y el reiterado empuje de los "bárbaros" no se dejaban incorporar, no admitían la tolerancia, la concordia propuesta por el universalismo; eran lo irreductible.

Al abrazar la nueva fe, el Imperio romano se extendía

hacia el porvenir. Una prodigiosa, nunca igualada capacidad de trascenderse a sí mismo, de negarse para proseguir, se mostró en ello. La victoria hubiera sido completa si lo "otro" indomable, que no podía ser ni vencido ni absorbido, no hubiera irrumpido ciegamente en medio de tanta sutil sabiduría. Frente a esta acometida sin razones, el Imperio romano se ruralizó.

¿Hubiera advenido la paganización sin la acometida de los bárbaros? ¿Cuál hubiera sido el proceso por el cual los antiguos dioses abandonados del poder, destituido de su función civil, hubieran ido disolviéndose en la vida, sobreviviendo bajo el dios triunfante? Su muerte hubiera sido tal vez más efectiva. Pues ante la avalancha, ante la muerte violenta advenida con el triunfo de los bárbaros, lo que quedaba del Imperio en el pueblo, su base y su sostén, quedó apegado a sus viejos dioses, sin tiempo para que llegaran hasta ellos, desde las alturas del poder y de las minorías dirigentes de la sociedad, las verdades de la nueva fe, la nueva estructura anímica corresponde a la nueva religión. Un proceso único en la historia quedó así frustrado: el tránsito de una cultura; su conversión.

Arruinado bajo los bárbaros, sometido por primera vez, el pueblo romano se "paganizó".

La paganización

¿A qué se fueron reduciendo los dioses destituidos, privados de su función histórica? De esa unidad del dios pagano, forma y energía, la forma era lo inalterable, como en todo. Mas la forma que había surgido en virtud de una función y que la comportaba, al ser vaciada de ella, tenía que tornarse enigmática. Y así, fueron aproximándose a la Esfinge, prototipo de una forma cuya función se ha perdido; forma superviviente de su sentido.

Arrojados de la historia, a los dioses les quedaba el ámbito de la intimidad. Mas la intimidad con los dioses paganos era un tanto extraña, pues ¿cómo podían encontrar refugio en el corazón de quienes no sabían tenerla? El hombre pagano no tenía propiamente intimidad. Vivía abierto enteramente a su ciudad, a su función… La intimidad era el don que trajo el cristianismo al abrir en el interior del hombre una perspectiva infinita… Sin intimidad donde entrar y sin exterioridad vigente que los prohijara, los dioses quedaron en eso que después se ha creído que eran: en esa zona de las fuerzas inmediatas de la naturaleza. Y, así, cuando al hacerse cuestión de ellos, al preguntarnos en momento nada alejado del presente ¿qué son los dioses? nos hemos contestado con lo que eran cuando ya no eran dioses, cuando andaban vagando en busca de una sede, destituidos de su función. Ni la vigencia histórica, ni el corazón del hombre; entre uno y otra su presencia era pura exterioridad en pura imaginación y más que comunicar, se interponían entre el hombre y la confusa realidad. Su forma no era ya una definición y seguirles no traía consigo un modo de vida. Sin sede ni espacio vital alguno, sus rostros habían de aparecerse despertando en el ánimo de las gentes una vaga recriminación, un reproche. El culto que se les tributaba había de ser más bien como un apaciguamiento de su rencor; algo así como lo que se ofrece a un amante cuyo imperio ha pasado. Se teme despertar su ira y hay que mantener apaciguado su recelo.

Recelo que también el hombre había de sentir en su nueva situación. ¿De quién fiarse? Unos dioses vencidos no pueden inspirar confianza; dioses doblemente vencidos por otro Dios y por otro pueblo que ha derrocado el Imperio que los guardara. Habían mostrado su ineficacia, su inanidad.

Es el momento en que lo divino se hace negativo, momento supremo de negatividad en la vida humana, en que ninguna acción aparece dotada de sentido. La comunidad se ha disuelto; se vive a la defensiva y lo que aparece enseñoreándose de todo es el recelo.

Una ancha, profunda desconfianza apareció. Y todo hombre no ligado al mismo terruño, a la familia, era un extranjero, un extraño. Los dioses venían a ser un secreto incomunicable, un peso, algo que daba cuidado y un vago remordimiento. Nada más.

Vivir era seguir el hábito heredado, convertido en petrificado gesto vacío de toda significación. La inspiración se había hecho imposible y sólo las razones servían. Es la vida en la desconfianza; la vida rural.

Y bien pronto comenzó el descuido en el culto, el ahorro en el más modesto de los dispendios que ya no reportaban fortuna. Un desolador ateísmo descendió sobre la vida de los campos, que persistirá en nuestro mundo occidental en la medida que no haya penetrado el cristianismo. Ruralismo, provincianismo que en todas nuestras "crisis" aparece con su impiedad.

Los antiguos dioses, los dioses destituidos, actúan al modo de una resistencia que hace a la vida humana recluirse en la impenetrabilidad, en la incredulidad. Será el fondo incrédulo de la vida rural mediterránea persistente todavía. Presente en algunas almas "cultas", será la razón del "realismo", del "mirar las cosas como son", de la desconfianza como regla persistente de conducta.

La muerte de los dioses que no comporta una conversión en sus creyentes, trae esa negatividad en la vida que todo lo envuelve y que hace aparecer a la realidad en su forma más descarnada, más desalmada. Pues trae al par la muerte del alma. Y "los paganos" serán los que más pronto olviden a sus dioses, los que siglos más tarde, cuando salgan a la luz sus imágenes, las manejarán con más impenetrable indiferencia, los que nunca más volverán a reconocerles. Algo positivo pervivirá: la comunidad con la naturaleza. Como si esto sólo hubiera sido la herencia insustituible de los dioses paganos, de la multiplicidad de sus rostros y de sus funciones. Para el hombre pagano, la naturaleza no volverá a ser aquel hermético, inaccesible recinto; la familiaridad con ella le quedará como su dote permanente. Una naturaleza donde se siente el dueño, donde puede moverse en cualquier sentido y disponer. Una naturaleza que no le opone resistencia, ni la barrera del miedo, ha sido el servicio rendido por estos dioses. Y por esto bajo la figura de la *Madonna* o de un "santo" guardarán los caminos que atraviesan los campos y la encrucijada desde un altar donde unas flores les seguirán siendo ofrendadas. Y aun en algo más: en la risa. Estos dioses vencidos aparecerán en la risa con que la vida se venga hasta de la muerte; en la risa opuesta a toda tribulación, y que disipará, antes que el examen de conciencia, la angustia naciente; la risa con que Dionisos responde a todo sufrimiento. Y esa continuidad que salta sobre el abismo de la muerte y que hace crecer la enredadera sobre la sepultura, y el olvido que el vino trae a todo conato de preocupación. Resistencia, en fin, que la vida sin más, la vitalidad en medio de la naturaleza abierta y sin arcano, opone a la otra vida: a la histórica.

Dionisos hará valer su burlona condición. Y lo grotesco irrumpirá en la piedad medieval, se disfrazará a veces de diablo para asustar, engañándose así su impotencia. Su reino será la burla, la mojiganga, la danza enmascarada entre la vida y la muerte. La burla en la que el alma campesina se refugiará para no entrar en la nueva fe, ni en la nueva historia; para no "comprometerse" de nuevo.

La paganización hace imposible la aparición de la angustia, pues no deja al hombre solo frente a su incertidumbre; le ofrece una certidumbre natural y la resistencia atea para dejarse llevar por lo divino en su última manifestación. Será la resistencia que preservará al "pagano", al hombre apegado a la tierra, de la historia y de sus laberintos; resistencia que aparecerá tanto como desconfianza que como sabiduría en los momentos de crisis histórica.

Las gentes rurales vivirán, así, protegidas bajo esta negatividad de lo que un día le abrió la naturaleza y ahora le recluye en ella. Su vida habrá quedado definida para siempre y por eso presentará la faz más cercana al ateísmo. Pues el hombre más ateo es el que ya se cree ser y ofrece a la divinidad que permanentemente le llama la resistencia de su "naturaleza", ya definida para siempre.

Mas, paradójicamente, en este ateísmo se esconde la antigua piedad. El recinto donde el hombre se esconde es el espacio ganado por los antiguos dioses, su don, que celosamente conserva. El soplo de lo divino estratificado, hecho *modo de ser,* casi materia, pues como ella sólo cuenta con su inerte resistencia. Tal es el extraño aspecto de la paganización, fondo último, sustrato "material" de la vieja cultura del Mediterráneo. Su alma invariable. Los dioses convertidos en ancestros.

De los dioses algo más quedó, es cierto. Mas ésta es otra historia; la historia de un proceso inverso, en que lejos de estratificarse el don de los dioses, ha seguido el camino contrario: no el de la estabilidad, que en el camino del hombre sobre la tierra no parece haberla. Pues lo que no se materializa es que ha sido asumido, libre de su forma, pura inspiración. El logro último del esfuerzo humano para ayudar a lo divino a revelarse, la luz ganada y que inextinguible seguirá iluminando: sería otra historia a sorprender más que en parte alguna en la historia de aquella actividad nacida de la colaboración más estrecha del hombre con los dioses antiguos: en el arte.

LAS RUINAS

Mientras se ha considerado que la historia está compuesta de hechos, la inmensa realidad de su campo quedaba casi inaccesible. Sólo la poesía: mito, leyenda, épica, nos transmitía ambiguamente —en el modo poético— su sentido. Y más tarde la novela, el género literario que mejor copia la ambigüedad de lo humano. Pues nada más hermético e inaccesible para el conocimiento humano que la realidad, igualmente humana.

Pero la historia en sus momentos más geniales ha sido más que nada "visión". La visión es una forma de conocimiento en que lo humano, inaccesible, se manifiesta más adecuadamente, y que más que conocimiento objetivo es expresión. Y podríamos sorprender en la "visión" el carácter peculiar del conocimiento que el hombre alcanza a tener de su propia realidad: una especie de revelación que padece al mismo tiempo que realiza. Conocimiento poético en su raíz, aunque esté asistido de la más estricta disciplina, de los métodos más rigurosos de investigación.

La condición del conocimiento objetivo, puro, quedó definida por Aristóteles como "saber desinteresado" —"el más noble"—. Ortega y Gasset hace tiempo hizo la crítica de este desinterés en las lecciones que, sin duda, serán los prolegómenos de su "Razón vital" mostrando cómo el pensamiento surge ante la necesidad. Pero no sólo es desinteresado este puro saber, sino *impasible*. La inteligencia, pura actualidad, según Aristóteles, capta impasiblemente el objeto que tiene frente a sí —o en sí misma. Y esta impasibilidad de la inteligencia se refleja en el orden afectivo también; la no-pasividad de la inteligencia conduce al alma a la impasibilidad, librándola del padecer, de las pasiones. Mas ¿le será acaso posible al hombre no padecer en el conocimiento de las cosas que le pasan, le han pasado o le pueden pasar? Dilthey ha llamado "comprensión" al conocimiento propio de las ciencias del espíritu, vale decir, de las cosas humanas, realizadas por el hombre. Y la historia, la acción más humana del hombre, ¿cómo podría ser conocida objetiva, desinteresada, impasiblemente? ¿No se trataría entonces de un conocimiento innecesario y al par imposible?

Y así, antes que cualquier método, será necesario, para el conocimiento histórico, partir de una actitud que recuerda en cierto modo la del espectador de una tragedia. *Nachleben* —dice Dilthey—: volver a vivir la vida de otro; la historia es lo que ha pasado. Mas el pasar de la historia no ha pasado del todo, puesto que sólo dentro de esto que ya ha pasado, lo que veo pasar y aun lo que a mí me pasa, cobra pleno sentido. Y algunas de las cosas que han pasado ¿no continúan pasando para mí, como sucede con los conflictos esenciales de la tragedia? ¿Han pasado en verdad Edipo, Antígona? Entre tantas cosas que pasan, algunas hay que son el soporte de un argumento, de una "pasión" que las hace estar siempre pasando, sin acabar de pasar.

La historia, la propiamente histórica y la personal, la de cada uno de los hombres, no puede ser ni ha sido nunca el relato de los acontecimientos en ese fluir del tiempo que todo lo lleva. Lo que hace de una vida ser *una,* en verdad es algo que le está pasando ya y todavía y de lo cual los diversos acontecimientos, aun los que, al parecer, provienen del azar, dependen en realidad. Como si toda la vida fuese el apurar en diferentes planos aquel único argumento, aquella "pasión"; apurarla o disolverla, según que quien la viva tenga un sentido trágico de la vida o no. Y sea eso lo que ocupe en la ignorancia del protagonista su vida toda.

Y la tentación de encontrar en la historia algo de común con la vida personal es irrechazable. Pues de ello depende el que la historia no sea una pesadilla que solamente se padece, sino una tragedia de donde se espera que brote la libertad. Y, de no ser así, la "legitimidad" del conocimiento histórico, de esa fatiga de inquirir lo que ha sucedido, quedaría un tanto desvanecida. "La historia es la maestra de la vida", se ha dicho; pero ¿por qué? Las situaciones históricas, como las de una vida personal, no pueden ser jamás idénticas y, lejos de ello, son a menudo irreconocibles. El valor práctico de la llamada "experiencia" queda casi anulado por el hecho de la diversidad infinita de las situaciones que, lejos de repetirse o de asemejarse permitiendo ser reconocidas, se esconden bajo nuevas máscaras.

La legitimidad del conocimiento histórico —la necesidad honda que justifica el inmenso esfuerzo y lo salva de ser la satisfacción de una banal necesidad— no puede residir sino en el hecho de que la vida humana sea de tal modo que necesite extraer de la historia, de las cosas pasadas, su sentido; transformar el acontecimiento en libertad. Y así, el conocimiento histórico, al brotar poéticamente del mismo sujeto que lo procura, será reabsorbido por él, será la recuperación de su pasado, algo así como el desvanecimiento de un error —de ese error que proviene de creer en el tiempo sucesivo. Pues el tiempo real de la vida no es el que se hunde en la arena de los relojes, ni el que palidece en la memoria, sino el que contiene ese tesoro: las raíces de nuestra propia vida de hoy. Porque la vida no está formada de momentos, sino que los momentos consumen tan sólo un argumento último que necesita ser descifrado.

Y así el gesto de aquel que se inclina sobre las cosas pasadas para ponerlas bajo la luz, ante la vista de todos, es un gesto de protagonista de tragedia, de alguien sacudido de su sueño por la evidencia del mal inexplicable. La pregunta acerca de lo que ha pasado no ha sonado nunca en el mismo tono de aquella otra, fundadora del conocimiento objetivo: "¿qué son las cosas?", "las cosas de la naturaleza"... Pues, lo que ha pasado en la historia es lo que alguien ha hecho, lo que hice o me hicieron; en lo hondo del ánimo del que formula la pregunta, aun con apariencias de impasibilidad, estará próxima a sonar como aquella del protagonista de la tragedia máxima, del culpable-inocente Edipo: ¿qué es lo que yo he hecho? o si el sentido de la propia culpa no se hace sentir: ¿qué es lo que me han hecho? Pregunta trágica que todo el que arriba a la "edad de la razón" siente que se formula en su angustiada conciencia.

Angustioso momento el de la pregunta acerca del pasado; del pasado producido por alguien; por otros o por mí mismo. Angustia que proviene de que la esperanza —ese último fondo de la vida humana— se encuentra detenida ante el enigma del pasado, ante su huella en un presente adverso que nos ha llegado como un momento tan sólo, cargado de consecuencias, de un tiempo ignorado. En la vida personal, el esclarecimiento de la propia culpa trae la máxima liberación; al sentirse responsable, la persona se afirma en su plenitud. Y quizá por ello corre el riesgo de tomar sobre sí la culpa que no le pertenece. Mas, en el conocimiento del pasado histórico, no es lo que yo he hecho lo que descubro, sino lo que se ha hecho, con ese carácter impersonal que lo avecina a la naturaleza y que ha sido llamado "destino".

Es justamente el terreno de la tragedia, de la antigua tragedia griega, más pareja así a la historia de hoy que la vida estrictamente personal. Si la criatura humana fuese una persona solitaria, el sujeto de su propia vida y nada más, no sería trágica, pues lo trágico le adviene por el empeño de la propia libertad en un tejido de sucesos, en una situación: en ser inocente de lo que, sin embargo, ha inexorablemente de soportar y de vencer. Y lo que en ello va no es tanto la dicha, ni la calma, sino la propia condición humana, el rescatar la esperanza de la fatalidad.

La esperanza rescatada de la fatalidad es la libertad verdadera, realizada, viviente. Es la esperanza sostenida ya en la conciencia y en vías de encontrar su argumento. Sólo la esperanza que sobrevive frente al enigma y se afirma descifrándolo, es la que llena la conciencia y la informa; la que rescata también a la conciencia de su enemistad con la vida, transformando su fría claridad en luz viviente.

El pasado inexorable nos cerca, porque ya fue y porque no lo hicimos, porque pluralmente se hizo y no lo encontramos ya. Lo histórico es, pues, la dimensión por la cual la vida humana es trágica, constitutivamente trágica. Ser persona es rescatar la esperanza venciendo, deshaciendo, la tragedia. La persona, la libertad, ha de afirmarse frente a la historia, receptáculo de la fatalidad.

Mas la contemplación, la visión de la historia misma, trae en algunos momentos la liberación. Porque lo propiamente histórico no es ni el hecho resucitado con todos sus componentes —fantasma de su realidad—, ni tampoco la visión arbitraria que elude el hecho, sino la visión de los hechos en su supervivencia, el sentido que sobrevive tomándolos como cuerpo. No los acontecimientos tal como fueron, sino lo que de ellos ha quedado: su ruina.

Las ruinas son lo más viviente de la historia, pues sólo vive históricamente lo que ha sobrevivido a su destrucción, lo que ha quedado en ruinas.

Y así, las ruinas nos darían el punto de identidad entre el vivir personal —entre la personal historia— y la historia. Persona es lo que ha sobrevivido a la destrucción de todo en su vida y aún deja entrever que, de su propia vida, un sentido superior a los hechos les hace cobrar significación y conformarse en una imagen, la afirmación de una libertad imperecedera a través de la imposición de las circunstancias, en la cárcel de las situaciones.

La contemplación de las ruinas ha producido siempre una peculiar fascinación, sólo explicable si es que en ella se contiene algún secreto de la vida, de la tragedia que es vivir humanamente y de aquello que alienta en su fondo; de algún ensueño de libertad aprisionado en la conciencia y que, sólo ante la contemplación de algo que objetivamente lo representa, se atreve a aflorar, de un ensueño, necesitado como todos los que se refieren a nuestro secreto —a nuestro humano secreto— de la *catharsis* de la contemplación. Y las ruinas producen una fascinación derivada de ser algo raro: una tragedia, mas sin autor. Una tragedia cuyo autor es simplemente el tiempo; nadie la ha hecho, se ha hecho.

Las ruinas nos ofrecen la imagen de nuestra secreta esperanza en un punto de identidad entre nuestra vida personal y la histórica… Un edificio venido a menos no es, sin más, una ruina. Algo alcanza la categoría de ruina cuando su derrumbe material sirve de soporte a un sentido que se extiende triunfador; supervivencia, no ya de lo que fue, sino de lo que no alcanzó a ser. Por las ruinas se aparece ante nosotros la perspectiva del tiempo, de un tiempo concreto, vivido, que se prolonga hasta nosotros y aún prosigue.

La vida de las ruinas es indefinida y más que ningún otro espectáculo despierta en el ánimo de quien las contempla la impresión de una infinitud que se desarrolla en el tiempo; tiempo que es el transcurrir de una tragedia que se hace por sí misma. Tiempo de un pasado que lo sigue siendo, que se actualiza como pasado y que muestra, al par, un futuro que nunca fue; caído en el ayer y que lo trasciende, que sólo puede hacerse sensible haciéndonos padecer. Y padecemos aun el futuro que nunca fue presente.

Mas, en la contemplación de las ruinas, la "fábula", el argumento, tan decisivo en la tragedia, apenas tiene lugar. El suceso histórico, cuya memoria está unida a su presencia, no llena la pasión del espectador. La relación entre el suceso histórico y el "pasar" simple, de que las ruinas son el sensible testimonio, difiere de la relación entre la fábula trágica y el pasar que también se hace ostensible en toda tragedia. Aquí el tránsito puro está casi lleno y la emoción parece surgir por entero de la fábula misma: el misterio del tránsito, del transcurrir de la vida, queda como diluido y su emoción forma como una envoltura de la emoción concreta; queda imperceptible, a manera de un horizonte.

Pues, en el "comprender padeciendo", que es la tragedia clásica, hay también un horizonte que no es el solo privilegio del conocimiento, por visión objetiva, la simple compasión ante la fábula trágica no alcanza los episodios de la vida cotidiana, sino en los excepcionales casos en que encuentren a alguien —desconocido autor— cuya conciencia sitúe al episodio en un horizonte. El autor de la tragedia, el poeta, ha llevado la fábula a un horizonte que se hace sensible, que envuelve al espectador y le conduce desde su estrecho mundo privado a un lugar donde todas las cosas humanas son propias; donde nada es extraño; le sitúa en el ancho horizonte de la vida real y posible, de toda la vida, sueño y delirio incluidos; le hace ser por momentos, no el sujeto de su pequeña vida particular, sino el sujeto de la vida humana, sin más… Y de ahí esa apertura del ánimo, ese ensanchamiento que adviene en el padecer de la tragedia, y la purificación que no es sino el resultado de haber asumido, por simpatía que llega a los linderos de la visión, el padecer no sólo del protagonista, sino de cualquier posible padecer.

En la contemplación de las ruinas, el argumento se reduce al mínimo y deja visible en toda su amplitud el horizonte, el tránsito de las cosas de la vida; es el raro privilegio de que gozan y que es causa de su fascinación. También las cosas gastadas muestran el paso del tiempo y en el caso de un objeto usado por el hombre algo más: la huella, siempre misteriosa, de una vida humana grabada en su materia. Un cepillo usado, un zapato viejo, un traje raído, casi llegan a alcanzar la categoría de ruina. Porque ruina es solamente la traza de algo humano vencido y luego vencedor del paso del tiempo.

Lo arruinado lo está por el "transcurrir del tiempo". Pero ¿qué es ese algo arruinado? Algo, ¿el qué? Algo que nunca fue enteramente visible; la ruina guarda la huella de algo que aun cuando el edificio estaba intacto no aparecía en su entera plenitud. Entre todas las ruinas la que más conmueve es la de un templo. Y es que el templo es, entre todo lo que el hombre ha edificado, aquello que más rebasa de su forma, por perfecta, por adecuada que sea. Todo templo, por grande que sea su belleza, tiene algo de intento frustrado, y cuando está en ruinas parece ser más perfecta, auténticamente un templo; parece responder entonces adecuadamente a su función. Un templo en ruinas es el templo perfecto y al par la ruina perfecta. Y aún más: toda ruina tiene algo de templo; es por lo pronto un lugar sagrado. Lugar sagrado porque encarna la ligazón inexorable de la vida con la muerte; el abatimiento de lo que el hombre orgullosamente ha edificado, vencido ya, y la supervivencia de aquello que no pudo alcanzar en la edificación: la realidad perenne de lo frustrado; la victoria del fracaso.

De toda ruina emana algo divino, algo divino que brota de la misma entraña de la vida humana; algo que nace del propio vivir humano cuando se despliega en toda su plenitud sin que haya venido a posarse como regalo concedido de lo alto; algo ganado por haber apurado la esperanza en su extremo límite y soportado su fracaso y aun su muerte: el algo que queda del todo que pasa.

No hay ruina sin vida vegetal: sin yedra, musgo o jaramago que brote en la rendija de la piedra, confundida con el lagarto, como un delirio de la vida que nace de la muerte. La ruina nítidamente conservada, aislada de la vida, adquiere un carácter monstruoso; ha perdido toda su significación y sólo muestra la incuria o algo peor; parece ser el resto de un crimen; al concretarse la ruina, se concreta su autor y se le busca un nombre: "esto lo hizo…". Sólo el abandono y la vida vegetal naciendo al par de la piedra y de la tierra que la rodea, abrazándola, invitándola a hundirse en ella dejando su fatiga, hace que la ruina sea lo que ha de ser: un lugar sagrado.

Lugar sagrado donde el tiempo transcurre con otro ritmo que el que rige más allá, a unos metros tan sólo, donde la actualidad se agita. La presencia de la muerte-vida lo define todo: los pinos, los cipreses, cualquier matojo, adquieren el carácter de símbolo de una vida pura, nacida de la muerte en su desnuda fuerza transformadora. La historia se ha hundido en la naturaleza y aun la sirve de pasto como en un sacrificio ritual. El desafío que toda obra humana presenta ante lo hecho por la mano de Dios ha desaparecido y ya la obra humana se ha avenido a entrar en la naturaleza, en su orden enigmático… Toda edificación ha sido arrasadora: todo lo que se alza por la mano del hombre ha creado un vacío en la plenitud de la naturaleza; al alzarse sobre la tierra la humilla con la pretensión de un orden extraño, soberbio; es una verdadera suplantación. Sabiéndolo así, todas las viejas religiones ofrecían sacrificios aplacatorios al lugar expropiado y aún más: una vida humana a veces quedaba prisionera de los cimientos, arrojada en pasto a "los dueños del lugar". La vegetación que crece entre las ruinas con ímpetu inigualable es la pacífica revancha de la tierra humillada. Destrucción de lo humano en que la esperanza ha quedado liberada, mientras que lo material, la "obra", se restituye a la vida elemental de la tierra. Lo humano ha quedado aniquilado y de su integración ha nacido la esperanza convertida en libertad: un soplo divino agente de la obra y su prisionero a la vez. Y la pacificación de la naturaleza a través de la vida que toma su alimento de lo que un día fuera su enemigo.

Así, las ruinas vienen a ser la imagen acabada del sueño que anida en lo más hondo de la vida humana, de todo hombre: que al final de sus padeceres algo suyo volverá a la tierra a proseguir inacabablemente el ciclo vida-muerte y que algo escapará liberándose y quedándose al mismo tiempo, que tal es la condición de lo divino.

PARA UNA HISTORIA
DEL AMOR

Una de las indigencias de nuestros días es la que al amor se refiere. No es que no exista, sino que su existencia no halla lugar, acogida, en la propia mente y aun en la propia alma de quien es visitado por él... En el ilimitado espacio que, en apariencia, la mente de hoy abre a toda realidad, el amor tropieza con obstáculos, con barreras infinitas. Y ha de justificarse y dar razones sin término, y ha de resignarse por fin a ser confundido con la multitud de los sentimientos o de los instintos, si no acepta ese lugar oscuro de "la libido", o ser tratado como una enfermedad secreta, de la que habría que liberarse. La libertad, todas las libertarles no parecen haberle servido de nada. La libertad de conciencia menos que ninguna, pues a medida que el hombre ha creído que su ser consistía en ser conciencia y nada más, el amor se ha ido encontrando sin "espacio vital" donde alentar, como pájaro asfixiado en el vacío de una libertad negativa.

La libertad ha ido adquiriendo un signo negativo, se ha ido convirtiendo —ella también— en negatividad, como si al haber hecho de la libertad el *a priori* de la vida, el amor, lo primero, la hubiera abandonado, y quedara el hombre con una libertad vacía, el hueco de su ser posible. Como si la libertad no fuese sino esa posibilidad, el ser posible que no puede realizarse, falto del amor que engendra. "En el principio era el Verbo", el amor, la luz de la vida, la palabra encarnada, futuro realizándose sin término. Bajo esa luz, la vida humana descubría el espacio infinito de una libertad real, la libertad que el amor otorga a sus esclavos.

Vivir el aspecto negativo de la libertad parece ser el destino que ha de apurar el hombre de nuestra época: agotar esta difícil experiencia. Y nada más difícil de descifrar que la negación, lo que sucede en la negación, en la sombra y oquedad. Vida en la negación es la que se vive en la ausencia del amor. Cuando el amor —inspiración, soplo divino en el hombre— se retira, no parece que se haya perdido nada de momento y aun parecen emerger con más fuerza y claridad ciertas cosas; los derechos del hombre independizado, todas las energías que integraban el amor quedan sueltas y vagando por su cuenta. Y, como siempre que se produce una desintegración, hay una repentina libertad, en verdad, pseudolibertad, que bien pronto se agota.

Y así viene a suceder algo sumamente extraño y que hace más inextricable el asunto. A partir del romanticismo en que el amor ascendió arrebatadamente a la superficie de la vida, el amor no ha dejado de tener sus sirvientes, sus mantenedores. Son más que ningunos otros los poetas, rememorando un tanto la situación antigua, cuando sólo los poetas lo sostenían al margen de la ciudad y casi de la ley. Sólo que hoy nadie osa formular, ni hipotéticamente, ley alguna en su contra, ninguna ciudad le cierra las puertas; antes al contrario, todo parece estarle franqueado, leyes inclusive... Mas, en realidad, las puertas están francas para sus sucedáneos, para todo lo que lo suplanta. Y así la rebeldía de los poetas, sus irreductibles servidores, cae en una especie de vacío; a sus delirios no se opone ninguna resistencia, forma la más clara de la pseudolibertad de que gozamos; nada se les opone, nada resiste, ninguna ley se levanta.

Y es que todas las fuerzas contrarias a lo que un día respondiera al nombre de "humanismo", han tomado hoy su rostro, su figura, su mismo nombre. Con una ligera diferencia: el humanismo de hoy es la exaltación de una cierta idea del hombre que ni siquiera se presenta como idea, sino como simple realidad: renuncia del hombre a sí mismo, a su ilimitación; aceptación de sí como escueta realidad psicológico-biológica; su afianzamiento en cosa, una cosa que tiene unas determinadas necesidades, todas justificadas y justificables. De nuevo se encuentra el hombre encadenado a la necesidad, mas ahora por decisión propia y en nombre de la libertad: ha renunciado al amor en provecho del ejercicio de una función orgánica; ha cambiado sus pasiones por complejos, pues no quiere aceptar la herencia divina creyendo librarse, por ello, del sufrimiento, de la pasión que todo lo divino sufre entre nosotros y en nosotros.

En dos formas el hombre moderno ha intentado librarse de lo divino. La primera es el intento que marca el idealismo, todos los idealismos, y más aún, el que pretende adentrarse en la creación, viéndola en la historia, y al individuo como momento de ese divino acaecer. Es librarse de lo divino porque en la vida de cada hombre lo divino no sería nada y lo sería todo. En cuanto sujeto del conocimiento, el hombre, sujeto puro, es divino, y más si tiene ante sí el horizonte total del "saber absoluto". Y en cuanto agente de la historia, es divino porque ejecuta un proceso divino él mismo y, por ello, no tiene derecho alguno a reclamar. Ni cuando conoce ni cuando actúa el "idealista" tiene derecho ni posibilidad de queja, de dirigirse a "alguien". No tiene a nadie más allá de sí; lo divino no está en el más allá, ya no es una forma incógnita: es la pretensión de acabar con el Dios desconocido, con lo desconocido de Dios, pues todo, la historia, es el centro de este todo, es justamente revelación.

Mas aceptar lo divino de verdad es aceptar el misterio último, lo inaccesible de Dios, el *Deus absconditus* subsiste en el seno del Dios revelado. El hombre se niega a padecer a Dios y a lo divino que en sí lleva.

Del otro modo en que se ha concretado el ansia de liberarse de lo divino es naturalmente el contrario al idealismo: el creer que la realidad toda, vida humana inclusive, está compuesta de hechos; de hechos sometidos a causas a las que se llaman razones volviendo así al sentido inicial de la *ratio* latina: cuentas; para este hombre, positivista sin saberlo, cuando es sólo creyente y no filósofo, buscar y dar razones es echar cuentas. Y lo divino es lo incalculable, lo que puede destruir todo cálculo y lo que reserva a toda cuenta por bien hecha que esté un número absurdo. Pues trasciende los hechos en un eterno proceso. De este proceso como nudos de lo divino se destaca el hombre. El individuo que opone así una resistencia a lo divino, pues no es avasallado por ello, pero que es arrastrado sólo en ciertas formas en que su vida, sin dejar de ser suya, se le enajena momentáneamente, para después ser de verdad suya, en ciertos procesos en los cuales es preciso perderse para encontrarse ganado.

Y este incansable juego de dar razones de los hechos incluye dentro de sí a los hechos del amor, al amor convertido en hecho, decaído en acontecimiento sometido a juicio y a explicación, es decir, desvirtuado en su esencia, que todo lo trasciende; desposeído de su fuerza y de su virtud, al amor de nada le sirve aparecer bajo la forma de una arrebatadora pasión: es como si cuidadosamente alguien operara un análisis y extrajera lo divino y avasallador de él para dejarlo convertido en un suceso, en el ejercicio de un humano derecho y nada más. En un episodio de la necesidad y de la justicia.

El amor, cuando no es aceptado, se convierte en némesis, en justicia, es implacable necesidad de la que no hay escape. Como la mujer nunca adorada se convierte en parca que corta la vida de los hombres. Y así es la retirada de lo divino, bajo la forma del amor humano, lo que nos mantiene condenados, encerrados en esta cárcel de la fatalidad histórica, de una historia convertida en pesadilla del eterno retorno.

La ausencia del amor no consiste en que, efectivamente, no aparezca en episodios, en pasiones, sino en su confinamiento en esos estrechos límites de la pasión individual descalificada en hecho, en raro acontecer. Y entonces viene a suceder que aun la pasión individual —personal— queda también confinada en forma trágica, porque queda sometida a la justicia. El amor vive y alienta, pero sometido a proceso delante de una justicia que es implacable fatalidad, ausencia de libertad; el amor está siendo juzgado por una conciencia donde no hay lugar para él, ante una razón que se le ha negado. Y así queda como enterrado vivo, viviente, pero ineficaz, sin fuerza creadora.

Más que nunca una némesis parece presidir el destino de los hombres, es el signo que aparece en el horizonte cuando el amor no tiene espacio para su trascender y cuando no informa la vida humana que le ha rechazado en ese movimiento de querer librarse de lo divino al mismo tiempo que quiere absorberlo dentro de sí. Absorber totalmente a lo divino es una forma de querer librarse de ello. Y entonces no queda espacio para el trascender del amor que no tiene nada que ligar, puente sin orillas en que tenderse. No tiene nada entre qué mediar; realidad e irrealidad; ser y no ser, lo que ya es con el futuro sin término, pues que todo pretende ser real de la misma manera. La pretendida divinización total del hombre y de la historia produce la misma asfixia que debió existir cuando, allá en tiempos remotos, el hombre no alcanzaba a hallar puesto bajo el sol en el espacio lleno de dioses, de semidioses, de demonios. Tampoco entonces existía el amor. Extrañamente el amor nació, como el conocimiento filosófico, en Grecia, en un momento en que los dioses, sin dejar de actuar, permiten al hombre buscar su ser. Pues diríase que siendo el amor, el *eros* griego, avidez y hambre, fue lo contrario también ¡creador de distancias, de límites, de fronteras entre lo humano y lo divino que unía y mantenía la distancia! Que daba sentido al padecer de la vida humana, a la pasión, transformándola en un acto. Un extraño dios, humanizador a pesar de su delirio, una divinidad ordenadora del delirio inicial que es toda vida humana, toda historia que comienza.

Aparición histórica del amor

Vemos el nacimiento del amor en Grecia. El mito nos lo relata figuradamente, pero el mito no es más que una versión de su nacimiento, no el nacimiento mismo. Y, sin embargo, es extraordinariamente significativo el modo como el algo se manifiesta por primera vez, el modo como se hace accesible a la conciencia.

La aparición del amor no es otra cosa que su entrada en la claridad de la conciencia desde el mundo circundante. Hacerse cargo de esto supone detenerse en una de las más extrañas condiciones de la vida humana, latente en el fondo de todas las preguntas históricas: por qué los acontecimientos que son propios de "la naturaleza humana" no se han manifestado siempre de algún modo, y lo llegan a ser en un momento determinado, históricamente. Así el amor que vagaba fuera, enajenando la vida humana, endemoniándola, según las milenarias y venerables creencias de todos los pueblos. Lo que un día ha dado la cara, y se ha manifestado en figura, había sido antes realidad informe, que acosa y enajena. Pero no sólo el amor, todos los dioses han sido potencias enajenadoras; y de ahí la adoración que se les tributa por el simple hecho de ser dioses, es decir, de mostrarse con rostro y figura; su gracia y misericordia primeras estriban en haber aparecido.

Es el entrar en la conciencia, y, aún más que en la conciencia, en la luz, un suceso glorioso, la epifanía que tiene toda realidad que accede por fin a hacerse visible. El amor la alcanza en Grecia; en Grecia, cuya fuerza perenne reside en que en su suelo se han verificado las epifanías de las realidades que forman nuestro espíritu. La fe cristiana no deshizo esa órbita, sino que le dio aquel centro último que necesitaba y sin el cual no se hubiese sostenido, porque no llegaba con todo a ser una órbita.

Es en las llamadas cosmogonías donde primeramente hace su aparición el amor. Con ello muestra su condición primaria; es una realidad, una potencia original precisa para la fijación de una órbita, de un orden. Las cosmogonías son el instrumento poético del orden, la manifestación que anuncia y verifica el paso del caos al orden. Las más venerables comienzan: "En el principio era el caos". "En el principio era la noche", dice la órfica, donde el amor encuentra su anuncio misterioso.

Los géneros literarios en Grecia —incluida la filosofía— van apareciendo como una claridad creciente que se abre paso. La aparición de cada uno de ellos nada tiene de casual. Los poemas cosmogónicos alcanzan su máxima claridad y, por tanto, su extinción en Hesíodo. En los subsiguientes, la cosmogonía es ya una explicación que pretende ser filosófica o científica y que no tiene el carácter inspirado. Las cosmogonías órficas como completamente inspiradas, de carácter sagrado, no tienen autor humano: su autor es también personaje mitológico. Al igual que los grandes mediadores de todos los ciclos religiosos, es un personaje que, al par que crea, interviene en la formación del mundo. El primer maestro es el último arquitecto, demiurgo en quien se condensan los caracteres del obrero que pone la última piedra y dice la primera palabra.

Y quizá vislumbremos ahora el rasgo principal de la aparición del amor en Grecia. En ella se dio poéticamente la conciencia, el relato del tránsito del caos al mundo, la metamorfosis de las potencias vagabundas en fuerzas sometidas a giro; conciencia poética e histórica de la metamorfosis primera, en que nace el mundo habitable para el hombre. Y así, el amor aparece en este instante de revelación en que el hombre descubre que el mundo, tal como le es visible, que la naturaleza que él ha encontrado moviéndose en un ciclo fijo, no ha sido siempre así, sino que es la obra de alguien o de algo, el resultado de un trabajo: el amor aparece junto con el trabajo, con el esfuerzo y la pasión que han tenido lugar allá en otro tiempo, en el fabuloso tiempo anterior al de los hombres. El amor es potencia anterior al mundo que vemos, y ha estado en la metamorfosis primera de la cadena de metamorfosis visibles e invisibles que marcan la formación del universo. Diríase que el amor ha operado la metamorfosis necesaria para que en la inmensidad de las potencias se forme un mundo donde pueda morar el hombre. Pues el caos, estado anterior al mundo habitado, es caos para el hombre, es la realidad meramente cósmica, sin número ni armonía, sin espacio ni tiempo, es decir, sin condiciones de existencia humana: la realidad inconmensurable.

De esta aparición guarda la vida humana huella perdurable. En el hombre parece haberse conservado todo, y quizá por eso puede rememorar la historia que está más allá de sí mismo, aunque le sea ofrecida como revelación sagrada (tal como es el Génesis para sus creyentes). El hombre puede entender esta revelación en la medida en que su propio ser conserva la huella del tránsito de los primeros acontecimientos, lo que le hace posible revivirla.

Mas en el momento en que el amor fija la órbita, en ese mismo mundo sagrado, no revelado aún, anterior al instante en que al estar concluida la obra dice la palabra, surge el contrario, como si algo de las potencias indóciles hubiera quedado sin someter. En un mundo creado por Dios desde la nada, estas potencias se presentan como rebeldes ante la creación; en un mundo ordenado por un demiurgo, las potencias oscuras son simplemente no sometidas. Y, de todas maneras, aparece la envidia, el mal sagrado entre todos, que ante el Dios absoluto grita *non serviam* y que en el hombre será la envidia fraternal, "la primera forma de parentesco", según la nombra Unamuno en su *Abel Sánchez*.

El mundo griego no es un mundo envidioso en el sentido de que la envidia no forma parte del mundo sagrado. Residuo del caos serán los conflictos de la tragedia, en que el amor es, en el fondo, único protagonista. En la raíz de la tragedia griega, de sus nudos insolubles, está siempre el amor; un amor que no se ha aclarado, que no se ha ordenado; que no se ha plegado a la órbita, que no es conforme con la naturaleza.

Y así la tragedia era el género literario que forzosamente

había de seguir a las cosmogonías. Es también un género sagrado, pues expresa los conflictos iniciales del mundo, anteriores al hombre mismo y que, sin embargo, el hombre soporta, como si el hombre se hubiera lanzado a habitar el mundo antes de la era humana. Así, hay un periodo de convivencia entre dioses y hombres, de verdadero comercio divino-humano. El amor luce en este periodo en todo su esplendor y magnificencia, mostrando su condición mediadora, verdaderamente genésica. Todo lo que el amor ha venido a ser y a ejercer en la modesta vida humana lo había sido ya en el tránsito del caos al orden, cuando los hombres eran huéspedes de los dioses y, en ocasiones, sus rivales.

La Tierra se quedó para los hombres, para los hombres solos. Y, entonces, el amor fue una pasión. Su carácter coetáneo divino es bien débil, por cierto. Porque la pasión ha absorbido toda la fuerza del amor, y en ella reside la verdadera divinidad con carácter sacro, inescrutable, furibundo. En compensación, el dios se ha debilitado hasta el punto de no ser ya un dios, sino una diosa en quien aparece, más que el carácter divino de la potencia, el carácter amable, es decir, humano, no del amor mismo, sino del objeto del amor. La Afrodita de los tiempos clásicos no es la diosa en quien reside el amor; no se ha trasladado a ella propiamente el amor de las cosmogonías; más bien, es la muestra de la humanización del amor, de su aparición en el mundo humano, profano ya. Afrodita presenta el ambiguo aspecto de una divinidad profana y como tal se ofrecerá siempre en todos sus gestos. La fuerza del amor en el mundo, fijada ya la órbita del universo a la medida humana, reside en la furia de la pasión. La pasión, residuo divino en el hombre que, por eso, es también demoniaco: extraño al hombre, no a su medida, y, sin embargo, su ser mismo; extraño-entrañable.

Y aparece aquí otro aspecto de la ambigüedad característica del amor, no ya de ser divino y demoniaco a la vez, sino de ser extraño al hombre y a la vez lo más entrañable. La furia que agita y remueve las entrañas, los fondos oscuros, confines de lo humano con todo lo que vive y alienta y aún más allá: con la materia, con lo cósmico.

La aparición del amor en las cosmogonías marca y define su condición perenne. Estará siempre en los límites de lo humano con lo que no lo es todavía o con lo que no lo será nunca, con esos residuos de la matriz primera de donde el hombre se arrancó para vivir como ser independiente con vida propia. Y en la pasión, en el furor que se expresa en la tragedia, se muestra su carácter sagrado, ambiguo, extraño-entrañable. Posee como un dios, como una potencia no revelada que al revelarse lo hace en las mismas entrañas humanas, más allá de la palabra; allí donde el verbo se hace.

Y, mientras tanto, Afrodita, la diosa, extrema en su figura la ambigüedad del amor. Muestra que cuando el amor se revela enteramente se reduce a lo humano, se banaliza fatalmente; que cuando pierde su carácter sagrado-irrevelado está en el límite también, el límite en que el hombre se banaliza y la naturaleza humana, a fuer de demasiado humana, puede caer hasta la abyección. Mas no es Afrodita una divinidad abyecta, sino humana, y, como humana, depositaria de algo sagrado en que la condición de lo sagrado se ha revelado excesivamente para amoldarse descendiendo a la medida humana; hace vislumbrar, aunque de lejos, la amenaza que pesa sobre lo humano cuando se libera más allá de todo límite, olvidando su raíz, pues no otra cosa es la abyección.

El rasgo más divino de la diosa Afrodita está en su carácter de regalo, de don preciado arrojado por la más ambigua de las potencias: el mar, y del mar lo más liviano: la espuma. La furia divina es gracia, levedad de lo más sometido a la gravedad; lo que juega sin escaparse de ella. La espuma es el juego. Afrodita es la divinidad del amor como juego, gracia, regalo. Frágil don que el hombre puede en seguida marchitar con su aliento, y el más necesitado de todos de pureza, de inocencia. De ahí que le corresponda un amor niño. Eros, niño; Adonis, adolescente, es el compañero de Afrodita, su hermano o su amante, porque muestra así la inocencia inseparable del juego del amor, que hace de él un juego prohibido casi para el hombre, en su gravedad. Ambigua divinidad que ofrece su don como un regalo fácil que luego resulta imposible para los humanos, un regalo que no puede ser gustado, pues requiere la inocencia, lo que el hombre sabe haber perdido. Crueldad de un don que recuerda la dicha que fue, en un tiempo en que era hombre, mas de otro modo; en que era y no era el hombre que es: un niño, un adolescente. El "antes" del estado de inocencia.

El juego es lo más profundo que hay en la divinidad. Afrodita es más diosa del juego que del amor; en modo alguno lo es del amor-pasión. Y todos los intentos neoclásicos lo han comprendido así y han entendido como juego también el amor. Comenzando por ser juego ya el intento de revivir los dioses clásicos, pues en la cristiana Europa todo intento de revivir el mundo pagano del Olimpo ha sido en su raíz juego, diversión, deseo de olvidar el porvenir y de regresar a la infancia, nostalgia de lo que tiene el mundo infantil de más claro y visible. El juego es lo más superficial y visible del mundo sagrado.

Juego, fiesta. Juego y fiesta al par que tragedia. Ya se sabe que históricamente ha sido así. La embriaguez produce la furia de la pasión y produce también el juego. Dionisos tiene dos caras.

Quedará para siempre trazada la fortuna del amor, su suerte. Pertenece a las cosmogonías. Y sólo las épocas históricas que tengan una clara conciencia de la cosmogonía, bien por albergar alguna en sus creencias o por padecer la ansiedad de ella, el amor vivirá su esplendor. Y a medida que la conciencia del hombre se estreche y se circunscriba su "espacio vital" a lo meramente humano, el amor decaerá al mismo tiempo en la vida real y cotidiana y en su existencia propia. El amor corresponde a momentos de máximo espacio vital: está en relación directa con el horizonte.

El horizonte está en íntima correspondencia con el amor que ha sido también su arquitecto. El horizonte es la segunda conquista después de la órbita. El amor intervino en la fijación de las órbitas y es el hacedor, el obrero del horizonte. El horizonte es ya obra humana, por eso es cuestión suprema y primera de la filosofía. Filosofía es mirada humana. Y el amor que está en la misma palabra que designa la acción de filosofar dice ya de su intervención decisiva. La filosofía es mirada creadora de horizonte; mirada en un horizonte. Por eso tiene también su momento histórico, su irrupción no menos violenta que la del amor y le sigue hasta el punto de recibir su herencia. La herencia del amor, del amor de las cosmogonías, se reparte entre la pasión trágica y la mirada de la filosofía. Diríase que el amor se ha escindido; él, que ha separado y unido, sufre a su vez una división, forma primaria de engendrar de la vida. Se divide en un *eros* pasional, entrañable, y en un *eros* de la mirada. La tragedia expresará el primero. La filosofía será su hermana gemela en la herencia del amor. Será la expresión misma de la vida de un *eros* que no gime en las entrañas, entronizado enteramente en el hombre y que sólo conserva de la posesión divina una extraña y paradójica embriaguez: la serenidad.

La serenidad es la pasión de la filosofía, la pasión que arrasa con todo para mirar. Pasión de ver, que cree tener un horizonte porque lo ha edificado. Y no lo sabe, porque el que se embriaga no sabe nunca lo que hace.

Filosofía y tragedia marcan la entrada del amor en la órbita humana, porque hacen al hombre entrar en sí mismo, la conciencia: conciencia por el padecer de la tragedia, por el ver en la filosofía. Y de ahí la disputa habida entre las dos por el corazón humano. La tragedia muestra el padecer de la pasión inextinguible, que no descansa ni se agota, que sólo puede esperar la salvación en su consumación total. La filosofía llevará dentro de sí, desde el primer instante, lo contrario; la aspiración suprema a lo que en su madurez declara como virtud: la *apatheia,* la impasibilidad. El amor, al dividirse, crea dos direcciones a la vacilante criatura humana: la aceptación absoluta del padecer, pasividad que llega hasta dejarse anegar en la furia de la pasión, y la filosofía, un amor que parece desdecir de su condición; un amor impasible.

En esta disputa está en juego algo sumamente grave para la vida humana, una manera de comportarse frente a una condición del hombre de todos los tiempos y lugares: la capacidad de enajenación. La filosofía surge, ante todo, del afán de anular la enajenación convirtiéndola en su contrario. La filosofía sigue siendo una forma del amor en esta exigencia de la metamorfosis que convierte la enajenación en identidad, y será la gran disidencia entre filosofía y poesía, que hasta este punto habían caminado juntas. Mientras dura el periodo cosmogónico, filosofía y poesía están unidas. Y es uno el amor. Tal unidad parece llegar hasta Platón, último representante de este mundo. A pesar de su condenación de la poesía, en él todavía es posible la unidad de poesía y filosofía. Y es en su concepción del amor donde reside esta unidad.

La poesía lírica arrastrará consigo el amor, absorberá el amor de la tragedia liberándolo del suceso, de la figuración dramática; será frente a ella una abstracción. Será la enajenación pura. Y la pura esclavitud a un *eros* errabundo.

La filosofía se apartará cada vez más de la enajenación original de la vida hasta querer borrar de sí misma todo resto de inspiración. No lo conseguirá nunca enteramente y, cuando se obstina en ello, sólo obtiene el triste resultado de una debilitación o de una decadencia. La filosofía, cuando logra su existencia, encuentra una identidad inspirada; el hombre encuentra su ser y las cosas que son en algo que está más allá de ellas mismas. Cuando el hombre y las cosas tienen un ser desligado, que se cree bastarse a sí mismo, entonces se convierten en meros hechos, y la filosofía desaparece.

Al llegar a este punto en que filosofía y poesía se dividen llevándose cada una para sí un aspecto, un modo del *eros*, el amor ha terminado su aparición histórica. Se ha cumplido la revelación del amor; lo que siga serán actitudes humanas ante ella; serán, en el sentido más respetable de la palabra, opiniones. El amor ha entrado ya en la vida humana y el hombre también. Y no por azar al mismo tiempo, porque el amor es la revelación de la vida humana. Cuando el hombre se ha apropiado el amor que vagaba fuera como potencia divina, cuando lo siente y sabe suyo, dentro de su condición, formando parte de su naturaleza, se ha decidido ya a ser hombre y a vivir como tal; ha encontrado su difícil puesto en el cosmos, puesto inestable que le lanza a la historia. Si el equilibrio humano fuera estable, la historia no existiría.

A partir de este momento el amor pertenecerá a la moral. Mantendrá en realidad una triple existencia; una vida identificada con la poesía, pura enajenación que no quiere dejar de serlo; inspiración en el conocimiento que aspira a ser absoluto: la aspiración, el *eros* de la filosofía, y aquella realidad a que lo reducen las normas de la moral en la vida de todos los hombres.

En la revelación creciente que el hombre obtiene de sí mismo, el amor encontrará su sede (cuya suerte compartirá para siempre) en el alma. Psique y Eros andan juntos, casi indiscernibles en los momentos de máxima fortuna para ambos. El alma es una realidad mediadora, que también ha descendido y se ha adentrado en el hombre. La creencia de tener un alma no es, ni mucho menos, ingenua, primaria. Por el contrario, todos los investigadores del mundo primitivo nos muestran una gran riqueza de creencias integrantes de lo que se ha llamado animismo; las almas residen en las cosas, en los animales, en los árboles; eligen como morada las piedras y lugares encantados; vivifican la tierra en esos focos de lo sagrado —"lugar rico en almas"— dice un antiguo documento egipcio. En esta época se creía aún entre los egipcios que sólo el faraón nacía unido a su *kaa;* el común de los mortales tenía como desdicha suprema el estar separado de él; sólo después de la muerte se unían: tras de esta unión se recibía un alma. El alma no fue sentida primeramente como propia del hombre. Más bien sucedió que al sentir no tenerla la anduvo buscando.

Alma y amor miden las distancias del universo, transitan entre las diferentes especies de la realidad, se alojan en ellas y las vinculan. Pero conviene recordar que alma y amor existieron antes de que hubiera "cosas", antes de que hubiera seres; son anteriores al mundo del ser. Ser hombre, cobrar existencia humana, consiste en el adentrarse del alma en el hombre, y con ella el amor. Y este adentramiento es padecer: padecer del alma que se adentra en el recinto que parece hermético. Padece el hombre también porque en él se adentran a veces varias almas en discordia. ¿Quién, todavía hoy, no ha sentido la tortura de tener varias almas? O una sola que no entiende.

El amor en esta tragedia es agente de unidad; lo será siempre. En la tragedia poética, será agente de identidad, anhelo de unidad, aunque queda frustrada. El amor será agente de la fijación del alma, de cada alma individual; en las épocas maduras de la historia se llamaba a este padecer trascendente vocación. Y, llevados por el amor, los hombres recorrerán ese largo camino cuyo logro es la propia unidad, el llegar a ser de verdad *uno mismo*. El amor engendra siempre.

Y en la vida humana aparece tiránicamente una doble necesidad de engendrar: el mandato elemental de la especie que engloba a todos sus individuos en una necesidad sagrada y el que proviene de aquel que cada cual aspira a ser, última perfección del individuo. El que de estas dos ansias o funciones del amor la primera se haga sentir en todos los tiempos y edades ha creado la idea de que el amor ha existido siempre de la misma manera, de que no tiene historia. Y es también uno de los elementos que con más fuerza han contribuido a fijar la creencia en la "naturaleza humana", sobre todo cuando ha sido concebida como un repertorio de necesidades invariables. Sin duda que hay en ello una verdad: el conjunto de las necesidades es lo inexorable; inexorabilidad que, junto con la ilimitación metafísica, determina el ser hombre.

El amor, pues, establece la cadena, la ley de la necesidad. Y el amor también da la noción primera de libertad. Necesidad-libertad son categorías supremas del vivir humano. El amor será mediador entre ellas. En la libertad hará sentir el peso de la necesidad y en la necesidad introducirá la libertad. El amor es siempre trascendente.

El amor en la vida humana

El amor trasciende siempre, es el agente de toda trascendencia en el hombre. Y así, abre el futuro; no el porvenir que es el mañana que se presume cierto, repetición con variaciones del hoy y réplica del ayer: el futuro, la eternidad, esa apertura sin límite a otro espacio y a otro tiempo, a otra vida que se nos aparece como la vida de verdad. El futuro que atrae también a la historia.

Mas el amor nos lanza hacia el futuro obligándonos a trascender todo lo que promete. Su promesa indescifrable descalifica todo logro, toda realización. El amor es el agente de destrucción más poderoso, porque al descubrir la inadecuación y a veces la inanidad de su objeto, deja libre un vacío, una nada aterradora al principio de ser percibida. Es el abismo en que se hunde no sólo lo amado, sino la propia vida, la realidad misma del que ama. Es el amor el que descubre la realidad y la inanidad de las cosas, el que descubre el no-ser y aun la nada. El Dios creador creó al mundo por amor, de la nada. Y todo el que lleva en sí una brizna de este amor descubre algún día el vacío de las cosas y en ellas, porque toda cosa y todo ser que conocemos aspira a más de lo que realmente es. Y el que ama se fija en esta aspiración, en esta realidad no lograda, en esta entelequia aún no sida y al amarla la arrastra desde el no-ser a un género de realidad que parece total un instante, y que luego se oculta y aun se desvanece.

Y así, el amor hace transitar, ir y venir entre las zonas antagónicas de la realidad, se adentra en ella y descubre su no-ser, sus infiernos. Descubre el ser y el no-ser, porque aspira a ir más allá del ser; de todo proyecto. Y deshace toda consistencia.

Destruye, por eso da nacimiento a la conciencia, siendo él como es la vida plena del alma. Eleva al oscuro ímpetu de la vida esa avidez que es la vida en su fondo elemental, la lleva al alma y el alma a la razón. Mas, al mostrar la inanidad de todo aquello en que se fija, revela al alma también sus límites y la abre a la conciencia, la hace dar nacimiento a la conciencia. La conciencia se agranda tras un desengaño de amor, como el alma misma se había dilatado con su engaño. Si naciésemos en el amor, y en él nos moviésemos siempre, no hubiéramos conciencia.

Mas no existe engaño alguno en el amor que, de haberlo, obedece a la necesidad de su esencia misma. Porque al descubrir la realidad en el doble sentido —doble y único— del objeto amado y del que ama, la conciencia de quien ama no sabe situar esa realidad que le trasciende. Si no hubiera engaño, no habría trascendencia, porque permaneceríamos siempre encerrados dentro de los mismos límites. Y el engaño es, por otra parte, ilusorio, pues aquello que se ha amado, lo que en verdad se amaba cuando se amaba, es verdad; es la verdad, aunque no esté enteramente realizada y a salvo. Es la verdad, la verdad que espera en el futuro.

Y si el amor descubre el no-ser en la vida, descubre el lado negativo de lo más viviente de la vida —de acuerdo con su condición intermediaria de realizar lo contradictorio—, es él quien torna la muerte viviente, cambiándola de sentido. Mas aquí se encuentra con la esperanza y la sirve en el punto más difícil, en aquel en que la esperanza se encuentra detenida cuando no tiene argumento.

El argumento de la esperanza no prendería en el alma si el amor no preparase el terreno, justamente con ese abatimiento, con esa ofrenda de la persona que el amor alcanza en el instante de su cumplimiento. Pues el amor que integra la persona, agente de su unidad, la conduce a su entrega; exige, en realidad, hacer del propio ser una ofrenda, eso que es tan difícil de nombrar hoy: un sacrificio; el sacrificio único y verdadero. Y este abatimiento que hay en el centro mismo del sacrificio anticipa la muerte. Y así, el que de veras ama, muere ya en vida. Aprende a morir. Es un verdadero aprendizaje para la muerte. Y si la filosofía, una determinada clase de filosofía, ha podido hacer de sus seguidores hombres "maduros para la muerte", era por el amor que comporta, por un amor específico que está en la raíz de la actitud humana que hace elegir esa filosofía, y sin el cual dialéctica alguna habría sido nunca convincente.

Pues el ser humano no cambiará nunca íntimamente en virtud de las ideas si no son la cifra de su anhelo; si no corresponden a la situación en que se encuentra, se le tornarán, por el contrario, en obstáculo, en letra muerta o en simples manías obsesivas.

El amor aparecerá ante la mirada del mundo en la época moderna como amor-pasión. Pero esa pasión, esas pasiones cuando se dan realmente serán, han sido siempre, los episodios de su gran historia semiescondida. Estaciones necesarias para que pueda dar el amor su fruto último, para que pueda actuar como instrumento de consunción, como fuego que depura y como conocimiento. Un conocimiento inexpresable casi siempre de modo directo y que por eso se halla oculto bajo el pensamiento más objetivo, bajo las obras de arte de apariencia más fría. No es más valedero el amor que se expresa directamente, el que se arrebata en un episodio. La acción del amor, su carácter de agente de lo divino en el hombre, se conoce, sobre todo, en ese afinamiento del ser que lo sufre y lo soporta. Y aun en un desplazamiento del centro de gravedad del hombre. Pues ser hombre es estar fijo, es pesar, pesar sobre algo. El amor consigue no una disminución, sino una desaparición de esa gravedad que cuando él no existe es sustento de la moral, condición de los que viven moralmente, sólo moralmente. El centro de gravedad de la persona se ha trasladado a la persona amada primero, y, cuando la pasión desaparece, quedará ese movimiento, el más difícil, de estar "fuera de sí". "Vivo ya fuera de mí", decía santa Teresa, y no es nada específico de ella. Vivir fuera de sí, por estar más allá de sí mismo. Vivir dispuesto al vuelo, presto a cualquier partida. Es el futuro inimaginable, el inalcanzable futuro de esa promesa de vida verdadera que el amor insinúa en quien lo siente. El futuro que inspira, que consuela el presente haciendo descreer de él; que recogerá todos los sueños y las esperanzas, de donde brota la creación, lo no previsto. Es la libertad sin arbitrariedades. El que atrae el devenir de la historia que corre en su busca. Lo que no conocemos y nos llama a conocer. Ese fuego sin fin que alienta en el secreto de toda vida. Lo que unifica con el vuelo de su trascender vida y muerte, como simples momentos de un amor que renace siempre de sí mismo. Lo más escondido del abismo de la divinidad; lo inaccesible que desciende a toda hora.

EL INFIERNO TERRESTRE: LA ENVIDIA

I. La envidia: mal sagrado

Los males sagrados

Existen males sagrados, antiquísimos males que azotan al cuerpo humano. La lepra, la epilepsia y algunos otros que la medicina científica no ha logrado todavía reducir al concepto de enfermedad, sustrayéndolos de ese territorio en que el alma humana siente la maldición, el estigma. No son simplemente enfermedades, sino señales, marcas de algo que parece no puede hacerse visible sino de esta horrible manera. El estigma parece ser a veces huella y efigie de un objeto lejano y amado que ha descendido a dejar su impresión como prenda cierta de semejanza en el ser en que ha caído, quien queda así sustraído a lo común. Los males sagrados son estigmas, porque señalan y mantienen aparte al ser hollado por ellos.

Y este apartamiento de quien sufre un mal sagrado le señala como algo o alguien de otro mundo. La barrera que le separa de los demás no es una cualidad, sino la señal de que algo de "otro mundo" le posee y, como no puede enteramente no estar en éste visible, se descompone. Como si en tales males se mostrase la lucha incesante de los modos de ser en una misma existencia, ninguno capaz de vencer; seres arrebatados a la vida por algo o alguien que, no pudiendo hacerlo por completo, se contenta con marcarlos. Tales enfermedades parecen tener su trasunto en la vida moral. Podemos reconocerlos en diversos caracteres.

El primero parece ser el del respeto que inspiran, respeto que traza un círculo de silencio en torno suyo. Este vacío es la primera manera de padecimiento exasperante para quien lo sufre. Pues no es sentido como un simple padecer, sino como condena.

La envidia corresponde, sin duda, a esta clase de males. Siempre se produce un círculo de silencio en torno suyo cuando aparece. Impone respeto e imprime carácter, y como ningún otro mal sitúa lejos y aparte a quien la padece. No es una pasión exactamente y aun la idea de pecado parece dejar escapar algo de su esencia, pues pecado es también la avaricia o la ira y no tienen ni el carácter de estigmas, ni de ningún otro de los múltiples que señalan a los males sagrados, que por el momento encerramos en ese vacío, en ese silencio apretado que se hace en torno suyo. Pertenecen al mundo de lo sagrado. Y la primera acción de lo sagrado es enmudecer a quienes lo contemplan.

Aunque este enmudecimiento y este silencio tal vez no sean la primera reacción que hayan experimentado los hombres, sino solamente la defensa contra algo de lo sagrado, algo que hace temer o esperar el contagio; contagio, contaminación, que lo sagrado produce en el mundo. Y en su virtud sea éste el primer carácter que tendríamos que reconocer para identificar a estos males sagrados: la acción contagiosa, ante la cual, en determinadas situaciones, la conciencia humana, el saber o la experiencia, levanta ese muro de silencio y respeto. El respeto viene a ser nada más que la acción defensiva ante la capacidad contaminadora de lo sagrado.

"Respeto sagrado", es decir, respeto para que lo sagrado no nos contamine, distancia que marca la diferencia de vida, de planos vitales; límite y frontera de nuestro ser y de otra realidad infinitamente activa y repelente a un tiempo.

Señales de lo sagrado: la destrucción

Actividad incesante en su foco último, contagio en su contacto con nosotros, parece ser la primera manifestación de lo sagrado. Contagio no siempre de males. Más bien, el mal sagrado es como estigma, mal en quien se imprime, pero no un anuncio de un mal análogo del foco de donde irradia. Extraña ambivalencia, vacilación esencial de los males sagrados que parecen ser un mal tanto más terrible porque el foco de donde proceden puede muy bien no serlo; como si el mal estuviese solamente en haberse dejado contagiar, en haberse acercado a algo que debía ser respetado, en haber sido arrebatado y contaminado por ese algo infinitamente activo. Por eso estos estigmas no son retratos, huellas, sino contagios, contaminaciones.

Y tales contagios toman la forma caprichosa y arbitraria, la forma informe propia de lo que no es, ni puede quizá "ser"; las múltiples, infinitas formas en que se presenta la destrucción. Todos los males sagrados, los físicos y los morales, no aparecen con forma y figura propias, sino como algo inapresable, huidizo y sin definición. Tal vez en ello estribe una de las analogías con las enfermedades corpóreas por su carácter irreductible a forma y dotadas de una sorprendente actividad. Es la destrucción, la destrucción en marcha que no produce forma alguna, que no es imagen de un cuerpo en otro cuerpo, ni tiene figura; múltiple, acción huidiza e incaptable.

La destrucción con carácter ilimitado capaz de alimentarse a sí misma es un proceso inacabable del que no se vislumbra el término. Destrucción que se alimenta de sí, como si fuese la liberación de una oculta fuente de energía y que remeda así a la pureza activa y creadora, su contrario. Tal es la ambivalencia de lo sagrado.

Distingamos, pues, de la simple destrucción, que tiene un límite fijado de antemano —cosa sumamente tranquilizadora—, esta otra destrucción propiamente sagrada, sin término y sin fin. Destrucción pura que encuentra alimento en sí misma. Las enfermedades corporales que aparecen de esta manera son portadoras de una promesa de vida inacabable como si el mal, para poder persistir, cuidara de la duración de su presa. Algunas de las llamadas comúnmente pasiones, como la envidia, destruyen al ser que la padece y que, al mismo tiempo, cobra bríos por ella misma. El consumido por la envidia encuentra en ella su alimento. Una destrucción que se alimenta a sí misma; tal parece ser la primera, original, definición de la envidia.

Y mientras lo sagrado vive y se manifiesta fuera del hombre, puede oponérsele ese muro de respeto aislador. Respeto que es solamente acción defensiva que no disuelve, ni transforma, lo sagrado en lo único que lo salva definitivamente: lo divino. El respeto como la resignación son actitudes defensivas, modos de resistencia y nada más, nunca modos de creación, de verdadera actividad transformadora. Lo sagrado del mundo físico fue transformado hace ya muchos siglos en lo divino por el pensamiento: lo sagrado de las montañas, ríos y volcanes, de fenómenos espantables, en la divina *fysis*, a la que corresponde la tranquilizadora noción de la "naturaleza". Se hace aquí alusión, naturalmente, al pensamiento de Aristóteles.

Mas cuando lo sagrado vive en el interior del hombre, cuando se asienta en su centro íntimo y vital, en modo destructor de su vida, alguna acción debe ser intentada para transformar la fuerza incontenible en su contrario; su contrario que ha de llevar implícito, según la ambivalencia de lo sagrado.

Ambivalencia de lo sagrado; de ahí su manifestación en señales, en estigmas, su capacidad de contagio. De ahí, también, la destrucción. Y respeto y resignación no valen ante sus avances, porque tal crecimiento infinito pide ser salvado; descubrir al contrario, es decir, convertir o convertirse. La conversión de la envidia ¿será posible?

En la vida humana, conversión ha de ser siempre transformación, metamorfosis, quizá transfiguración. Es decir, ascensión en la escala de las formas, ganando modos más altos del ser.

La conversión, metamorfosis de la envidia, ¿no será un proceso absolutamente necesario en este hacerse continuo en que parece consistir lo humano?

Avidez de lo otro

Avidez de "lo otro" podría ser la forma más benévola de señalar la envidia. Y antes que la avidez, que es el sustantivo, el sujeto, llama la atención el término "lo otro". Es la referencia a "lo otro" lo que toma aquí especial sustantividad, destacándose.

En el mundo español, ha escudriñado en su fondo, genialmente, don Miguel de Unamuno. La ha abordado de dos modos: en la novela *Abel Sánchez, historia de una pasión,* y en un drama no muy advertido por la crítica: *El otro.* El drama enuncia ya en su título con desnuda elocuencia lo sustantivo de ese otro, que es el término, el objeto de la envidia... El otro, lo otro, sustantivado. Y la genialidad del poeta llega a no dar nombres a los protagonistas del drama, de la tragedia; en verdad es el otro, el hermano. El envidioso y el envidiado no tienen nombre: son el uno y el otro, quizá solamente máscaras distintas de un único ser dividido.

Tal parece ser el tormento definitivo de este mal sagrado. Tormento del uno por el otro; tormento del otro que no tendría que ser visto así.

Avidez de lo otro podría ser igualmente la definición del amor. Sin que pudiera ser nota distintiva el tormento producido por la envidia, porque el amor, según las quejas de quienes lo padecen, es tormento en grado sumo y, como la envidia, tormento que se alimenta de sí mismo. Amor y envidia son procesos del alma humana en que el padecer no produce ninguna disminución; el padecer es su alimento.

La misma definición parece convenirles, "avidez de lo otro", a esta pareja de contrarios que son envidia y amor. La ambivalencia del mundo de lo sagrado se hace manifiesta como siempre. Y esta ambivalencia es la que necesita ser interpretada.

La avidez es propia de algo que necesita crecer, crecer o transformarse, dejar de ser lo que es; algo que se encuentra en grado transitorio, algo que es conato de ser. No tiene avidez aquello que puede ya permanecer en sí mismo, lo que tiene entidad y reposo. La avidez es la llamada en lo que todavía no ha llegado a su ser, y tiende a adquirirlo de alguna manera.

Y así Platón, a través de una voz sagrada, la de la sacerdotisa de Mantinea, hace al amor hijo de la carencia. Es lo que tiene de naturaleza ávida, de ansia, de necesidad vuelta activa. Mas, en el amor, el objeto a que se dirige no es sentido como "otro". Y sin duda que en este sentido del otro o de lo otro es donde debe hallarse el abismo que separa el amor de la envidia. ¿Qué significará este otro en la envidia que tan lejos la lleva de su hermano el amor? ¿Cómo es sentido el otro en la envidia?

Avidez de "lo otro", comunidad de amor y envidia, a lo menos en un primer sentido, pues bien pronto en el amor "lo otro" se transforma en lo uno. La envidia, en cambio, mantiene obstinadamente la alteridad de lo otro, sin permitírsele que toque la pureza de lo uno.

Y, al mantener lo otro, crece la avidez y llega al frenesí. El poseso de la envidia no puede renunciar a eso otro. Sin duda que, en lo más íntimo de su vida, algo sucede que le mantiene ligado a eso otro, extraño y más yo que su propio yo. ¿No será que el envidioso se ve a sí mismo vivir en él?

El mundo de la tragedia griega aparece como la frustración de seres en quienes la sustancia genérica no permite medrar a la figura propia. Drama entre el padre, ese padre que representa a los padres todos, y el hijo, el drama más terrible de la Antigüedad. Ningún héroe de tragedia alcanza la soledad, esa soledad necesaria para ser uno mismo. Pues, en verdad, la identidad personal nace de la soledad, de esa soledad que es como espacio vacío necesario que establece la discontinuidad. Parece haber sido necesario pasar como un acto en la historia ese periodo del desamparo humano, del final del mundo antiguo, para que pueda nacer el hombre solo; el hijo del hombre verdadero.

La resistencia genérica en el incesto trágico parece estar muy relacionada con la envidia, forma de parentesco trágica en que el uno no puede desprenderse del otro, en que llamado a ser uno, no encuentra su unicidad y se siente vivir en el otro.

Mas la diferencia entre envidia y amor parece encontrarse en la visión: el amor ve al otro como uno; la envidia la que podría ser uno como el otro.

La visión del semejante

Verse vivir en otro, sentir al otro de sí mismo sin poderlo apartar. El envidioso, que parece vivir fuera de sí, es un ensimismado; *invidere* ya dice por su composición el dentro que hay en ese mirar a otro. Mirar y ver a otro no afuera, no allí donde el otro realmente está, sino en un abismal dentro, en un dentro alucinatorio donde no encuentra el secreto que hace sentirse uno mismo, en confundible soledad.

Verse vivir en otro ensimismadamente. El ver vivir a otro en el espacio externo, en el fuera, no trae envidia. Ver objetivamente, es decir, ver a cada cosa y a cada ser en el espacio que le sea adecuado, es lo propio del que ya no puede envidiar. Porque solamente puede envidiar el semejante.

Ver a las cosas que no viven y aun a las que viven vida diferente de la nuestra, no parece que pueda llevar a la envidia. Las cosas y las criaturas vivas no humanas aparecen en un espacio diferente de ese en que vemos —al cabo de muchos esfuerzos— a los semejantes. Ver a un semejante parece ser la clave de la envidia y con ello del propio ser. Porque en la visión del semejante va implicada la interioridad, el dentro que es nuestro espacio, al cual nos retiramos y que nos confiere la suprema distinción. Cómo nos sintamos en ese verdadero espacio vital está relacionado con la visión del prójimo, con la comunidad; con el logro del ser individuo de la especie humana en soledad y comunión.

Ver a un semejante es ver vivir a alguien que vive como yo, que está en la vida a mi manera. Sólo él puede ser sentido en esta implicación de la envidia, porque sólo él puede estar implicado en mi vida. Y es que al ver al semejante no le vemos objetivamente en el espacio físico, sino que siento su vida en mi vida. Ver adecuadamente al semejante es la prueba suprema de la visión.

El individualismo moderno nos ha acostumbrado a que creamos estar viviendo solos: el prójimo adviene a mi soledad, que vale tanto como mi existencia ya completa; partiendo de ella conozco, veo y siento a mi prójimo. El espacio vital o interioridad estaría libre de implicaciones; el dentro donde el hombre se ensimisma, según dice Ortega en *Ensimismamiento y alteración,* ¿es un espacio libre, un lugar donde no nos encontramos más que nosotros mismos? ¿Es un retiro vacío? ¿Cuál es la estructura de este lugar donde continuamente nos retiramos?

Ha sido interpretado de distintas maneras a lo largo de la historia del pensamiento. La interioridad como tal es descubierta por el cristianismo que, mediante san Agustín, se incorpora al pensamiento y a la creencia del hombre común. Antes del cristianismo, en Grecia, es alma; después de la revelación de san Agustín, en otro trance decisivo, será conciencia en Descartes. Pero la cuestión, según nosotros la vemos, no coincide exactamente, pues se refiere no al lugar interior, psique o conciencia donde vivimos, nos movemos y somos, donde percibimos las cosas todas, sino a esa interioridad específica humana donde la vida del semejante está implicada.

La vida del semejante no es percibida como la del resto

de las cosas y criaturas, tiene lugar en otro plano, más interior. Para ver al semejante nos adentramos. Y hay grados diferentes en este adentramiento. Si para percibir y conocer lo no semejante realizamos un movimiento de salida, como si quisiéramos llegar hasta los linderos de nuestro ser, asomarnos a nuestros propios límites, para ver y percibir al prójimo, contrariamente, nos hundimos en nosotros mismos y desde este dentro de nuestra vida lo sentimos y percibimos. De ahí, ese carácter peculiar de la percepción del yo ajeno que tiene siempre un tono, provocando una tensión, porque nos sentimos afectados mucho más. Frente al mundo exterior creemos vivir dentro de unos límites, nos sentimos defendidos; frente al semejante nos sentimos al descubierto, como inmersos en un medio homogéneo de donde emergemos a la vez.

En realidad toda percepción del semejante es secreta, tiene lugar en algo no manifestable, en un medio que no coincide, en modo alguno, con el medio que hemos dado en llamar físico y que corresponde a los sentidos. Tampoco con la conciencia. Es otro medio, el medio de la interioridad, donde tal percepción tiene lugar. Y en ella, sentimos unitariamente a la persona que es el prójimo y a su lugar de existencia. Y la sentimos como se siente toda realidad, por los límites con la nuestra, por su acción sobre nosotros. Pero, lo que en nosotros padece la realidad de la persona semejante, es algo mucho más profundo que lo que se siente afectado por las cosas no vivas y por las criaturas vivas que no son nuestros semejantes; ante él nos sentimos comprometidos y en peligro; nos sentimos acrecentados o disminuidos.

Todo ver a otro es verse vivir en otro. En la vida humana no se está solo sino en instantes en que la soledad se hace, se crea. La soledad es una conquista metafísica, porque nadie está solo, sino que ha de llegar a hacer la soledad dentro de sí, en momentos en que es necesario para nuestro crecimiento. Los místicos hablan de la soledad como algo por lo que hay que pasar, punto de partida de la ascesis, es decir, de la muerte, de esa muerte que hay que morir, según ellos, antes de la otra, para verse, al fin, en otro espejo.

La visión del prójimo es espejo de la vida propia; nos vemos al verle. Y la visión del semejante es necesaria precisamente porque el hombre necesita verse. No parece existir ningún animal que necesite contemplar su figura en el espejo. El hombre busca verse. Y vive en plenitud cuando se mira, no en el espejo muerto que le devuelve la propia imagen, sino cuando se ve vivir en el vivo espejo del semejante.

Sólo al verme en otro me veo en realidad, sólo en el espejo de otra vida semejante a la mía adquiero la certidumbre de mi realidad. Creer en la realidad de sí mismo no es cosa que se dé sin más, parece ser que es certidumbre recibida de un modo reflejo, porque creo en mí y me siento vivir de verdad, si me veo en otro. Mi realidad depende de otro. Y esta trágica vinculación engendra, a la vez, amor y envidia. De la soledad, de la angustia, no se sale a la existencia en un acto solitario, sino a la inversa, de la comunidad en que estoy sumergido, salgo a mi realidad a través de alguien en quien me veo, en quien siento mi ser. Toda existencia es recibida. Y ya después de esta certidumbre previa, necesaria, donde la envidia acecha, puede advenir la conquista de la soledad. Soledad relativa a los semejantes, desprendimiento de ellos; adentramiento en busca de otros espacios donde, lejos de los hombres, no estoy solo, sino ante un espejo más allá del tiempo humano, del que algunos hombres han dado testimonio.

La envidia, mirada de través, es la visión en un espejo que no nos devuelve la imagen que nuestra vida necesita. De ahí, la ambigüedad de la envidia, y esa especie de vínculo que se establece entre el que envidia y el envidiado. Vínculo que ronda con la complicidad, porque inevitablemente se siente que si el envidiado —espejo— enviase al poseso de la envidia la imagen que espera y necesita, la rescataría del infierno en que yace. Y quizá la envidia provenga de la turbiedad del envidiado, que no mantiene su interior transparente, sino que, empañado por alguna pasión indiscernible para él, no le refleja como debiera. Leibniz dice que "el hombre es el espejo consciente de la vida universal". A este espejo consciente parece imposible que nadie le envidiara por encontrar en él la limpia y nítida imagen que de su ser espera. Llegar a ser ese espejo consciente es la perfección de lo humano, mas no su cotidiana realidad.

Y así, la envidia se sale con la suya en tornar equívoco lo envidiado. Juego de miradas, de existencias que se ven y miran vivir la una en la otra, en la esperanza de encontrar la imagen que necesitan de sí mismas; ambigüedad azarosísima de la participación.

Participación e identidad

La vida humana necesita ver para ser vida. "Vivir para ver" y ver para vivir. La visión libera a la vida, mas la visión de sí mismo trae el grado supremo de libertad. Pero si la visión de sí mismo no es directa sino refleja, a través de un semejante, la libertad es adquirida por medio del otro. Somos, pues, por otro y con él.

Libertad es identidad. Parece que el fin a que la vida

tiende sea la formación de lo que se ha llamado en el lenguaje de la filosofía moderna "sujeto", la formación de un sujeto; y sujeto es identidad. Pertenece a la esencia trágica de la vida el necesitar del otro aun para la libertad. De no ser así, la tragedia sería un juego o un equívoco, o, como muchas mentes modernas han creído, una aberración psicológica. Pero el logos del *pathos,* del padecer trágico, responde a una situación esencial de la vida humana.

La tragedia no es sino la expresión de la comunidad o participación anterior a la definición del individuo. Como larvas o conatos de ser, los personajes de tragedia se identifican con sus pasiones, con aquello que les pasa. Nada tienen ni son: lo que les pasa y nada más. Y así, hacen pensar si el hombre no irá en busca de su identidad más allá de sus pasiones, más allá de los sucesos de su vida; si no irá buscando esa identidad pura y libre que le confiera el carácter de ser sujeto de lo que pasa, pero no simple paciente de su pasar. Y este pasar se mueve en la participación. ¿Estribará ahí la envidia? ¿En verse en el pasar siempre equívoco e injusto? No podría nacer la envidia de sentir la vida como suceso y pasión, porque así serían vistos también los demás, "los otros". En la pasión todo es otro y nada es uno, pues nada permanece. Pero, si buscamos la identidad de ser alguien por encima y más allá de lo que nos pase y de lo que pasemos, entonces no podrá surgir la envidia. Porque la envidia es pasión del otro, pasión de la identidad de otro, pasión de la libertad de otro, en la vacilante unidad y libertad de uno mismo.

La envidia, la más ensimismada de las pasiones, que transcurre por debajo del pasar y las pasiones tomando en ellas su pretexto. La envidia no es, ni tiene sentido, sino hendida como fría espada entre esa búsqueda de la identidad y la libertad —más allá del acontecimiento y aun de la pasión— como ante una promesa suprema, aunque indiscernible.

La envidia está en el camino de la soledad y si el que está acometido por ella la lograra, cesaría. No cabe envidia en soledad, porque únicamente adquiere soledad el que de algún modo, y en algún sentido, ha logrado acercarse a la identidad que es quietud, reposo y certidumbre. Atravesadamente surge en el camino de la soledad, cuando quien lo anda necesita vivir en la participación. La envidia convierte al semejante en "el otro". Pero ¿qué sentido tiene esta torcida conversión? Quien padece de envidia necesita convertirse en uno y no puede, por hallarse intrincado, implicado en el semejante, sin poderse desprender. La envidia convierte en sombra de una vida ajena a la propia vida.

Sombra del otro, tal se siente el que envidia. Unamuno lo hace ver así lúcidamente en su genial relato *Abel Sánchez*. "Sombra de un sueño", según Píndaro, que repite Unamuno, sombra del otro o de El Otro. ¿Cómo el semejante puede ser convertido en "el otro"?

La raíz de la soledad

¿Estamos en verdad alguna vez solos? Aislamiento, incomunicación no son soledad. Tampoco el desamparo común, única cosa sentida en común de los tiempos modernos. —Los muchos desamparados buscan juntarse en espera quizá de que aparezca el Padre común: "¡Proletarios de todos los países, uníos!"

En Unamuno, en *Abel Sánchez,* quien por ello no trasciende la concepción trágica de la vida, la soledad no se logra nunca. En el fondo de la soledad el protagonista se siente sombra, sombra de un sueño, sombra del Otro, cosa que aparece con mayor hondura religiosa en el drama *El otro,* que en el relato novelesco. Ser a medias, tropieza con su mitad, con su *alter,* siempre en el asecho; obstáculo insuperable de su supremo anhelo: la unicidad. La envidia nace en el anhelo de ser individuo, de ser único, ante la promesa suprema de ser realmente individuo. El semejante es entonces el otro, y su semejanza se convierte en el desmentido máximo de su pretensión.

Dice santo Tomás que los ángeles constituyen una especie cada uno. Mientras que, según vemos, el hombre, aspirando a ser único, ve por doquiera el semejante. Y así se explica tanto padecer buscado y el martirio de tantos en persecución de la unicidad, de la soledad sin nombre, de verse en fin la cara, de encontrar una imagen de sí, que tenga realidad inconfundible.

En la Pasión divina hay un momento supremo en que parece que se detiene para decidirse, suspendida sobre el abismo infinito. Jesús está solo ante su destino; en soledad completa ante él. Un ángel le alarga el cáliz de su enajenable padecer. Misterio en que lo humano obtiene su liberación suprema de la tragedia de ser sombra del semejante. El ángel se aparece siempre a los que logran la soledad; ¡es la imagen sagrada de la soledad! Y el hombre que lo haya sentido cerca, aun sin verlo, estará libre para siempre del asecho de la envidia; del torcido ensimismamiento, donde la mirada se desvía ante el equívoco espejo.

Pasión incompleta la del hombre que no haya vivido su hora a la manera humana, lejos de todo y sin sombra. Entonces nace a la soledad, algo ya imperecedero. Pues no se verá en el semejante, ni tendrá nada de él.

Pero también cabe desdecirse en el Huerto de los Olivos, desviviendo el destino, arrepintiéndose de la Pasión. Sobre las frentes de aquellos que pertenecen a pueblo tan azotado por el mal sagrado de la envidia como el español, debería levantarse esa visión del instante en que la soledad hace nacer al hombre en su seno de madre. Porque sólo la soledad cura la interrumpida pasión de la fracasada eucaristía.

2. El infierno terrestre: la sombra

Pues solamente desde la soledad se llega a la eucaristía; a la comunión aún imperfecta que es el amor, el amor genérico que nos hace entrar en la comunidad del universo, en esa comunidad que es el universo viviente. Pues que desde esta soledad pura que hace de la existencia propia una ofrenda, el universo es visto como universo y como viviente todo él. ¿Acaso es posible un verdadero sentir del universo, si queda de él un residuo muerto, inerte? La visión universal —amorosa y activa— sólo se da cuando se siente al par que todo está vivo y unido; la unidad es al par vivificación. Sólo a través de la vida, el hombre cuya "vida es la realidad radical"[1] en que está inmerso puede participar, y ver a un tiempo, la realidad; sentirla y verla una, viviente.

Y entonces, desaparece hasta el temor o el presentimiento del infierno, de los múltiples infiernos, los de lo inerte, los de la materia desposeída de forma, los del vacío, infiernos del cosmos físico, infiernos de la vida: la vida del otro que fascina en la envidia, del uno que se escapa en el amor... Porque el infierno es danza en el no-ser, en la nada que no

[1] Ortega y Gasset.

acaba de borrar lo que vive ni lo que es, ni lo que hay; la nada impotente. Si la nada existiera como el Ser, el infierno sería la dulzura suprema del acabamiento, con que soñaron los estoicos, los fatigados de todos los tiempos y aun los místicos "nadistas".

El infierno y la envidia, su centro, su hogar central —el centro del infierno que parece no tenerle—, surgen de la impotencia de la nada, de la impotencia del *non serviam* que no puede cumplir su fascinadora promesa de acabar con la realidad; la promesa oculta en su fascinación cambiante, por ambigua.

Los infiernos de la vida son múltiples y así lo dice el habla vulgar que tiende a usar más el plural que el singular, quizá porque el infierno es un lugar incomunicado y sin salida. Y así, son múltiples los infiernos: son la multiplicidad irreductible. Mas siempre aparece puesta en juego la visión y la presencia implacable de "lo otro". En la vida natural el infierno es el mimetismo; la orquídea que imita la mariposa o la mariposa que imita la orquídea. Desde el reflejo de la luz en la gota de agua hasta el camaleón que finge el verde tallo de la planta, el mimetismo —vida según lo otro— tiende su escala. Hasta el animal doméstico que refleja el alma de su amo, hasta el hombre mismo en cuanto tal, aun el no aquejado de envidia, mimético, ¿de quién? La vida parece ir ascendiendo en reflejo, copia, mimesis, como si fuera una enfermedad radical de la vida o un residuo difícilmente eliminable de una tendencia, la del menor esfuerzo a seguir. Como si el empeño de ser algo —la identidad de la rosa, la pureza del cristal— se abriera paso como una victoria de la mismidad en busca de la identidad.

Y así, junto a la escala "ascendente" de los seres miméticos, se ofrece la escala de los que buscan la identidad. Mas no coincide su logro con el tránsito de unos reinos a otros; más bien parece como si cada reino hubiera logrado la máxima perfección posible, sus criaturas ejemplares. El cristal sugiere en el ánimo el logro de la identidad; porque es diáfano y porque es inalterable; la rosa que se marchita y muere es la misma, pero no la idéntica; el animal cambia aún más que la rosa, pues su vida es más larga y más amplio su desarrollo; la identidad, en la vida animal, parece ser inalcanzable. El hombre ha tenido que descubrirla en la inteligencia, en el pensar idéntico al ser, y no pudo impedir el creer que ello fuese su ser o el centro de su ser, diáfano, inalterable, imperecedero. El logro del cristal reaparece en "el acto de la inteligencia", según Aristóteles, diafanidad, incorruptibilidad, quietud.

Mas pronto se dio cuenta quien hiciera este descubrimiento de que tal identidad se realizaba en otro lugar más allá del "ser" del hombre. En lo uno, separado, absoluto, que llamó Dios. La vida sería verdadera vida en tanto que se acercase a lo uno; en tanto que se viviera esta identidad. ¿Se estaría por completo a salvo —desde este pensamiento hecho creencia— del mimetismo?

Vivir en la identidad es estar a salvo del infierno; del infierno de verse en lo otro, de ver lo otro y de ser lo otro que imita a lo uno. Pero la vida humana no logra alcanzarlo, sin poder renunciar a perseguirlo. El vivir humano es alteridad en el doble sentido de estar sujeto a cambios, a devenir "otro" o a sentir el peligro simplemente, lo cual ya basta. Y también en el sentido —en íntima conexión con el primero— de estar entrelazado con los otros: de no ser idéntico ni uno, verse en el otro, vivir desde el otro que llega hasta la servidumbre de sufrir la fascinación del otro que impide proseguir el camino hacia lo uno.

La visión humana no es externa a la vida; no hay visión "objetiva" y menos que de nada, del prójimo, del semejante. Le vemos dentro de nosotros mismos. Y visión es unidad del que ve, también; se ve más cuanto más cerca de ser idéntico se esté, cuanto más lograda sea la unidad del que mira. Ven claramente los "simples". Ver, de verdad, deben poder sólo los ángeles.

De la fracasada identidad de la vida humana, surge la visión fragmentaria, incompleta, de través. Es la sombra de lo que nos falta, que se interfiere; la sombra de la unidad que nos falta y bajo ella la sombra de todo aquello determinado que tendamos a ser, sin conseguirlo. Sombra que oscurece todas las cosas proyectando el infierno sobre la tierra, degradándola en "materia"… la materia, tal como es nombrada por las gentes, ¿acaso existe? Hasta de la visión física hay un trasunto opaco en el alma, pues la imagen de las cosas no es la de la retina, sino la que acoge y conforma nuestra alma partiendo de ella.

La sombra que se entrecruza con la sombra del otro. Y aun la imagen que cada cual se crea de sí mismo, dibujada sobre la sombra de la unidad inalcanzada. El hombre proyecta su no-ser en la visión de las cosas y del hermano que viene así a ser "el otro", "el otro" del "sí mismo" no logrado.

La sombra proyectada, lanzada afuera por la avidez del ser en conato, del hambre de ser que, al detenerle en su crecimiento, le encierra en un sí mismo no logrado, en un infierno. Nadie tiene envidia sino, a través del otro, de sí mismo.

El sí mismo viviente, ¿podrá serlo sin el otro? Amor y envidia son intentos de vivir en el otro, de vivir del otro. La intención es la misma, sólo les separa la diferencia que va del mimetismo al afán de ser realmente. El que ama se engendra a sí mismo en cada instante.

La historia nos muestra a los que de verdad amaron sumergidos en una especial soledad; soledad hasta física, retiro al desierto que ha precedido la manifestación de las grandes vocaciones amorosas. Porque el amor nace de la soledad del ser en sus tinieblas, que fía en el logro final; nace de la fe ciega. La envidia rehúye las tinieblas que a toda criatura se presentan y se fija en una imagen que proyecta: una imagen nacida en las tinieblas, una sombra.

EL FUTURO,
DIOS DESCONOCIDO

Sabido es que los atenienses, que habían elevado un ara al Dios desconocido a cuya sombra les habló san Pablo de la resurrección de la carne, le volvieron las espaldas, ellos tan dispuestos a escuchar toda palabra. Vivían sin duda un momento de extremada fatiga, ésa tan difícil de vencer porque es ya inercia. Es un momento por el que pasan todas las culturas cuando se han saturado de investigar y cuando paradójicamente no pueden actualizar el resultado de sus investigaciones, pues les falta el motor de la "necesidad de saber", que va movida siempre por la esperanza. Esperanza que aun tomando diversas formas es en el fondo esperanza de develar o arrancar algún secreto al Dios desconocido. Lucha en la oscuridad de la caverna por descubrir la faz de lo divino, "naturaleza", orden cósmico, descubierta por el pensamiento en Grecia. O lucha directa con el Dios autor y responsable del destino de la criatura humana como en la queja de Job o en la lucha de Jacob con el Ángel. En ambos casos se llega a la máxima violencia para que una escala ponga en comunicación al hombre con el secreto de la divinidad. En la vida que el Antiguo Testamento testifica, la escala ha de ser tendida por el mismo Dios, su misericordia misma. Cuando el pensamiento humano es, como en Grecia, el instrumento de esta lucha, la escala es la escala de las ideas por donde la inteligencia asciende, conociendo, hasta la idea del Bien. Entre ellos hay la diferencia que existe entre "revelación" y develación.

En tales momentos el hombre lucha más que con el Dios desconocido, con lo desconocido de la divinidad. Son los momentos de máxima tensión del entendimiento humano y del alma que se distiende por la esperanza.

El Dios desconocido es la figura que en Grecia tomó lo desconocido de Dios. No un dios más cuyo nombre no se sabía, sino esa última resistencia que lo divino no había entregado el pensamiento filosófico. Pero debió estar sugerido todavía más por la tragedia; más que por la teoría y el especular sobre las cosas que son o "el ser de las cosas", por el sentir de esa oscura potencia a la cual estaban sometidos hombres y dioses, del cual eran juguetes y víctimas, la justicia ininteligible y la lógica inasequible; una razón que no descendía sino en forma de sentencia inapelable. El Dios desconocido era al par la vida que la idea de Dios no había logrado apresar y la figura del destino. Era la máscara del Dios vivo.

Lo desconocido de Dios es la forma pura en que el hombre en su soledad vive la ausencia; la forma pura de la soledad humana. Mas el hombre no vive esta pura soledad sino en momentos raros, porque la soledad se da en la madurez; es el signo y la prueba de la madurez de una vida.

Adviene cuando el pensamiento ha hecho el vacío en torno; cuando la conciencia ha ido sustituyendo al alma. Cuando las cosas reales han ido entregando su imagen y su concepto; cuando el hombre se permite la ilusión de haber vencido la resistencia que toda realidad opone. Y entonces, cuando el pensamiento ha cumplido su acción —un horizonte y unas cosas inteligibles, convertidas en conceptos—, se hace este vacío. El hombre está solo.

Está solo porque la realidad ha dejado de estar animada, ha cesado su conversación y su lucha con ella, ha cesado también hasta de preguntarlas. Las respuestas se han instalado en su mente y pretende vivir de ellas. Y al vivir de nociones, de respuestas e ideas claras, la resistencia[1] que es la marca de la realidad no se siente ya situada en ella; es decir, en la realidad de las cosas donde fue apresada. Se ha verificado un retroceso y el hombre ha vuelto a una situación análoga a aquella en que todavía no había cosas; mas ahora en modo distinto porque si no hay cosas es porque han sido sustituidas por sus conceptos.

Podríamos esquematizar así, en tres momentos, el modo como el hombre siente y sitúa la resistencia que es marca de realidad.

1. No hay todavía "cosas". El hombre siente como viviente todo lo que le rodea. Corresponde a lo que se ha llamado "animismo" y también mundo de lo sagrado, que es ambiguo, confuso, ambivalente —bueno y malo sin separación—, adscrito a un lugar y a veces a un momento del tiempo —aparición de una fuerza arrebatadora en modo fugitivo.

La resistencia está concentrada en lugares, situaciones, en fuerzas no limitadas. No hay límites que definan esta resistencia, vale decir: la realidad.

2. Han aparecido las cosas. La realidad se presenta configurada en cosas, es el momento en que Tales se pregunta por ellas, porque ya las hay. Hay cosas, que quiere decir que hay límites; cosa es algo, una X que tiene límites y que comparece ante la mirada humana con una cierta uniformidad. Por eso choca cuando se desmiente. Para que extrañe una diferencia de comportamiento, una apariencia contradictoria, tiene que haber de antemano una regularidad; una regularidad observada, si no pensada.

---

[1] Según Ortega y Gasset, el carácter último de lo real es la resistencia.

En este momento la "resistencia" se siente en las cosas. En ellas, pues, reside la realidad.

Entonces surge la pregunta acerca de las cosas. Y el pensamiento inicia su marcha hasta llegar a descubrir el concepto y a establecer conceptos adecuados para ciertas epecies de cosas y hasta para la totalidad de las cosas: la naturaleza.

3. La mente lucha más que con "las cosas" con los problemas puestos por el pensar sobre ellas; se mueve entre conceptos. Se han descubierto la dialéctica y la lógica. Los dioses —hablamos de Grecia— han cesado de actuar, de ser vigentes, es decir, de ser la cifra de la realidad y del destino humano. El hombre se ha independizado de ellos; ha nacido también la ética.

Entonces, adviene la soledad, cuando se cumple la soledad que hubo de existir ya para que la pregunta acerca de las cosas se produjese. La soledad primera que da origen al pensamiento es la soledad del hombre que se da cuenta de la imparidad de su destino y de su "ser"; de que nadie hay que pueda responder lo que precisa saber, de que nadie hay que pueda hacer su parte. Mas la soledad que llega cuando el hombre ha dado ya su respuesta, cuando ha realizado su parte, es soledad no de pretensión, sino de hecho; se ha desrealizado el mundo circundante. El hombre ya no puede hablar sino consigo mismo; aun el diálogo es soliloquio.

En esta situación, la *resistencia* invencible de la realidad se condensa al par que se retira. Es el momento en que se hace presente lo positivo de la ausencia de Dios —decaídos ya los dioses—, cuando se siente activamente como dotado de vida propia al Dios desconocido o a lo desconocido de la divinidad; las tinieblas dotadas de vida.

En cuanto ausencia, es el vacío un sentir del espacio ilimitado, de un espacio cósmico e inhumano donde el hombre aun dueño de su pensamiento se siente semejante a las cosas, rueda como cosa. Sentir que aparece visiblemente en el epicureísmo y en todas las formas de "materialismo". Y como tal espacio vacío difícilmente puede resistirlo el corazón humano, bien pronto se puebla de monstruos, de dioses, de pesadillas, de absurdos temores y absurdas esperanzas. Los más avisados intentan detener esta avalancha y llenar el "vacío" con un grandioso proyecto de *ser hombre*.

El hombre tiende entonces a deificarse, o a deificar algunas de las condiciones de su vida. Pues la "resistencia" la traslada a sí mismo y comienza a sentirla en sí mismo. Y puede advenir que sin darse cuenta haga de sí propio —del hombre en cuanto tal o de sí mismo como individuo— el portador de un secreto: el secreto del Dios desconocido.

Un espacio vacío, inanimado, donde el hombre tiembla en soledad; una resistencia, suma de todas las resistencias de las realidades que las circunstancias físicas, históricas, le oponen, disociadas, desintegradas las dos, parecen ser los componentes de esta situación, en la cual el hombre tras de haber recorrido un largo ciclo de conocimiento viene a encontrarse.

Tal parece que fue la situación al final del Mundo Antiguo en el dintel mismo de la aparición del cristianismo. Pero tal situación puede repetirse y de hecho parece repetirse en nuestros días.

En la crisis del Mundo Antiguo, tal situación —presencia del Dios desconocido, vida a la sombra del Dios desconocido— advino al final de una larga y cumplida etapa de pensamiento sobre las cosas de la naturaleza. Hoy, el camino que el hombre ha recorrido es de conocimiento científico de la naturaleza que le ha dado un dominio sobre ella, de una parte. Y de otra, de un proceso metafísico que podríamos llamar "crecimiento del sujeto", del hombre como sujeto del conocimiento y como sede máxima de la realidad. Y si el hombre ha llegado a encontrar en sí mismo la máxima realidad, ¿es extraño que encuentre al par la máxima "resistencia"?

Así sucede al parecer actualmente. Si según algunas filosofías el hombre es "el existente" es porque al pretender captar su propia realidad ha encontrado, como en toda realidad, una resistencia, más inquietante porque la encuentra dentro de sí mismo.

Pues allí donde se fija la realidad aparece la máxima resistencia. Mas la estructura en la que aparece o es sentida la realidad cambia según las situaciones históricas.

En los momentos de positivismo o realismo, que corresponde a la existencia de las cosas, la realidad aparece múltiple y se hace necesario el establecimiento de relaciones: causas, efectos, fines... necesidad hecha sentir por la insuficiencia de cada una de las cosas; después es sentida la insuficiencia de todas las cosas y sus relaciones. Se llega así a la unidad que sostiene y explica esta multiplicidad de las cosas. Es la unidad del Dios del pensamiento descubierto por la filosofía.

Mas, en los momentos de soledad, de esa soledad total que adviene tras la experiencia del desengaño de las cosas y su vacío, se hace sentir la realidad —o su ausencia— como proveniente de un foco primario, viviente. Sólo él puede restituir la confianza y la vida.

Y así, cuando el hombre apura su soledad y cree al mismo tiempo que la realidad es él, él mismo, necesita hallar ese foco primario de realidad en sí o en algo que él sienta en modo primario, inmediato.

Y cuando esta realidad es sentida solamente en forma de resistencia, vuelve a encontrarse de nuevo el hombre bajo el Dios desconocido. Mas ahora dentro de sí mismo.

Tal situación es difícilmente soportable. Y además viene a suceder que en la propia vida humana algo, alguna nota o condición se destaca de las demás como soporte o lugar de esa resistencia máxima. Tal ha venido a suceder en los días de hoy con el tiempo.

El tiempo, no el cósmico, sino el humano, es lo más resistente e implacable de la humana condición. Pero en él existe una apertura que atrae la esperanza, algo así como el canal propio de la esperanza: es el porvenir. Y aun dicho con mayor precisión, el futuro.

Porque el porvenir es el mañana previsible, lo que se prevé presente y es presente ya en cierto modo; participa de la seguridad que la conciencia establece en todo lo que hace entrar en ella. Mientras que el futuro es lo desconocido como tal, el reino de la ilimitada esperanza, y toca, siendo una dimensión del tiempo, lo intemporal. Si la expresión fuera válida se le podría llamar lo supratemporal, porque siendo tiempo se escapa del carácter relativo de la temporalidad; se presenta con un carácter absoluto.

Son las propias esperanzas humanas, incluida la esperanza suprema y casi siempre oculta de que nuestra vida, sin dejar de ser vida y *nuestra,* tenga los caracteres que le faltan y que le son contradictorios: identidad, realización total y completa, realidad total.

Mas el futuro tiene por sí mismo la condición de no llegar nunca; lo que se hace real es el porvenir, dejando de ser porvenir y convirtiéndose en presente. El porvenir no trasciende la caverna temporal; el futuro proporciona, por lo menos, una ilusión de trascenderla.

Porque la forma espontánea en que la vida humana se produce es siempre la caverna. Cada época tiene la suya como tiene su infierno propio. En cada época el hombre siente su confinamiento en diversa manera; la resistencia que encuentra ante la realidad es su caverna.

Platón, en la *Alegoría de la caverna* que define la situación del hombre antiguo, encuentra la solución en salir fuera. Salir fuera desligándose de la condición terrestre, "dentro" irremisiblemente condenado; tenía que abandonar su propio recinto para ir al espacio abierto donde se mueven —viven— las ideas.

El conocimiento era el único camino de "salvación". Y conocer es identificar el pensar propio con el ser —idea o esencia—; es un proceso que al cumplirse nos transporta a la pura objetividad, nos convierte en la objetividad. Y lo que de nosotros no puede ser convertido —el dentro en que gemimos— queda abandonado. Lo primero, el tiempo. Conocer es salir de la caverna temporal.

El cristianismo ofreció desde el primer momento la conversión de la caverna temporal. El hombre interior de san Pablo que por obra de Cristo nace desde lo más hondo de la interioridad y al nacer transforma todo el tiempo en eternidad: y aun la carne tiene su promesa de resurrección. El cristiano no ha de abandonar propiamente nada, pues al nacer en Cristo, al nacer por Cristo, arrastra y transforma su entera condición. Ser cristiano es entrar en sí mismo, entrar en Cristo que yace en cada uno de los hombres. Despertar en Él, nacer en Él.

San Agustín ofreció la fórmula en términos filosóficos: "No busques fuera; vuelve a ti mismo, en el interior del hombre habita la verdad". La caverna temporal —en términos de filosofía moderna, la subjetividad— quedaba trascendida enteramente por la revelación de Dios en ella.

En la situación actual, el hombre, nacido en la atmósfera y en la tradición del cristianismo, no sale fuera en busca de la verdad; queda en sí mismo. Mas en la ausencia de Dios, vuelve a vivir en la caverna temporal. El futuro es su Dios desconocido.

Pues es Dios, o hace oficio de Dios, aquello a que se sacrifica. Y no hay sacrificio que el hombre de hoy deje de ofrecer al futuro. No hay sacrificio que, aun hundiendo tal vez sus raíces en otros motivos, no quede justificado, legitimado en nombre del futuro. Y aun la renuncia que la vida impone es aceptada en nombre del futuro como si de él se esperara la total compensación y aun la resurrección de todas las esperanzas muertas, del *es* sin resultado, de la vida no *sida*, de esa vida que apareció posible algún día y aun real por un momento y que ha quedado en larva. Todos los proyectos fracasados, y los que obstinadamente se prosiguen, privados de horizonte —de futuro— son arrojados, como en otros días el corazón en las religiones de sacrificio humano, a esta misma del futuro.

Implacable exigencia que se hace sentir sobre cada hombre, ésta de vivir en vistas al futuro. El proyecto histórico, el régimen social y político que se realizará en el futuro y sólo en el futuro. Y aun en la valoración de las edades, la absoluta prelación del niño que no más llegue a ser hombre será presa de la misma exigencia, la confianza y crédito concedido ilimitadamente al joven que cuando llegue a madurar, a ofrecer el fruto de su promesa, será devaluado, desatendido en provecho del nuevo joven, a quien sucederá lo mismo. El futuro, dios desconocido, se comporta como una deidad que exige implacablemente y sin saciarse que le sea entregado el fruto que va a madurar, el grano logrado; ese instante de calma, la paz de una hora, lo que en la vida humana puede darse de tensión; ese presente que es el tiempo propio de la vida en paz.

Y de este dios no cabe esperar que diga "Misericordia quiero y no sacrificio". Porque es el hombre mismo el que no se acepta sin ser sacrificado, ávido de escapar de la caverna temporal.

La lucha con el Dios desconocido es una vuelta a la edad del sacrificio. Siempre ha de haber sacrificio; mas, en ciertas épocas llamadas de madurez, el sacrificio tiene un límite y produce un resultado. Saber sacrificar y sacrificarse es la suprema sabiduría del hombre, a quien no basta, por lo visto, la misericordia concedida por el Dios revelado, pues él se forja un dios que no perdona, al que presta diversas máscaras; en los días que corren: el futuro y el Estado. Y entonces el pensamiento ha de recomenzar su acción liberadora contra tales dioses insaciables. Y es difícil una filosofía que nos libre de la tiranía del futuro al par que nos lo haga asequible; es difícil, pero es indispensable.

LA HUELLA DEL PARAÍSO

Nostalgia y esperanza parecen ser los resortes últimos del corazón humano. El "corazón", que es una metáfora de la vida en lo que tiene de más secreto e incomunicable, fondo íntimo del sentir originario, *a priori* no declarado de la voluntad, de la vocación, de la dirección que toma el conocimiento. Nostalgia y esperanza son dos direcciones que este sentir originario toma en el tiempo, de tal manera que cuando se diferencian es sólo porque el tiempo, el de la conciencia, las ha separado; sin ese tiempo consciente estarían siempre entremezcladas, como lo están muy a menudo. En ambas se hace sentir el mismo hecho, el hecho de que la vida humana sea sentida por su protagonista como incompleta y fragmentaria. La realidad, ha dicho Ortega y Gasset, se presenta siempre como fragmentaria; es decir, hace alusión a algo que le falta, jamás se da como un todo completo, sino más bien como una totalidad en la que falta algo; la unidad se da así no por presencia, sino por ausencia. Y de la "realidad" o en la realidad, tal y como se presenta, entra también la vida humana, mi vida o mejor yo mismo, que me siento y me sé uno, mas separado de mi origen, sumido en una especie de olvido del que quisiera despertar. Ansia de recuperación, de verse a sí mismo, si por verse se entiende vivir enteramente sin la dependencia de un pasado. Pues la dependencia del pasado viene, aún más que del pasado que se conoce, de un pasado incognoscible por naturaleza.

El pasado que un día fue presente puede ser rememorado y traído a la conciencia, hecho conciencia; lo cual quiere decir libertad. Es el pasado que queda libre, especie de hueco que atrae a la representación y cuya existencia es sin duda la determinación primera de la necesidad de crear mitos. Pues anterior a la "potencia fabulatriz" que dice Bergson, ha de estar la "necesidad" de fabular de acuerdo con ese principio de la "razón vital" de Ortega de que la necesidad vital es la justificación y explicación del hecho de pensar y no la capacidad, el hecho de que haya inteligencia, que es a su vez un hecho.

La necesidad de fabular proviene, sin duda, de este pasado puro, que permanece vacío, que no puede llenarse con recuerdo alguno, punto de partida de la nostalgia.

Y al no poder llenar con nada este pasado puro se le siente como pasado perdido. Y así el vivir humanamente comporta el sentir de haber perdido algo y, en consecuencia, estar "así", de esta manera, sin que hayamos conocido jamás otra.

Cada cultura, cada religión —hasta ahora las culturas están encerradas en el receptáculo último de su religión o de sus religiones— ha inventado algún relato para llenar este hueco del pasado perdido y dar satisfacción a la disconformidad esencial que el hombre siente ante la realidad que le rodea, con su propia condición. Pero hay aún algo más en estos relatos: el diseño de una vida donde las condiciones esenciales de "esta vida" que vivimos están convertidas en su contrario; donde toda carencia está anulada y hasta el tiempo mismo como tal no existe; una vida humana sin precariedad, a salvo de toda contingencia, como si la idea de un "hombre originario" estuviera vagamente diseñada en el fondo del alma humana.

Paralelamente, la esperanza tiende a restablecer en el futuro la vida del pasado perdido. ¿De cuál es la prioridad? Parece haber entre aquello que la nostalgia diseña y lo que la esperanza propone una igualdad de nivel como en dos vasos comunicantes. Y entre ellas el abismo de la decadencia o de la "caída", más hondo cuanto más alta sea la esperanza y más perfecta la imagen de la vida perdida.

Y así, las utopías nacen solamente dentro de aquellas culturas donde se encuentra claramente diseñada una edad feliz que desapareció y con ella una imagen, si no idea, del hombre liberado de la servidumbre actual. No hay utopía sin idea, que es género típicamente intelectual, en la cual la esperanza ha hecho de la razón su aliada y hasta su instrumento; tal en la *República* platónica. Pero quizá la imagen, aun no tenida en cuenta por quien edifica la utopía, tenga mayor fuerza atractiva, mayor eficiencia que la idea misma. Pues de la imagen viene cuanto hay de audacia, de atrevimiento que fuerza a la mente a edificar la utopía.

No todas las utopías de nuestra cultura occidental confiesan su origen en la nostalgia de un paraíso perdido, de una vida perfecta que es preciso y posible recuperar. Algunas, nacidas al margen de toda religión y aun en contraposición con ella para corregir "sus yerros" iniciales, no serían explicables históricamente sin este fondo de nostalgia paradisiaca (y en lo que de ensueño paradisiaco tienen, de edificar un paraíso "aquí y ahora", pueden caer fácilmente en aquello que critican a toda religión: ser un opio que adormece e inhibe de pensar).

Y en los dos puntos extremos que marcan el horizonte humano, el pasado perdido y el futuro a crear, resplandece la sed y el ansia de una vida divina sin dejar de ser humana, una vida divina que el hombre parece haber tenido siempre como modelo previo, que se ha ido diseñando a través de la confusión en abigarradas imágenes, como un rayo de luz pura que se coloroease al atravesar la turbia atmósfera de las pasiones, de la necesidad y del sufrimiento.

En la tradición judeocristiana se precisa la imagen del perdido paraíso sin entrar en descripciones, añadidas después por la imaginación poética azuzada por la nostalgia. Aparece claro que ni aun en el Paraíso el primer hombre llevaba una vida divina; creado a imagen y semejanza de Dios, ha subsistido siempre entre su ser y el divino la diferencia que hay entre la realidad y su imagen, entre la luz y su reflejo; el ser de Adán parece así que consistiera en ser manifestación de Dios en una criatura que ya no era Él, pero que portaba su vera efigie, en ser gloria de Dios. La vida en el Paraíso habría de ser gloria de Dios, manifestación transparente de su realidad, vida que no se interpone en su sombra.

Esta noción de la *gloria* que en tantos lugares del Antiguo Testamento resplandece equivale, sin duda, al Reino de Dios donde no se lleva una vida como la de Dios mismo, donde no se es ni se puede ser Dios, pero se es simplemente su obediente criatura. Es la filialidad perfecta que corresponde a la paternidad divina. Es completamente distinta a la idea o imagen de una Edad de Oro donde la vida humana resplandecía en la plenitud de su fuerza. La Edad de Oro pagana parece indicar una concepción contraria a la judaica. Un reino del hombre donde por ser el hombre perfecto se asemejaría a los dioses o vendría a ser su igual. Y es quizá la que ha hecho que se interpreten los dioses griegos como dioses a imagen y semejanza del hombre.

Pues en la religión de los dioses del Olimpo parece haber una dificultad para establecer lo divino en relación con lo humano, como si lo divino no pudiera ser percibido. Al "pensar" poéticamente sus dioses los griegos los pensaron ya en forma humana, lo cual parece estar en contradicción, o a lo menos en divergencia, con aquello que los dioses eran en sus humildes comienzos, humildes sí, pero más puramente divinos que en la interpretación homérica.

Pues lo propiamente divino de los dioses griegos era de carácter cósmico, lo cual es distinto de la idea de que los dioses griegos fuesen fuerzas de la naturaleza divinizadas, por la simple razón de que cuando surgieron no había aún "naturaleza", la noción de un orden espontáneo. Contrariamente, lo que me atrevo a afirmar es que lo originariamente propio de los dioses era lo divino natural, lo divino del cosmos; el origen divino de lo que después por el esfuerzo del pensamiento se fijó en la noción de naturaleza. Y como toda metafísica es fiel a sus orígenes religiosos —por remotos que sean— el dios de Aristóteles, el Motor inmóvil, "pensamiento de pensamientos", es dios de la naturaleza, descubierto como ratio última del cosmos más que del hombre.

Y así se explica la perenne y no superada situación de desamparo del hombre dentro de la cultura griega, de su filosofía que no pudo superar este origen de su religión, cuya revuelta aparece en la tragedia. La tragedia griega que es el revés del Paraíso; el infierno del hijo que no conoce a su padre.

En cambio, en la tradición judeocristiana[1] Dios está concebido como autor y padre del hombre cuya filialidad está claramente establecida desde el primer momento. El Paraíso, la vida feliz es así y no puede ser sino la vida de una perfecta filialidad de la criatura que vive y respira sin discontinuidad en la gloria del Padre.

Lo cual explica que la imaginación cristiana haya sido

---

[1] *Poeta* del cielo y de la tierra, dice el Credo de la Iglesia griega.

mucho más audaz que la griega en lo que al paraíso se refiere y mayor también la tentación de imaginarlo, y hasta de crear un paraíso terrestre "aquí y ahora", y de que a medida que el hombre se separa de la fe religiosa, que define la huella del paraíso, aparezca multiforme y constante, como una obsesión, esta huella, creando espejismos.

El hombre crecido en una cultura cristiana y alejado del dogma conserva, sin embargo, esta claridad de un paraíso perdido que luego diseña a su manera, según la nostalgia predominante de la época. Mas por encima de la imagen que depende de las circunstancias históricas hay una situación común que aparece allí donde la nostalgia del paraíso se hace más viva, en el amor y en el ímpetu poético, y es que infierno y paraíso andan mezclados.

La cifra de esta situación en la vida griega se muestra en la leyenda de Orfeo, padre de la música y de la poesía, víctima de un amor sin renuncia. El amor le lleva a descender a los infiernos. Y parécese a la ley del amor humano desde entonces su destino no superado; el amor que es ansia de paraíso obliga a bajar a los infiernos. Como si en la confusa condición humana yaciese un resto de paraíso, un paraíso no destruido, que yace a su vez en el infierno.

La apetencia de una vida paradisiaca ha ido ligada casi siempre a la idea de que la naturaleza o el estado de naturaleza es el paraíso, o de que la naturaleza es la vida perfecta. Una fatiga de ser hombre la suscita y la acompaña, y a veces, como tan notorio es en el ensueño de Rousseau, se ve en ella el polo opuesto a una civilización corrompida, donde el hombre no puede ya respirar. Nietzsche en su ensueño del superhombre sufre también la fascinación de "la naturaleza", mas no se podría incluir este ensueño entre los provocados por la nostalgia del paraíso; por ser sustantivamente heroico, el superhombre habría de vivir en una perpetua tensión, sin descansar jamás en instante de reposo. Y el paraíso es esencialmente quietud.

Así la naturaleza se aparece a quienes la miran como el paraíso, como la quietud perfecta; el lugar donde el hombre hallaría el absoluto apaciguamiento. Y ¿cómo puede el hombre alcanzar tal estado si no es arrojando la carga de lo más humano, de aquello que le diferencia de los demás seres vivientes conocidos, la libertad y su inseparable compañera, la responsabilidad?

Ser libre es ser responsable; es exponerse y aun reclamar ser juzgado. Juzgar y ser juzgado. Entre las más misteriosas palabras del Evangelio figura "No juzguéis", que sin duda habrá que entender como lo propio de la perfecta santidad del alma y de la voluntad cuya cifra está en el Padre Nuestro.

La plenitud de lo humano realiza así lo que ya se prefigura en el nacimiento: salir de un espacio donde se vive dentro, de un dentro a un fuera, espacio abierto donde se ve y se es visto, se juzga y se es juzgado. El ámbito de la vida humana, su espacio vital, es el del juicio del que, en la nostalgia del paraíso, busca liberarse.

Pues la libertad que está en la misma raíz del vivir humanamente, como la suprema necesidad, es correlato del vivir en un medio heterogéneo, en el juego de elegir. Los juegos infantiles deben de rememorar al juego trágico en que es necesario acertar y si no, se paga una prenda. Prenda que es culpa o yerro, en que se puede perder todo, y en que se perdió ya el disfrute del paraíso.

Pues en el ejercicio de la libertad permanece un sentido de juego y aun de azar, ya que en la elección se rebasa el conocimiento, se aventura y decide en los momentos definitivos lo que aún no es, el que todavía no somos. La nostalgia del paraíso lleva consigo la renuncia a este aventurarse, a este elegirse a sí mismo.

Pues al elegir me voy eligiendo; voy eligiendo el que seré, y si esto ocurre en cada hora hay instantes decisivos en que se realiza ese algo que va a determinar la vida entera, una elección que va a quedar incorporada al destino. Tales elecciones que son decisiones, o momentos de pura voluntad, crean una soledad si no es que se dan en ella. Y esta soledad en la que surge el acto de voluntad por el cual decidimos nuestro "ser", en modo irrevocable, es lo menos paradisiaco; pues estamos abandonados a nosotros mismos, engendrando nuestra suerte. Y sólo el cristiano en su fe puede esperar que de tales momentos —si hay yerro— pueda haber un último rescate.

Las criaturas de la naturaleza no deciden, no son libres ni han de elegir. Han recibido su ser invariable según la "razón vital" muestra con toda claridad. La percepción que así ocurre ha intervenido sin duda en que la nostalgia de una vida paradisiaca se proyecte sobre la vida de la naturaleza. "¿Y el hombre no tendrá una 'naturaleza' perdida, no será nuestra 'culpa' el no vivir según ella? ¿No será obstinación el querer persistir en una vida humana, donde hemos de hacernos a nosotros mismos?"

Todas las criaturas naturales obedecen sin tregua. En forma paradójica Hölderlin expresó nostalgia y remordimiento de no ser como las criaturas naturales: "las estrellas han elegido la constancia" (*Hiperión:* segunda parte, sexta carta). Constancia, fidelidad, obediencia... lo que el hombre se encuentra no teniendo, lo que para tener ha de esforzarse en extremo, tanto que se llama "convertirse".

Y así el estado de naturaleza se presenta como un retorno a la patria primera en busca de la fuente primaria y pura de la vida, en busca también de la "fuente de la imagen originaria" —verso final de *La primavera,* uno de los poemas de la locura. Volver a una vida natural equivale a reencontrar el origen, el ser originario que se es; el que se es en lugar de este vacío, de esta falla de ser, de este no ser o no ser-todavía que nos obliga a hacer, a elegir y a elegirnos.

Porque en la nostalgia del paraíso se despierta una nostalgia aún más primaria y original, la de ser. Ser no como resultado de un esfuerzo y de una elección sino por haber sido engendrado y elegido. Ser en modo natural es —en términos humanos— ser como hijo.

Ser hijo, mas no en soledad. La vuelta hacia el Padre es recuperación del ser original y originario y de la comunidad perdida con todas las criaturas; el entendimiento perfecto con lo viviente y lo no viviente, el que los seres naturales, bestias, constelaciones y la misma madre tierra —tan huraña— y sus frutos no se nos aparezcan encerrados bajo máscara ambigua, como si todo lo viviente estuviera disfrazado y nos enviara signos en demanda de un reconocimiento; como si nosotros mismos también anduviésemos errantes, desconocidos aun para nosotros mismos, pues aquel que somos no lo vemos. Y de ahí, esa imagen que todo hombre se va forjando de sí mismo y que le causa tanto padecer al no verla impresa en quienes le miran. Y también la angustia de no sentirse mirado.

Y es, sería poder leer claramente lo que se nos aparece en jeroglífico de estrellas; ver el universo totalmente y en su sentido; habitar no un pequeño rincón desde donde percibimos a lo lejos y en enigma el universo, sino estar en él como en nuestra casa, gozar de su inmensidad sin sobresalto ni extrañeza, que todo nos sea familiar. Y así el conocimiento no sería adquirido, ni siquiera consciente, como a veces recordamos o creemos recordar era por momentos, en nuestra infancia.

Es, sería la intimidad sin reclusión; el que cesara de haber el dentro donde somos prisioneros y a veces perecemos de asfixia, y el fuera, inmenso y hostil; el fuera de la asechanza y el espacio nuestro, donde nadie nos responde. Ansia de ofrecer nuestra libertad y el conocimiento nuestro, nuestra "personalidad" también como individuos y nuestra peculiaridad humana a cambio de la intimidad total, que es visión en que la imagen deja de aparecer como tal, pues que ya no habría apariencia y fondo escondido, sino simples seres visibles en su más recóndita individualidad, que refleja al par los seres todos, tal como Leibniz enseña en su *Monadología*. El pensamiento filosófico ha sido, a veces, una introducción al paraíso.

Individualidad y comunidad. Libertad perfecta en la perfecta obediencia, ser sin tener que hacerse. Un espacio sin escisión en fuera y dentro; un tiempo sin destrucción.

Y todas estas "notas" de la vida paradisiaca, a imagen de una naturaleza llena de gracia, llevaban consigo la abolición de la historia, del quehacer histórico que habemos de realizar queramos o no[2] y de la historia ya hecha en la que nos encontramos —queramos o no— viviendo. La historia nacida de la libertad y que viene a constituirse en prisión como todo lo que el hombre edifica. Pues ésta parece ser la ley que pesa sobre la libertad humana; al elegir hacemos o deshacemos; hacer que lleva consigo una acción. Y la acción un resultado que depende de las circunstancias, de la historia que ya hay; resultado a menudo tan infiel y casi siempre

---

[2] Según la "razón vital".

caricaturesco de la esperanza originaria de donde brotó. La historia es el ejercicio de la libertad que se transmuta en cada momento. Un sueño construido, una esperanza que se realiza y que se frustra en la medida casi exacta en que se realiza. Y este "casi" es la rendija, el "espacio vital" a veces angosto, para la esperanza siempre despierta, para el nuevo ensueño que querrá realizarse. Por eso el hombre se ve forzado a destruir o a querer destruir su historia ya sida para seguir haciéndola. Y sueña en momentos de saturación histórica, con una destrucción total de la historia ya sida y aun de la historia sin más; de que simplemente la haya. Pues si es cierto que el quehacer histórico es ineludible, lo es también el ensueño y la nostalgia de librarse de la historia, de lograr por una acción violenta lo que la historia parece perseguir: que cese la historia y que comience la vida.

Anhelo de librarse de la historia definitivamente que lleva la marca de la nostalgia del paraíso. Nostalgia exasperada en la fatiga de esta vida humana que ha de hacerse a sí misma,[3] de engendrar el futuro, de edificar el mundo que nunca llega a albergarnos. El mundo histórico hecho por hombres y extraño a los hombres, hermético, llega a ser tan ininteligible y necesitado de explicación como la naturaleza; nos impone una necesidad de conocimiento —comprensión, razón histórica— de dar cuenta y de darnos cuenta de lo que hemos hecho, de lo que "otros" han hecho. Y de nada sirve renunciar a toda acción que modifique la historia, a tomar parte activa en ella; pues nadie nos quitará el tener que padecer la historia.

Y si el simple hecho de estar vivo nos sitúa en un espa-

---

[3] La vida humana se distingue de la no humana en que ha de hacerse a sí misma, dice Ortega.

cio donde hay fuera y dentro —convivencia y soledad—, el forzado libre hacer que es historia nos sitúa también en una escisión: hacer o padecer; hacer y padecer. En la paradisiaca vida de una naturaleza rescatada, no habría tal cosa: el hacer no sería padecido por otro y no sería acumulativo a manera de crear circunstancias. Hacer y padecer son signos de una acción que no alcanza a vencer la pasividad, lo que de pasivo hay en el hombre que la hace. Ni acción ni pasión sino pura vida en acto puro. Vivir enteramente en una vida donde todo esté en acto; la vida diseñada por Aristóteles en el Motor inmóvil participada a la *fysis* que mueve. La filosofía en momentos de máxima perfección, en el límite de sí misma, ha pensado las condiciones de esa vida perfecta de la naturaleza.

Mas el hombre seguía sin poder entrar en ella. Había de dejar su más cara intimidad, su ser secreto y no develado todavía, renunciar a la esperanza oscura de que no puede desprenderse. Y así, la nostalgia del paraíso reaparece no aplacada por el pensamiento de una vida perfecta que para el hombre no resulta ser perfecta, porque no es la suya. Y mientras su vida siga siendo tal como es, mientras sea sólo hombre, será alguien obligado a ser libre y a hacer, a hacerse con la esperanza, que por momentos se exaspera, de ser al fin enteramente. Ser enteramente, ser del todo, que sería ser simple criatura; simple hijo de Dios.

IV

LOS TEMPLOS Y LA MUERTE EN LA ANTIGUA GRECIA

EL TEMPLO Y SUS CAMINOS

1

Con ser tan decisivo el carácter de ser morada de un dios, la presencia del templo griego sugiere algo más que no puede ser un añadido, ni una ulterior superposición; algo que viene de la divinidad misma, de quien es albergue privilegiado, casa. Casa más que palacio; hogar, aunque el fuego no ardiese de continuo; lugar de una doble función, por lo pronto: la de ser una morada según la condición del dios que determina su emplazamiento, desde el cual la divinidad ejerce en modo continuo, y en principio a todos accesible. Y la función de dar a ver, de ser centro desde el cual se mira. El carácter monumental que en algunos templos todavía resplandece, no se impone y debió de imponerse todavía menos en los tiempos en que su esplendor estaba intacto; porque si llaman a ser mirados, contemplados, llaman todavía más a entrar en su recinto, a contemplar desde ellos, a ver desde sus diversos lugares. Incalculablemente más poderosa debió de ser esta llamada durante los tiempos —múltiples, diversos, escalonados— en que su función religiosa totalmente se ejercía.

El principio de la visibilidad se hace sentir antes de ser reconocido por la mente. El templo todo en su recinto muestra a la vista algo, él mismo en su lugar —que los modernos llamamos paisaje— y una esencia o sustancia propia de la divinidad allí habitante, algo que al fin ha llegado a ser visible, a mostrarse por una acción humana, obediente a las leyes de lo divino. Mas algo oculto también se iba a buscar, algo más que visible, aunque experimentable, especialmente, inútil es decirlo, en los templos mistéricos y oraculares. Una visión, una voz, palabra, música. Los admitidos a estas específicas revelaciones no podían ser todos, ni tampoco simple el camino para llegar a recibirlas, ni exento de peligros. Era un superior conocimiento o una salvación, garantizante al menos de la póstuma, lo que el individuo buscaba. Pues fuesen muchos o pocos los admitidos a la palabra y a la visión oculta, lo decisivo era que el individuo así se destacaba de los demás; era una verdadera distinción individual, subsistente bajo o sobre todas las que el ejercicio de un cargo público, o de un arte y aun de la misma búsqueda de la sabiduría, podía conferir.

Era una cualificación esencial, un enderezarse del ser; un enderezarse con su curvatura correspondiente, ya que sabían muy bien estos griegos, desde sus principios, que la línea y el plano rectilíneos no corresponden ni al ser ni a la vida. Partieron de la esfera en el ser de Parménides, y, antes, de la sinuosidad del agua, de su plegarse sin romperse, de su inasibilidad, con Tales —último sabio y primer filósofo—; del aire movedizo, imponderable, y del fuego regulador, respiración, vida circular; de la inacabable combinación de los cuatro elementos. Mas también, desde antes, con el número que rige todas las cosas, y el ritmo.

Toda acción reveladora lo es ante todo del principio de la ocultación y de la manifestación que gobierna la vida de la tierra, la de ella misma y la de todo lo que ella sostiene. Y lo que si de otro lugar viene —como los dioses—, al llegar a ella se le somete. Y lo oculto, sobre todo, es lo sagrado. Y lo más manifiesto, es lo divino. "En el principio era la

Noche" dice la teogonía órfica, que tanto como la de Hesíodo hubo de ser sabida por los constructores de los templos. ¿Era acaso posible que la revelación ofrecida por el templo a las más claras divinidades y, en concreto, a la más luminosa divinidad de Delfos, fuese enteramente diáfana? ¿Era pensable tan siquiera la diafanidad total? Y no ya considerando la dificultad de lograrla, los medios técnicos adecuados —lo que se podía intentar—, sino bajo la consideración primordial de no transgredir la ley que impone que toda manifestación responda a la ocultación sin deshacerla, que toda luz respete un fondo o un círculo de tinieblas sin avasallarlas.

Y así, en virtud de esta ley primera, el templo tenía que erigirse al filo mismo de la proporción entre lo sagrado y lo divino, variable según la cualidad y la altura de los dioses a quienes el templo se ofrecía. Pues lo divino es la revelación inequívoca, universal en principio, de lo sagrado que está oculto, adherido a un lugar donde su poder se ejerce sin dar la cara, sin rostro y como a saltos, imprevisiblemente. El reino de lo sagrado es la noche, una noche en la que aparece sin periodicidad, sin número ni ritmo, una luz fulgurante, una acción imprevisible. Y claro está que de todo ello queda sustantivamente en el dios padre y rey de todos, Zeus, y en modo ciertamente irónico en su hijo predilecto, Apolo, Apolo hiperbóreo de quien Zeus hizo su hijo.

Mantener esta proporción entre lo sagrado y lo divino es oficio, antes que de la arquitectura, de la religión misma, la de los dioses olímpicos, la de los "nuevos dioses", según se nos aparece. Dioses de proporción, de pacto necesitado, y exigentes de arte en grado sumo, en grado indispensable para su existencia; y más que del refinamiento, de la precisión. Pues ninguno de estos dioses, olímpicos o asimilados a ellos o sometidos, como el anciano Poseidón, Padre que fue de los mares cuando los mares eran la madre de todos los vivientes, puede aceptar la ofrenda de una parcela más; ni mucho menos, y en modo alguno, el que su santuario entrara en una zona que ya le estaba negada o que se lo estuvo siempre. Bajo el reino de Zeus quedaron los dioses todos como provincias de lo divino, provincias cuyos límites exactos el arte tenía que señalar. Pues el mito es múltiple por naturaleza y sus áridas versiones no proceden de una fuente única. Las tradiciones locales seguían ofreciendo una zona sagrada que, lejos de avasallar, los nuevos templos respetaban. Habían de ser así, pues todos ellos fueron erigidos en lugares sagrados, según la ley que rige en todas las religiones conocidas. En la proporción entre lo sagrado y lo divino realizada por el templo, el lugar ofrece ya lo sagrado indispensable, indestructible. Y así la función del templo, el logro esencial del arte en él empleado, es la revelación del lugar. El lugar sagrado se revela como divino y como humano, a la par y conjuntamente. Y de este modo se hace visible, como si se desplegara tal como procesión —o progresión— geométrica y geomántica. La geometría verdadera, real y no abstracta, en la que conjuntamente se dan la matemática de los cielos, la de la tierra, y la del agua, visible o escondida, y la del fuego, recóndito, que están bajo esa tierra y que quizá gemían por salir a la luz. Por esta geometría viviente, musical, lo que yace bajo tierra, "los infiernos", se manifiesta sin desentrañarse materialmente, como sucede con el volcán, con el río subterráneo, irruptor, con los temblores de tierra, con los desprendimientos de la roca. Y cuando algunos accidentes de esta clase han sucedido en el lugar sacro de algún templo —Delfos—, parecen presagiar el acabamiento de su vida, de su vida tal como era en ese presente. La intrusión de los elementos no enteramente domados amenaza de algo sagrado aún subsistente, sobre el que no se había derramado la bendición del arte al servicio de lo divino. Y símbolo también son estas destrucciones de esas obras, traídas infatigablemente por la historia. De esa historia que se sirve de los templos, al par que sueña con su destrucción.

La destrucción del templo no deja de presentar algún enigma que remite en seguida, como los enigmas suelen, a un cierto misterio. Y es que el templo destruido cubre con su belleza la acción destructora y hasta hace sentir la derrota de quienes la llevaron a cabo, cuando de históricas o historizantes acciones se trata. Y cuando ha sido solamente obra del tiempo —de un tiempo del olvido, de menosprecio también—, el tiempo parece envolverlos, haciéndolos así templos del tiempo, del tiempo divino-humano que desgasta sin destruir, como si el tiempo devolviera lo que envuelve a un reino indefinido, donde la esencia no necesita concretarse en cosa para manifestarse, llevándolo así a una especie de nacimiento que es restitución. Y otras veces, a una consunción liberadora. Tal como si el templo olvidado, a medias en pie, apenas presente, se liberase de la arquitectura que le fue necesaria para existir un día, y ahora unas cuantas columnas, unos vestigios, algún capitel sobre la tierra, bastaran para sostener la presencia de lo divino. De lo divino simplemente, sin la figura del Dios, sin su culto, sin ofrendas. Para que la geometría revelada del lugar, en sus tres reinos, permanezca manifiesta como por sí misma, a salvo ya de cualquier destrucción, con tal de que no sea la más arrasadora de todas: una nueva construcción, o una indiscreta reconstrucción, por fiel que sea arqueológicamente.

El templo destruido —con toda evidencia el templo

griego—, aparece envuelto por el tiempo, por el suyo. Alojados él y su recinto y lo que desde él se hace visible, en un tiempo configurador que se ha plegado a él, a su ser liberándolo de la fatiga del existir, de alzarse, de recibir sin la presencia de su dios, de la existencia a la que la historia infatigablemente le arroja. El no albergar la estatua del dios es dejar de existir como tal determinado templo, perder singularidad. Mas el templo destruido puede haber dejado de ser un determinado templo para ofrecerse en su ruina como un templo, o el templo —aunque haya muchos así en el lugar. Cada uno puede ser el templo único. Y algunos dedicados a los grandes dioses en el centro mismo de su culto, el templo libre de historia, el esencial, el templo sin más. Así la destrucción del templo libera lo divino contenido en su interior, imperante en la estatua del dios, definido por la arquitectura misma. Queda rota la definición, sin caer por ello en incoherencia. Y los fragmentos de columnas, las columnas enteras que quedan, dibujan una articulación inesperada como un secreto que se da a ver, como una contenida geometría que se despliega. Es un todo, no un fragmento. La corroboración de que en cada fragmento dispuesto por el azar del tiempo y de las mutilaciones históricas, da a ver la clase de unidad del templo, un todo que se abre indefinidamente, como en estado naciente. Y si algo tuvo de objeto o de cosa, es ello lo que se ha perdido. Trasciende, haciéndose intacto.

Señal de ello es el que la imaginación se calle ante esta arquitectura en pedazos. Pues ante todo lo fragmentario, como se ha sabido siempre, y más todavía desde las investigaciones de la *gestalt psychologie* (un estructuralismo hoy olvidado bajo el nuevo), al percibir un fragmento se reconstruye la totalidad correspondiente. Lo inacabado llama a ser completado. No sucede así con ciertas obras de arte inacabadas, tal como los *Esclavos,* de Miguel Ángel, y la *Epifanía,* de Leonardo. Por el contrario, una vida emana de ellos, una libertad que en vano tanto artista de nuestros días ha buscado dar a su obra, siguiendo la teoría de lo no-objetivo entre otras, nacidas sin duda de este anhelo de crear algo que se sigue a ojos vistas creándose a sí mismo, más allá de la forma recibida.

Ejemplo de forma cumplida era el templo griego. Destruido una y otra vez, se alza intacto, creándose a sí mismo y rebasando, derramando su esencia. Intacto, viviente. La mirada nada puede buscar, ningún estado anterior perdido despierta en el ánimo del pasajero la nostalgia. Mas si así sucede es porque la ruina se conjuga con el paisaje, y en realidad lo revela. El lugar sagrado originario ha encontrado su cumplida revelación. La potencia contenida en lo solamente sagrado se expande recorriendo todo el templo y sus contornos visibles, uniendo cielo y tierra con el mar, que se tornan enteramente visibles cada uno dentro de la unidad que los trasciende, en un lugar que se diviniza humanizándose o se humaniza por divinizarse.

Según se sabe, los templos, griegos o no, se han ido alzando sobre otros anteriores de la misma religión, y en algunos singulares casos dedicados a la misma advocación. Y así, ahondando en el suelo y en el tiempo se puede llegar hasta el lugar sagrado inicial —permanentemente iniciático quizás—, hasta unas simples piedras y un escaso manantial, o una hendidura en la tierra. Mas, a la simple vista, una fuente, un árbol, y una flor sola que asoma como desde las profundidades insondables, son como la vida misma indomada, que brota directa de lo sagrado irreductible, que se manifiesta así por sí mismo. Y envolviéndolo todo, el rumor de algo desconocido e inextinguible, que podría ser el de un hilo de agua. Y a esta persistencia de lo sagrado dada en forma mínimamente sensible, corresponde la manifestación de las más veneradas manifestaciones de lo divino. A la profundidad de pocos pasos en el antro, y al brazo de mar, más insinuado que presente, responden el roble de Zeus, nada gigantesco, y el laurel de Apolo, tan modesto como el olivo de Atenea. Pues en las dos zonas la religión griega no necesitaba ser colosal para ser poderosa; ninguna hondonada había de ser muy honda para ser un abismo, ni la roca donde la luz encuentra su privilegiado aposento había de ser muy alta para ser la altura misma. Es la cualidad en su esencia la que esos lugares y seres manifiestan. Y así, lo alto, lo profundo, lo recóndito, la inmensidad del mar, se dan a sentir y a conocer como por sí mismos. Y una suerte de intangibilidad se extiende sobre todo. Una intangibilidad que habla sin palabras y que, si alguna vez las sugiere o las emplea, las deja también sueltas, intangibles, sobre el tiempo a la altura de la luz.

Es un verdadero templo donde tal sucede. Pues es un verdadero centro donde el hombre se siente libremente, en su ser y en su vida a la par. Cede la separación entre ser y vida que el ser humano padece, como la promesa de que será de este modo indisolublemente alguna vez, la promesa de ser en verdad un ser viviente. Y el templo es entonces la casa, la casa del hombre; no sólo protectora sino irradiante de vida propia.

Una casa para el común de los hombres, no de todos los días. Una casa de excepción. Las procesiones de Eleusis y del Partenón, la peregrinación al oráculo de Delfos marcan los momentos supremos de esta visita a la casa excepcional. El ir ya de una cierta manera según un ritmo, entonando los himnos propios de la divinidad. Mas en la visita individual, el simple entrar al templo, especialmente en Epidauro, imponía ya una especie de conversión a causa de la palabra imperativa que el visitante encontraba grabada en el frontón del templo: "Nadie entre aquí si no es con santos pensamientos". Y así la entrevista con la figura de la divinidad celada en su *cella* era tan sólo el momento culminante al que se accedía después de haber cumplido una serie de acciones rituales. Una suerte de danza, aunque danza aparente no hubiera; una melodía vivida aun sin canto ni música de instrumento alguno. Y la ofrenda y la comida del propio peregrino que se acordaba con ella. El sacrificio exigido por lo sagrado se tornaba en seguida en fiesta, en teatro, ya que el teatro del sacrificio viene, y para no ser fiel a este su origen ha de obedecer a una deliberada intención. El templo abría su escena, espacio, luz, un cierto tiempo salvado del correr de las horas, a todos. Un juego del ser sagrado-divino que se humanizaba. Teoría y danza, conocimiento. La razón se hacía sentir vivificando.

Según es sabido, en los templos cristianos el misterio sobre todos ellos, custodiado, no sólo permitía sino que irradiaba una vida total. La luz blanca se coloreaba en las figuras de los santos y en las diáfanas vidrieras de colores, quieto teatro de la divina pasión y de las historias sacras. Y el interior mismo del templo albergaba los "misterios", teatro ya. Y en el atrio y prado vecino, la romería, la fiesta. La interioridad del santuario se volcaba sobre la vida humana y aun sobre la de algunos privilegiados animales —bendecidos—, y llegaba al ramo de palma, de laurel, de olivo, de naranjas. Pues la acción de todo templo es repartir el bien que encierra en su interior. Realización de la esperanza de que el mundo todo se renueve, aquí en el tiempo. El entero cumplimiento se hace sensible planeando sobre el tiempo, ensanchándolo, llevándolo más allá sin abolirlo.

El templo griego establece en modo viviente todavía la proporción entre cielo y tierra, entre el espacio y el tiempo. Pues su espacio estaba en proporción con el tiempo que se ha de consumir en recorrerlo debidamente, en llegar ante la figura divina; en proporción sin duda con esta divinidad. Un tiempo que los dioses conceden al que los visita. La velocidad inherente a lo divino se alarga en un tiempo humanizado. La invencible ligereza de los dioses queda abolida y su paralizante majestad queda allanada. En el recinto del templo, Aquiles se aviene a no ser alcanzado por la tortuga. La conocida aporía arroja así su sentido. Como todas, las aporías de Zenón se cumplen en un tiempo solamente humano, que desde el ser de Parménides resulta un tiempo infernal. Mas dado este tiempo humano por concesión y por gracia de los dioses, resulta ser un tiempo humano divino, un tiempo mediador. Mientras que en los mitos que relatan y reflejan las historias de los dioses entre los mortales, la velocidad de la acción divina arrebata, consume, se sobrepone. Sólo la paciente Atenea, según Homero nos la presenta ayudando a Ulises, desciende a transitar por un tiempo humano: va y viene de la casa al puerto, según el curso de las horas de un día. Iba disfrazada, ya que ella, la diosa, no podía manifestarse en su presencia divina así.

Circula todavía el tiempo por los templos. Y ese su modo de circulación señala a veces más que las escasas columnas, la permanencia de su acción. Cronos, divinidad poco honrada en templo propio en Grecia, a quien no se ofrecían sacrificios sino simple ofrenda, anda por todos los templos; como si sin él, sin Cronos "que todo lo descubre" —dice

Píndaro— no hubiera sido posible la efectividad de la acción, del templo, la veracidad de su ser y su cumplimiento. Estaba allí, en cada templo desde el instante, y más aún en ese instante de su fundación, como en todo nacimiento. "Y a aquella fiesta natal asistían las Parcas y aquel que todo lo descubre, Cronos", cuenta Píndaro de la fundación de Olimpia. Nada humano puede encontrar fundamento sin la asistencia del tiempo: casa, ciudad, templo, la vida misma.

La transformación de lo sagrado en lo divino, específica del templo, no se cumpliría desde el inicio si el tiempo, mediador, no asistiera, si no fuera él, él mismo lo que se cumple. El recinto, la proporción reveladora entre rocas, valle y mar, no se cumpliría, ni la circulación de la luz y la conjugación de los elementos, sin el tiempo mediador, sin el tiempo humanizador de lo divino que, dejado a sí mismo al liberarse de lo sagrado, aniquila por su velocidad superior sin duda a la de la luz. Y así, sin el tiempo mediador, la luz de Apolo cegaría, sería la oscuridad perfecta; los brillantes ojos de Atenea cegarían, más que la visión de la Medusa, toda humana mirada. Y las flechas de Apolo podrían no llegar nunca, o llegar antes de ser disparadas. Cronos, padre de Zeus, dispensa el ritmo, el número, la proporción indispensable. Pues existe la muerte "por un inescrutable designio de Zeus", que tal vez Cronos no comparte. Vencido por su hijo, padre de inmortales y mortales, Cronos, sin apenas templos, junto con su esposa Gea, tierra segunda, temporalizada, media, acompasando, acordando dioses y hombres. Es el revelador y el fundador en la relatividad de la existencia que la muerte le ha dejado. Y así sostiene las ruinas y se sostiene Cronos en la destrucción. La procura y la establece también. Permite y causa la destrucción, mas hasta un cierto punto, hasta una cierta medida, y logra así aquello que el templo intacto no lograría. El templo intacto resulta ahora inhumano, sin por ello ser divino. Lo divino queda congelado, encerrado en sí mismo en sus manifestaciones terrestres, sin la impronta de la acción del tiempo, del viejo y joven, renovador Cronos, que al par que deshace las columnas las sostiene. Y hasta el polvo y la ceniza que resultan de la acción del tiempo, guardan la impronta de su divinidad. Al fin algo ha quedado, algo que testimonia el paso del tiempo. Las cenizas, el polvo y aun lo que se llama nada, son los templos del tiempo, que al fin deja de mediar entre los seres, y se deja ver en forma sensible, más que visible; se deja ver desde adentro, como aliento inextinguible, paso, transitar, que no llega a ser muerte, consunción que alude a otro reino, donde el tiempo no sea interrumpido por la muerte. Y en ese reino el tiempo no consumirá cosa alguna. La materia unida a su forma enteramente intacta, a salvo del corroer del tiempo. Y el tiempo, él mismo, será liberado de su tener que devorar, de su aspecto demoniaco, dejando sentir solamente su latido como el latir de un corazón libre de amenaza.

2

Se diría, pues, que el templo a través de la destrucción humana y de la del tiempo cumple su función de transformar, de elevar lo sagrado a lo divino, de abrir lo sagrado haciéndolo accesible, repartiéndolo y estabilizándolo. Mas algo se ha, inexorablemente, perdido. El camino descendente, la oquedad de donde salía la voz divina en los templos de iniciación a los misterios y en los oraculares, como en Eleusis y en Delfos. Mientras que el Partenón y el templo a Poseidón, en Sunión, se alzan sobre una altura que no ofrecía, que sepamos, infiernos algunos a los que descender; había que subir hasta ellos solamente y desde allí, tras del indispensable culto, el fiel se encontraría llevado, aun sin darse cuenta, a mirar ante un horizonte abierto. Templos donde el horizonte es todavía el don final. El horizonte, lugar entre todos de la visibilidad, del señorío que significa el ver, el verlo todo a un tiempo: la luz y el cielo y la ciudad a los pies de la alta roca; la luz y el mar ofreciéndose y apartándose al par, abriéndose ante el templo del dios que agita las aguas, de más frágil apariencia que el de la diosa, de ese dios vencido y nunca sepultado, el dios que agita las aguas desde lo más profundo de su seno. No, se diría, no se siente este amenazador poder en la colina, entre las columnas que parecen alisadas, más que por el tiempo, por las aguas, acompasadamente, lavadas también. Las tinieblas divinas en el lugar de este dios oscuro no se dejan sentir, ni debieron dejarse sentir cuando vivía.

Templos de la visión liberada del tiempo, de la visión pura se aparecen éstos donde no existe el antro y, más cumplidamente aún, si están en lo alto como el Partenón y el de Poseidón. La tierra los ofrece simplemente y los alza sin darse apenas a ver, sin hacer sentir su fuerza de atracción como si únicamente sirviera la tierra para sostener, dejando en libertad a quien la pisa y a las mismas piedras que parecen no pesarle. Y así, son ya sólo por esto lugares propicios para el vuelo de la mirada y de la mente. Para esas alas que están al nacer desde los ojos y las sienes de ciertos rostros de la estatuaria que conserva aún la pintura que las esmaltaba, tal como las de Core del Museo de la Acrópolis, herederas en eso de las cabezas egipcias de la dinastía XVIII.

Unas alas aparecen en la escultura tardía en las cabezas

de Hipnos y en la de la Medusa y alas nocturnas las del Sueño, como es obvio. Menos obvio resulta el que salgan de la cabeza sin cuerpo de la belleza terrorífica de la descendiente de Poseidón, de la cabeza que flota en las aguas sin cuerpo. Alas las de la Medusa y las del Sueño, que dicen de un ilimitado viaje o de un simple errar por espacios desconocidos, en otra luz y aun en otras tinieblas. La cabeza a solas, por haberse desprendido de su cuerpo o por ser solamente una cabeza, va ella de vuelo por mares de irrealidad o de una realidad en principio invisible y poco comunicable. Es de raíz diferente el vuelo de la mirada del que sigue quieto en su centro y, más todavía, si se ha quedado así de quieto por haberse al fin encontrado en su centro. Y desde allí deja que la mirada vuele, y los ojos nacientes se le despiertan. Unos ojos nacientes que complementan sin desmentir lo que los ojos que sirven a diario siguen imperturbablemente ofreciendo, ya que es virtud de la mirada la imperturbabilidad. Sucesos que se presentan en algunos lugares simplemente ofrecidos por la naturaleza o en unión con algo realizado por la mano del hombre. Y ello debería ser llamado siempre templo, pues se trata de un lugar donde el simple ver asciende a ser visión cumplida o al borde de cumplirse. El espacio se ofrece libre y, al par, íntimamente; uno mismo con la mirada que lo recoge. El tiempo desaparece, al menos en su fluir.

Y no es el espacio sin más en su inmensidad ilimitada, lo que se tiende como campo de atracción al vuelo de la mirada, en este modo de mirar, desde un centro que se da en los templos de la visión. En el templo de Poseidón, en Sunión, el templo mismo se hace visible ante todo, como el centro de una esfera perfecta donde la visión encuentra al fin su cumplimiento. Cielo, mar y tierra se integran sin mezclarse ni diluirse en esta esfera de cristal viviente, limitada e ilimitada, al par como ha de ser el universo en su perfección semidivina. Y no deja de asombrar que un tal don surja del lugar dedicado al dios que agita las aguas.

Dios de un pasado que, en vez de alzarse como un obstáculo según el pasado en agitación suele hacer, hace brotar y abrirse esta especie de espacio, que recuerda esa lúcida flor de loto que surge de las tinieblas de las aguas, blanca imagen del universo, donde un bienaventurado apenas se sostiene, pues él mismo está más que sobre ella, al modo de ella, sobre las aguas sin flotar tan siquiera, liberado del pesar de la vida.

APOLO EN DELFOS

Qué sean los dioses, nunca se supo bien. Y aun parece dudoso el que sean o el que fueran, que tuviesen eso que el pensamiento griego descubrió, el ser, el ser a descubrir en las cosas primeramente, el ser en cuanto tal después. Según Ortega y Gasset aquellos dioses carecían de ser, y por ello la mente humana se dispuso a su búsqueda. Y si los dioses, Apolo entre ellos, no ofrecen el ser, alguna función han de cumplir. Serán —ya que algo han de ser— una acción, una función, una epifanía, una novedad reiterada, un reiterado nacer. Ya que para que algo divino se establezca, ha de ejercer una cierta función con una cierta constancia. Y para que se dé a conocer como un dios, ha de poseer una figura, un rostro. Rostro y figura que no sea un doble de las que en el hombre, y más aún, de las que en el hombre sólo ya hombre, se dan.

La figura de un dios rebasa lo humano, lo meramente humano. Cosa no específica de la religión griega olímpica, ciertamente. Más bien, se podría decir que en esa Grecia todavía la figura de un dios incluye animales y plantas, sucesos del cosmos, un cierto cielo, y algún elemento de los cinco si se admite el éter, como tratándose de ellos hemos de admitirlo. Todo ello le es congenial, ya que el genio es lo más cercano a los dioses, a su naturaleza. Los mortales sólo por excepción lo tienen y nunca como propio; les es dado y les puede ser retirado igualmente. De ahí que no se trate para nosotros ahora de averiguar ante todo qué era lo que sucedía en Delfos, lugar de oráculo y de purificación, acerca de lo cual algo se sabe. Pues alguna claridad había de arrojar aún sobre lo más recóndito de su función el dios de la luz y de la voz, de la palabra. Es el templo y su lugar, el que adecuadamente recogía el oficio del dios; el oficio, ya que era eso lo que los dioses olímpicos hacían, oficiar; oficios divinos que trascendían y hasta ocultaban el oficiar de sus sacerdotes. Entre paréntesis sea anotado que la figura y la función del sacerdote griego merecerían la pena de ser miradas con atención.

Nos ha quedado el templo, aunque en ruinas, el templo hechura de Apolo, entendiendo por templo todo el lugar que desde allí se divisa, lo que la mirada hoy todavía abarca, y algo que el templo decía a los que a él llegaban: unas palabras, humanas ellas, allí grabadas; humanas mas congeniales, sin duda, con el dios. La palabra misma ha de serle congenial a Apolo, el dios que entre todos escucha. La configuración del lugar sugiere antes que nada la del oído, como si el dios hubiera venido para escuchar ante todo. El sentido del oído es el que se ejerce con mayor intermitencia; en el escuchar se da lo más penetrante y hondo de la atención, la decidida atención que el ejercicio de la vista no requiere. Y una cierta receptividad benévola, una oferta de comunicación. Cuando se quiere animar a alguien, se le hace sentir que se le escucha; se le pide que hable o que rompa a llorar si necesario le es; que balbucee o que gima; que suelte la risa. Se le ofrece eso al decaído y no el que se dé a ver. La atención dada por el que escucha sin más, ilimitadamente, desata el delirio y nunca en principio lo rehúye. Y como todo se pasa en el aire, ofrece también el olvido necesario. El desanimado necesita sentir que algo de lo que dice será recogido indeleblemente y que todo lo demás será olvidado. Y sólo así va recobrando el aliento perdido que no puede irrumpir instantáneamente como una corriente de agua clara, rítmicamente, sino a borbotones, al sobrepasar su mutismo que aún resiste. Y es el oído que se le tiende sin prisa, el que acaba por extraerle de su laberinto, desplegándose el laberinto en cauce, y acallarle el martillar obsesionante del tambor que zumba en su mutismo, y así encuentra la liberación, la libertad que sólo da la palabra con su silencio y ritmo propios.

Así resulta él perfectamente coherente con esta gracia del escuchar que se manifiesta todavía sensiblemente en el templo de Delfos; el que él, el dios venido para escuchar, escuchase antes que a nadie a su hermano Dionisos, dios del delirio y de la pasión, del sufrimiento divino-humano (era hijo de una mortal abrasada por el fuego divino de Zeus). Lo divino sufría en Dionisos, dios niño, salvado de las llamas por su padre, padre de Apolo también, mas en muy diferente manera. El nacimiento es lo que más separa a estos dos hermanos mientras que Artemisa, hermana de Apolo, nacida de la misma madre y del mismo modo que él, aparece descartada de esa su divina función en Delfos.

Dionisos, dios que se arrastra y se alza, que se retuerce entre lo humano y lo divino, salvado de las llamas gracias a la yedra —llama vegetal— por el Padre, tuvo una parte del año para su habitación en Delfos —el tiempo aquí aparece una vez más como agente del orden de la justicia. Y allí mismo estuvo su tumba al lado de ese templo junto al cual morir y nacer no estaba concedido a ningún mortal como en el de Epidauro, como en otros también. Apolo alberga a su hermano, dios entre todos del nacimiento y de la muerte, que periódicamente muere y se despierta; dios de pasión y de resurrección, del delirio y de la embriaguez, que asciende hasta la máscara. Mientras que Apolo se nos aparece como el dios más simplemente desnudo, simplemente, sin máscara, sin casco siquiera, sin más defensa que las flechas de su luz. No fue una concesión de Apolo el albergar hasta en su tumba a Dionisos, sino más bien su primer acto fundamental —fundador— de hermandad, de esa hermandad que rescata.

Forma y función de lo divino nos parece mejor fórmula que estructura de lo divino, ya que el término "estructura" implica en la actualidad la adhesión al "estructuralismo", tal como si el término estructura jamás hubiese sido usado con su significado propio. Y un dios, Apolo, como ahora se nos aparece, sería una estructura, una acción según una forma, una forma actuante. Mas tampoco quedaría sólo en eso, ya que Apolo es un ser justamente. Los dioses griegos desprovistos de ser, según la aserción de Ortega, son en verdad seres, sólo que seres que dejan libre la esfera del ser. Y más si recordamos al del ser de Parménides, y más todavía ese singular dios "Sfairos" de Empédocles. No ocultan el ser en cuanto tal, no lo absorben ni lo representan, no tienen quizá ellos propiamente ser, mas lo adelantan, lo manifiestan, lo condensan en forma no humana.

Pues quizá la gran divergencia entre los mortales humanos y los dioses inmortales sea en torno al ser. El hombre, privado de inmortalidad, en principio se siente ser y descubre el ser, lo intuye ante todo y lo piensa; mientras los dioses lo viven sencillamente, divinamente. Ellos, los inmortales, viven el ser; el hombre ha de descubrirlo, y para llegar a albergarse en él, a vivirlo, ha de recorrer el largo camino que va desde el *apeiron* de Anaximandro, cuyas características nos ha parecido mostrar en estas páginas,[1] hasta la vida con-

---

[1] Véase "La disputa entre la Filosofía y la Poesía sobre los dioses".

templativa, en Aristóteles y según Plotino, pasando por las ideas de Platón, por el amor y por la muerte, por el conocimiento total. Porque lo que al fin se nos aparece claro es que de lo que los dioses estaban privados no era del ser, sino del conocer, de la pasión del conocimiento. Y así nada tiene de extraño que Ortega y Gasset, al fin educado en el pensamiento que une y hace depender el ser del conocer, haya concluido que los dioses estaban privados del ser, que no eran. No se le hizo visible el supuesto del que partía; de habérsele hecho habría concluido que no eran porque no conocían; porque solamente veían, sin conocer, desde allí, desde donde moran.

Estas consideraciones son imprescindibles a propósito del dios Apolo; dios de la luz, dios-luz, en su privilegiado templo —que no fue, como se sabe, el del lugar de su "nacimiento"— en Delfos, lugar que le esperaba, sede, trono. Allí, como se sabe, además de la enigmática épsilon estaba escrito el nunca lo suficientemente comentado "Conócete a ti mismo", que Sócrates, tan dionisiaco, nos legó como imperativo, diríamos categórico. ¿Cómo un dios que no se afana en conocer, nos deja ese precepto? Los preceptos de los dioses pueden dar origen al filosofar, mas no son filosofía. Es una sentencia, se nos dice, procedente de la sabiduría tradicional, de uno de los siete sabios de Grecia. Siete, número simbólico de los planetas y de algo más, señalador según la sabiduría védica de los siete centros del organismo humano. De uno de esos siete vino la sentencia que Sócrates entendió lleno de ironía. Al tratarse del hombre, la sabiduría se ironiza cuando se vierte, se ironiza en el umbral de la filosofía y aun de la novela —recordemos a Cervantes.

Siglos después, en el Islam, se dijo y se dice aún "El que se conoce a sí mismo conoce a su Señor". El hilo de la gran tradición pasa por el Islam también. Y esta sentencia délfica hay que mirarla a la luz del saber tradicional que a los hombres se les vierte en el entendimiento y que, algún día, alguien lo escucha no para sí mismo solamente, sino para filosofar, es decir, para verter en lo universal y común, para dar a todo hombre el saber tradicional en forma accesible que suele ser imperante. En todo imperativo enunciado por el pensamiento filosófico habría que buscar un saber tradicional vertido en humano conocimiento, accesible a todos los hombres, más allá de toda iniciación, trascendiendo el misterio.

No era ya un misterio el imperativo grabado para la lectura de todos en el frontón del templo délfico. El dios de la luz se da a ver en eso. Sale al encuentro, imperando, dando como principio el final de la iniciación como fundamento claro del supuesto de toda respuesta nebulosa, ambigua, de la profética Pitia. Toda profecía partía, pues, de ese principio y de ese supuesto: conócete a ti mismo. Y claro está que quien lo entendiese como Sócrates lo entendió, no podía perderse en la vanagloria que el dicho del oráculo "Sócrates es el más sabio de todos los hombres", hubiera suscitado en cualquiera de esos hombres. Él, Sócrates, respondió más allá del oráculo, diciendo lo que se sabe: "Yo sólo sé que no sé nada". Fue más allá de la respuesta del oráculo, que era justamente lo que había que hacer, "toda ciencia trascendiendo".

No era Delfos nada semejante a un centro de enseñanza occidental. De asemejarse a algo nuestro sería a una abadía, a la que se va a hacer ejercicios espirituales, y a tantas ermitas donde se va en romería a pedir al santo que la habita; esas ermitas habitáculo de un santo o de la virgen, donde el prado que la circunda, la fuente, el árbol, el lugar, está todo sacralizado, sellado. Y ya no hay agua, ni cielo, ni árbol sin más, sino esta fuente milagrosa purificadora o curativa, el árbol del que no se sabe qué es ni qué fue, o se sabe algo que ha quedado en él y en su sombra. Y el prado donde se come, donde se baila y se canta, donde muchos pasan la noche bajo las estrellas.

Y lo que más se calla de lo sucedido en esos lugares, que hasta hace no tanto tiempo vivían aquí en este occidente, era más que el hijo concebido sin esperar al sacramento, como en un sacramento no formulado; más aún que la embriaguez, era la resolución que de vuelta se había declarado tal como un voto en algunos. De las profundidades del alma, sin tortura alguna, sin análisis psicológico —en los templos operantes la psicología no halla lugar—, había subido, deteniéndose brevemente, al plano de la conciencia. Y luego, ya de vuelta, pues a la vuelta de todo esencial viaje es cuando surgen las resoluciones, aparecía en la mente, en el ánimo, una especie de voto no nacido de la voluntad, sino sostenido por ella: la decisión inquebrantable.

La acción del templo en su conjunto había consistido en tales casos simplemente en este prodigio: hacer surgir desde adentro, desde el fondo del alma, una evidencia *inmediata* —como es la evidencia cartesiana o cualquier otra— en términos religiosos; un pensamiento luminoso, que en la claridad de la conciencia poco puede detenerse —¿para qué?—, y aparecer en las alturas del ánimo, imperando sin violencia o con alguna, que eso depende de la situación del sujeto, del ser humano en quien tal prodigioso acontecimiento se produce. Tal camino recorrido por la evidencia, sin duda alguna que se ha producido también en las aulas de la enseñanza universitaria occidental, y en aquellos claustros que la precedieron y en los ejercicios espirituales llevados a cabo en lugares de retiro. Ahora que tanto se habla de la iniciación, del conocimiento iniciático, secreto y oculto hasta hace muy poco, ya es posible decir sin temor que se trata de un saber —no precisamente de un conocimiento— iniciático. ¿Acaso la iniciación puede dar conocimiento propiamente, es decir, en el sentido en que el estudio de la filosofía y el ejercicio de la ciencia lo entiende el occidente racionalista como conocimiento? ¿No es más bien un saber? El conocimiento es resultado de un esfuerzo, de un método que parte (íbamos a decir que nace, pero no, pues el conocimiento no nace de un punto). El conocimiento es el resultado de un método. El saber es algo que nace de una pasión, es decir, de un padecer la verdad de la vida antes de que se presente, de haberla concebido como todo lo que se concibe antes de que nazca. Y por eso, justamente nace. Que en la filosofía no griega, posterior, se encuentren indicios de este saber que nace, no es dudoso. Por lo pronto, el *a priori* kantiano, y el sueño, el ensueño de un Delfos remoto y siempre vivo, del "saber absoluto" de Hegel. Saber absoluto que ha nacido y seguirá naciendo siempre, solamente que, como un absoluto, limitado paradójicamente en extensión y, más todavía, en el tiempo. Ya que el absoluto cuando se manifiesta en la mente humana, es como un vislumbre o un destello que se da en un instante, un instante único en verdad. Y se llega a este vislumbre por el delirio nacido del anhelo en el confín de la esperanza y de la tensión del esfuerzo, más allá de todo método.

El templo délfico era un lugar de delirio. Las bacantes, como se sabe, deliraban por las montañas y por los bosques. Aunque el templo fuese albergue de Dionisos, mientras Apolo se retiraba a su patria hiperbórea, y la tumba misma de Dioysos estuviese allí, según se nos dice, no se nos dice que en el sacro recinto estallase el delirio puramente dionisiaco. Puramente pues la Pitia mascaba yedra y laurel, y deliraba. Bramaba, silbaba, se retorcía como llama y como yedra, como sierpe, y silbaba como fuego. El delirio, pues, que Delfos propiamente acogía no era dionisiaco, acogía el delirio como Epidauro acogía la enfermedad, delirante sin duda a menudo. ¿Qué delirio sería éste, que Delfos acogía exigiéndole a quienes lo padecían que alcanzaran el conocimiento, y de sí mismos? En términos religiosos —de toda religión y particularmente de aquélla— ¿es posible acaso conocerse a sí mismo sin conocer en lo esencial al Dios, que así toma el carácter de guía y de imán y aun de señor? Todo conocimiento religioso tiene el carácter de asimilación, por lo menos, si no de comunión con la esencia divina, como todo conocimiento puramente racional tiene la nota de asimilación a la razón, y aun de identificación con ella. El "entendimiento agente" aristotélico hace la inteligencia en la mente en quien se da y el hombre es así inteligente tan sólo cuando el entendimiento agente actúa sobre su entendimiento pasivo, propiamente suyo: pasividad, indigencia diríamos los modernos, y aun avidez existencial.

Y de ahí que el entendimiento agente haya sido a su vez asimilado tan fácilmente por los místicos del Islam al Espíritu Santo, y por Averroes a una inteligencia única, universal, bordeando, diríamos, el alma del mundo de Plotino. Mas lo que aquí nos interesa es el carácter instantáneo y no fijo, transitorio tanto como trascendente, "el entendimiento agente", según el más racionalista de los filósofos griegos, del menos dado —según se cree a lo menos— a darse a lo divino; precisando: a lo divino de uno de los dioses.

Mas este trascender transitorio en la construcción aristotélica ocupa un lugar que lejos de desdecir ni de avasallar la razón y sus fundamentos objetivos en el alma humana, la exigen y suponen. Y el conocimiento exigido en Delfos habría de ser un conocimiento trascendente y en grado sumo, más aún que en principio el aristotélico, pues se trata de conocerse a sí mismo, de la cumplida reflexión, de la cumplida diafanidad.

El conocimiento en la filosofía griega obedece desde el principio a ese imperativo de diafanidad, imperativo decimos, con lenguaje occidental. Ya que allí la consecución de la diafanidad estuvo movida por la pasión: por la pasión bajo los dioses y frente a ellos, por la pasión de sacar adelante la condición humana y con ella algo que los dioses no hacían, a saber, conocer y mediar, establecer firmemente una unión entre cielo y tierra, entre vida y muerte, conquistar un orbe más allá de la condición mortal, más allá de los decretos del destino también, y, por supuesto, de las pasiones, respetando tan sólo una: el amor. Y nada tan opaco dentro de la condición humana, tan resistente si no opuesto a la diafanidad como el "sí mismo". Sé el que eres, decía Píndaro. Atrévete a ser el que eres, conócete, exige Apolo. No podía tratarse del ser hombre simplemente, pues para saber acerca de ello no era necesario visitar en especial templo alguno, y menos aún uno especializado. Habría de referirse a conocerse en lo que inexorablemente se es y se ha de seguir siendo. Y siendo así, inexorablemente, el conocimiento en vez de resultar ocioso, resulta necesario, imperativo.

Un imperativo para ser, o de ser, que salía al encuentro de todos y de cada uno. No se iba allí a rendir homenaje al dios simplemente, sino a preguntarle, a escuchar su voz en la voz oscura de la Pitia; una voz nacida de las profundidades del antro, en la plenitud del delirio. Y antes de penetrar en el recinto propio del templo, estaba prescrito purificarse en la fuente, un agua viva de caudal inagotable y mesurado al par, la ninfa que, paralelamente a Dafne —la gloria del laurel—, era el resultado de la metamorfosis operada por la castidad que no acepta el amor carnal aunque sea de un dios, y quizás menos si es de un dios. Pues esta castidad se adelanta, según hace siempre la castidad, a un dios, y aun a lo divino liberado de figura humana o de algunas de las notas de ella. Y viene a ser así agente de metamorfosis. No huyen del dios Apolo, Dafne y Castalia propiamente, huyen tan sólo de sus demasiado humanas apetencias —servidumbres más bien— a las que en tanto que pertenecientes al sexo femenino no podían permanecer invulnerables. Mas no han huido del amor, ni de la entrega a lo divino a través de ese dios Apolo, que por su parte sirve a lo divino y se somete a lo humano, y aun se alía a la naturaleza animal, pues aparece con el delfín. Y si ha matado a la serpiente, después la recoge como centro oscuro de su voz profética. La luminosidad de la voz de Apolo se genera en el oscuro lugar del animal más próximo a la tierra y a su secreto, a esa que asciende gracias a Apolo y a Dionisos, dios que ha liberado la sangre de la tierra. Y así, su claridad, su inteligibilidad viene del rayo de la luz pura de la que Apolo es portador, de la luz hiperbórea no vista por hombre alguno que opera sobre la luz de la tierra, su sangre en el espíritu del vino, y se sirve de la voz humana, de la pitonisa que se identifica con la sierpe primera, con la vida terrestre.

Y ellas, las castas ninfas al huir de su amor, transformándose en fuente la una, en laurel glorioso la otra, se hermanaron así con Apolo. Y como hermanas le ofrecieron ayuda en el ejercicio de la purificación esencial, verdadera acción de su divinidad sobre los hombres, y la gloria que subsiste, el laurel ofrecido a la poesía, a la santidad de la poesía. Se hermanaron a él. Y en toda hermandad trascendente hay siempre una profecía. La hermandad como la castidad son proféticas. No podían faltar en el santuario donde se ejercía privilegiadamente la acción del dios purificador, que exige de cada hombre conocerse a sí mismo, es decir: revelarse a sí mismo. Mas revelarse a sí mismo el hombre a solas no puede. De ahí que no haya sido, al menos la filosofía griega, un mandato imperativo.

El conocimiento que la filosofía derramaba —al decir derramaba pensamos en Sócrates, tan ligado a Delfos— era otra cosa: una acción que a ello llevaría, más universalmente. Era el hombre en cuanto tal, lo que la filosofía llevaba a conocer. Mas este imperativo de reflexión total, conócete a ti mismo, sólo en el ámbito religioso aparece. Y no en general, sino en el ámbito de la religión del dios revelador entre todos, más que Zeus. Por ello Apolo viene de lejos y de arriba. Su nacimiento era necesario para que tomara carta de naturaleza allí, signo de que su presencia no era volandera. Bien claro aparece este modo de nacimiento, cuando ni tan siquiera bastó para asegurar la permanencia continua de Apolo en Delfos, ni menos todavía en su bien pronto abandonado lugar natal, Delos, isla que mitológicamente, según la coherencia del mito, estaba destinada a desaparecer como apareció; donde las aguas, obedientes a Zeus para que en tierra nacieran, en un mínimo de tierra, Apolo y su hermana Artemisa, extraña diosa en verdad, hermana natural, enteramente casta. Con lo cual vemos que Dafne y Castalia se asimilaron a la hermana natural Artemisa, completándola, como si fueran sus delegadas. Y ellas, las tres hermanas, crean un ambiente, una zona donde el conócete a ti mismo se fórmula imperativamente. Un ambiente divino al borde de lo humano, que se conjuga con el ambiente animal-terrestre-humano en función de la Pitia. En lo divino se había operado desde el principio una disyunción, una oposición más bien en tanto que Artemisa era la luna y él, Apolo, no sólo era la luz sino también el sol. Al corporeizarse en astros los hermanos, se quedaron ineluctablemente condenados a no verse; ella desaparecía bajo la luz que sólo la hacía visible cuando el astro, luminoso entre todos, se ocultaba. Era su reflejo en la distancia. Extraña suerte la de la hermana luna que luce por el sol cuando él no aparece; que lo refleja sin sustituirlo nunca, cobrando visibilidad, fulgor, en virtud de la ausencia del principio que la ilumina. Luz tan sólo, sin calor de vida, mas influyendo sobre la vida de las aguas y de las criaturas, ligeras como ella, la veloz, la que va de paso y un tanto también perdida, vagabunda de los espacios, sola. El elemento líquido le pertenece pues alza los mares, influye sobre la corriente de las aguas de los ríos y sobre la corriente de la sangre. Patrona de los sueños, reflejos, sombras; luz de la ocultación y espejo de la muerte. Y ella, virgen, vela al lado de la parturienta Artemisa. Y al ser así revela en este mito que todo nacimiento viene de las aguas, se da en las aguas, iluminadas por la luz refleja del principio de la vida. Inquietante lección la de la luna, hermana distante, pasiva, de Apolo.

Artemisa se muestra así como la pasividad irreductible que la luz del dios encuentra, una luz que se pierde, que danza y se esconde entre los bosques, no sin rencor. La cierva que huye y la flecha que persigue a la virgen. Ifigenia sacrificada, exigida en sacrificio por la cierva Artemisa misma, que se interpone cuando las naves van a rescatar a Helena, la resplandeciente. El desdoblamiento de la diosa virgen, como el agua que surge en el torrente y el bosque no hollado;

dueña del misterio de la noche y de las aguas, dejado atrás por la luz solar, con sus sombras y su extraña luz. La virginidad, pues, de lo pasivo y oscuro, de la indomable noche, que no puede casarse con nadie; la intangibilidad de la contradicción primaria, original. Protectora de lo que nace, y amiga de la muerte, del nacer y el morir indomables.

No tenía esta no vencida hermana, lugar en el templo délfico. Mas ¿acaso no debía ella formar parte de la constelación, propicia a la exigencia formulada por el conócete a ti mismo? ¿O era acaso que el hombre, suplicante en Delfos, había de llegar a conocerse sólo en la luz que es vida, sólo en la luz directa sin reflejos? Patrona de las aguas, había de estar sin duda sostenida y sosteniendo a Castalia, la fuente purificadora por haber nacido ella misma de la pureza, entre las últimas estribaciones de las resplandecientes rocas del Parnaso, corona solar del templo. Mientras que Dafne, la otra ninfa, ofrecía en el laurel perenne con su minúsculo fruto, un poco de oro apresado en el fruto, un poco de oro viviente, ofrecido a la poesía, a la palabra humana, a la minúscula creación humana por la palabra. Y así nos preguntamos si el conócete a ti mismo podría lograrse sin eso que entonces era indispensable a la poesía y aun a todo discurso, a todo logos encaminado a la declaración, que no solamente enuncia, sino que penetra y persuade: la inspiración. Llegan las musas, cortejo, danza que ordena el pensamiento humano y que lo asiste. ¿Pueden ser ellas extrañas a la consecución del conocerse a sí mismo?

Danzan las musas ordenadamente y regalan palabra, música, memoria. Ninguna de ellas aparece dotada del don de profetizar. Eran un cumplido presente, la manifestación de algo escondido, de un balbuceo que al fin se hace palabra, y de incipiente danza que al fin se desata; de un personaje que asoma sin lugar y encuentra por fin escena, por haber logrado la figura a que aspiraba. Y la memoria, que pone en claro la historia y la crea rescatándola de su serpear para darla en fama, en gloria. Todas eran gloriosas, y por ello profecía cumplida. Poesía y poema, poetizar acabado. Lo que las musas dan a quienes asisten no es ciertamente un método, ninguna senda del pensar o del saber que el hombre pueda recorrer a solas con su entendimiento. No se pasa de estar privado de su influjo a obtenerlo, sino quizá por una invocación, por una llamada. No nos ha llegado conocimiento alguno acerca de la existencia de prescripciones que la condicionaran, salvo la de la purificación en la fuente Castalia. ¿Se ha perdido, o acaso se confundía con la purificación total que la presencia de Apolo en su templo ejercía, o que Apolo mismo dispensaba al que las invocaba lejos de su templo, más adentro de la atmósfera ligera, fuera de su luz?

No bastaban las musas para el cumplimiento de la acción benéfica de Apolo. Ellas debían cerrar el ciclo de esa acción de la luz que aligera la mente, llevándola hacia arriba, libre de las pasiones que de ordinario la encadenan y despedazan a la par. El dios escuchaba y respondía. La configuración del lugar sacro sugiere aún el dios, y el templo, un oído. Extraña configuración para el lugar del dios de la luz que ha de ser ante todo el de la visión. Estaba allí también el centro del mundo, el ombligo del mundo, cavidad minúscula dejada por el corte inevitable del cordón que une a algunos seres vivientes con la madre. El lugar, pues, tenía madre. Y al ser el centro del mundo, este hueco había de ser terrestre, cósmico. (Deliberadamente olvidamos todas las investigaciones al respecto para tener presente solamente lo que allí ha quedado, la presencia del lugar mismo, como si nada acerca de él supiésemos. Es el método olvidado del saber, para sentir y ver tan sólo.) Un hueco en principio; el centro umbilical del mundo que, mirado solamente así, es abismo que atrae. Todo hueco que la tierra ofrece llama al descenso a sus entrañas, a adentrarse de nuevo en la madre: tierra, muerte.

Mas en el símbolo esculpido este centro, ombligo del mundo, aparece apresado por una red vegetal. La red formada por el entrecruzamiento, en principio indefinido, de dos líneas que forman, viniendo de contrarias direcciones la cruz en aspa, llamada en el cristianismo cruz de san Andrés —*andrós,* el hombre—. La cruz que al señalar contiene: la cruz en la que san Andrés en su martirio está clavado; la cruz de la realidad, que no por azar aparece precristianamente como ornamento de la piedra sacra, que señala a Delfos como centro del mundo. El centro, que se erige en el lugar donde la comunicación entre tierra y cielo estuvo un día; memoria y voluntad de que la rotura sea convertida en una unión. Y para que sea así efectivamente, ha de ser no la sombra de lo que era, no la débil memoria, sino una reunión que sobrepase a la unión primera. La reunión que trasciende la ruptura. Obra de conocimiento y de voluntad, una creación, pues, por la mediación del hombre, que une conociendo lo que quedó separado, el cielo y la tierra primero, la unidad inicial del cosmos donde el hombre no tenía cabida aún. Donde los dioses mismos tampoco tenían cabida. Cronos liberó a sus hermanos pues la madre —Gea— no podía darlos a la luz. Fue el tiempo el primer libertador, mas luego él mismo devoraba a sus propios hijos nacidos de la Gea, una tierra ya del tiempo. Sólo el hijo, Zeus, con la piedra pudo arrancárselos; luego la piedra quedó señalando el reino de la estabilidad divina. Ya un dios de la especie de

Apolo podía nacer. Mas sin el hombre, no tenía por qué venir desde su luz perenne a nacer para señalarles la restauración del centro del mundo. Pues los dioses no lo necesitan. ¿O tal vez ellos también?

Apolo era el que escucha. El oído divino en el centro del mundo. Escuchaba la pregunta y más allá el delirio, esa llamada a lo divino que es todo delirio. El delirio contenido en la pregunta y el delirio que sigue a la acción culpable, sugerida por la respuesta ambigua de la voz de la pitonisa, como se nos aparece en Orestes. La trágica contradicción de caer en el crimen por seguir el mandato del dios purificador por excelencia. La enajenación por haber seguido la voz del dios fuera de sí mismo, de la propia alma. ¿Orestes hubiera cometido el crimen mayor de todos, de haber escuchado solamente la voz de su alma, de haberse escuchado a sí mismo? ¿Y acaso el escucharse a sí mismo no es indispensable para conocerse a sí mismo?

Según Platón —en el *Protágoras*— la sentencia "conócete a ti mismo" fue consagrada por los Siete Sabios a Apolo en Delfos junto con la otra no menos célebre, "nada en demasía". Una ofrenda de la sabiduría remota, de la tradición del saber de donde, de inmediato —Tales de Mileto—, surge la filosofía con su pregunta. Una pregunta no dirigida ya a los dioses sino a la mente humana. Una actitud nueva, esta de conocer todas las cosas y el ser de las cosas por cuenta del hombre en una soledad nueva. Pues, se diría que los momentos esenciales de la historia surgen de una nueva soledad o de un inédito aspecto de ella. El nacer de la filosofía en uno de los sabios se alía con la ofrenda a Apolo de todos ellos. No hubo ruptura alguna con este dios que escucha y responde desde el centro del universo. Un tesoro de la sabiduría, un don incomparable, unívoco, universal.

Fue un escrito propiamente la sentencia imperativa —las dos son una—, de la sabiduría oral en el templo de la voz divina y terrestre. De la herida de la tierra, entre humo de sacrificio, gimiendo, la voz de la pitonisa exhalaba su voz exigida por Apolo, por su luz eficiente. Gemía la sierpe terrestre, humana; silbaba abriéndose salida, tonalmente en el templo del Dios de la música. Faltaba la voz propiamente humana, del hombre solo.

La voz del hombre faltaba. Eran las voces de los peregrinos las que se desataban en delirio. También, solemnemente entonando los himnos. Mas él, el hombre, nada había dicho y nada por lo que sabemos, había preguntado acerca de su ser y de su compostura, de su lugar en el universo; preguntaba cada uno por su asunto propio, por aquello que le aquejaba y perseguía. Pues todo delirio es desde su fondo persecución. Y el aguijoneado por él va a buscar, aun sin hacérselo presente, refugio al lugar de donde ha partido la flecha, siempre luminosa, pues desata el fondo escondido bajo la superficie del alma, ocupada por la conciencia. Mas, con frecuencia también, iba envenenada la flecha. Apolo purificador había de mantener luminosa la flecha que desata el delirio humano, y había de limpiarla de todo veneno. Tenía que ser así la ley de ese dios, el de la poesía. Ya que convertir el delirio en razón sin abolirlo, es el logro de la poesía.

No abolir parece que fuera la ley que regía en Delfos, que los Siete Sabios siguieron, y aun el filosofar de uno de ellos. No abolir, rescatar en el acto o proféticamente. Al ser grabadas las sentencias de la sabiduría en el templo délfico, cobraron voz, se hicieron impersonales. Ningún hombre las profería. En todo profetizar el profeta peligra y a menudo se interpone. La profecía se dice o se decía en voz alta. Y la voz en su sentido primario ha de ser impersonal. De ahí la necesidad de la máscara —persona— de la tragedia. En el teatro la voz se encierra en la persona; máscara que objetiva al actor haciéndole coincidir con el personaje, despersonalizándole de su propio existir, y al par, personificando la voz, fijándola, como sucedía con la máscara sacerdotal en las religiones de los dioses sacrificiales. La máscara es signo de sacrificio. Y en Delfos, sacrificio no había en gran escala: un animal tan sólo, un cordero solamente, cuando se iba a consultar al oráculo, pues algún alimento se ha de dar a la tierra y a la pitonisa. Y por algo más indefinible, algo que ha de venir del fondo de las edades.

Extrañamente en este lugar, del oído y de la voz divinos, el animal que confunde su nombre con él y que acompaña al dios, es una criatura del reino mudo de las aguas. El mar mismo entra sinuoso en la hondonada que desciende desde las rocas esplendorosas, corona ofrecida por el Parnaso. No es un pez sin más el delfín, es el amigo del hombre; va en su busca como si guardara memoria de un tiempo anterior en el que el hombre no hubiera dominado al resto de las criaturas. Sale el delfín luminoso desde las aguas del mar, anuncio, como todo lo que de ellas emerge, del origen primero. Las criaturas de las aguas no parecen tener genealogía, testimonian un antes inasible y parecen, más que el animal terrestre y el de los aires, estar en su medio, en su reino. Un reino inmenso y cerrado en sí mismo, autónomo. Desde la conciencia despierta del hombre, un sueño indescifrable. Caer en él es hundirse para ir a parar a algo absoluto; mas también, si el reino lo restituye intacto, ser bautizado por las aguas primeras, salvado por ellas o con su aquiescencia, estar ya a salvo. No parece que nadie esté salvado si no lo está de y por las aguas, si no ha sido sostenido por ellas.

Y de ahí, sin duda, el salto ritual desde un blanco promontorio sobre las aguas, que según Carcopino cumplió Safo en verdad, en lugar del legendario suicidio. La basílica neopitagórica de Roma muestra en su ábside el salto de Safo empujada levemente por Faetón —su no menos legendario amado—, las náyades desplegando sus velos en el mar, y Apolo mismo abriendo sus brazos llamándola, animándola. Era el Apolo purificador, el que libraba de las pasiones al alma; el dios de estas aguas salvadoras, que podían no restituir —Safo flotó con vida y siguió aún viviendo— a la tierra al que saltaba, mas que salvaban siempre.

¿No sería el delfín el pez que se conjuga con Apolo de algún modo, profetizando tal vez este ser salvado de las aguas, o dentro de ellas, libre del delirio de la pasión, del mal de amor, veneno mezclado a la luz y a la vida? ¿El pez amigo del hombre ayudará al dios de la luz y de la voz, silencioso y aspirante a la palabra, al borde de la voz, al borde de ofrecer un rostro también, emisario del reino de las aguas, lugar de la última purificación?

Se nos aparece así el delfín a modo de un emisario del secreto redentor, purificador al menos de las aguas amargas y de los abismos que ellas celan. Emisario de este inconmensurable reino ignoto, como Apolo lo es de la luz que brilla pura más allá de la luz no visible. Forman así una especie de *syzyguia*, van uncidas por el mismo yugo la criatura divina más luminosa y la que emerge del abismo amenazador de las aguas primordiales. Luminosa esta criatura divina también, porque escucha y da la palabra; y su delfín, esclarecido por su tendencia inequívoca hacia la voz, ávido de la palabra humana desde el reino del silencio. Y como una tal asociación no pudo hacerse sin el beneplácito del viejo y destituido, tanto como era posible, Poseidón, dios-rey de todas las aguas, viene a la mente algo que pasa desapercibido, la existencia de un Delfos hijo de Poseidón. Un hijo del dios padre vencido por Zeus su hermano, oscurecido también por la victoria de la hija Palas Atenea. Apolo délfico, pues, sugiere el reino del hijo. De un hijo que a diferencia del padre Zeus, hijo de Cronos, de Cronos hijo de Urano, no llega a reinar ni a ser nunca el padre. Un dios que hace aparecer sin declaración explícita el reino del hijo, o el momento del hijo en la escala de los dioses de Grecia. Y es el pez el que hace presente el secreto de la conjunción de la luz y de las aguas.

Y al fin él permitió que la palabra humana fuera en su templo grabada. Un dios hermano. Grabadas allí las sentencias de los sabios, y muy especialmente la que reza "conócete a ti mismo", llamaba a identificarse con la figura del dios que ilumina cielo, tierra herida, mar. Tierra y mar como infiernos de un cielo de luz que rescata. Conócete a ti mismo no podía dejar de ser una llamada a identificarse, a reconocerse, a ofrecerse como hombre, en tanto que hombre despierto. Y por ello, "nada en demasía".

ELEUSIS

Resplandece en Eleusis el arcano de la germinación terrenal. Las columnas henchidas, gigantescas; los capiteles y metopas yacen como sujetados por la tierra misma, tal como si fueran su fruto, espigas ellas también. Los rostros de mujer que del templo quedan —ninguno de la diosa madre, Deméter— son y no son humanos, a pesar de la veracidad de sus rasgos; son rostros de la tierra misma triunfadora, rostros, más aún que el de Atenea, de la victoria. Poco asiste al entendimiento lo que se sabe acerca de los Misterios, que no sólo a unos pocos elegidos se extendieron durante largos siglos. Según serios autores, algún año se llegó a iniciar a tres mil personas. Todas, todos, elegidos o simples miembros de la comunidad helénica, supieron callar, lo que no deja de sorprender en gentes tan dadas a usar y aun a abusar de la palabra, según atribuye la fama a aquellos griegos —llegaron allí a su hora los romanos—, y en general a todos los pueblos mediterráneos. Bien es cierto que el mutismo, el silencio impenetrable que aún sigue envolviendo a estos mediterráneos en general, y a tantos individuos en particular, no suele ser advertido, como tampoco el color perennemente negro de las vestiduras de mujeres y hombres, que hasta hace poco salían al encuentro de la mirada de los visitantes de otras tierras de menor luz y mayor vocación por el uso de los colores, y la cabeza cubierta por el negro pañuelo de la mujer casada. El uso de los colores en la vestimenta era signo de vida ciudadana, desarraigada. Era un negro casi litúrgico, un modo de comparecer ante la luz y ante las gentes todas. Y luego, el silencio, la quietud, la capacidad de permanecer sentado el hombre a la puerta de la casa sin hablar con nadie durante horas y días, mientras la mujer en el fondo de la casa, abierta al minúsculo jardín, seguía silenciosamente la procesión de la vida cotidiana. Todo ello descansa sobre unos supuestos de moral y aun de metafísica, por ejemplo: la identificación de la sabiduría con el hablar poco y de la honestidad y la belleza con el darse a ver sólo lo preciso y en debida forma, en forma no inventada. Y así también en que se sepa, se vea y se sienta el ser y la verdad de las vidas, sin que se declare su secreto; en vivir según un orden dado por un secreto que sólo se declara por sus resultados, por el orden que produce. Y por la fiesta señalada. Y entonces, sí, se muestra en su esplendor la imagen divina, divina por muy humanos que sean sus rasgos, con la divina virtud de unificar lo humano, imagen trascendente. Pues las imágenes sacras son eso, imágenes trascendentes cuanto una idea pueda serlo, mas dotada de un más amplio poder, del doble poder de ascender una grey a pueblo, y de penetrar hasta el más recóndito secreto de la intimidad del individuo, que se siente mirado por ella desde adentro de sí mismo, y desde el más allá al par. Y entonces, olvidándose de sí, liberado de la carga de sí mismo, existe verdaderamente.

Tal debía de ser, nos parece, el poder de los Misterios celebrados en Eleusis. El iniciado, el que "había visto", "el cumplido o el que había llegado hasta su fin" —su confín, diríamos— había de sentirse en comunión con lo humano inmediato, concreto, social, y con la naturaleza unidamente. Y entonces se iniciaría en él la germinación, el misterio de la germinación de su ser individual, en la paz. En esa paz que todavía simboliza la espiga granada del trigo. El grano que tras de haberse deshecho en la oscuridad de la tierra, como muerto, atraviesa victorioso la tierra misma que lo deja salir gozosamente, para darse multiplicado en una forma, en la forma perfecta, apta para ser por todos consumida como alimento de vida.

No habrían sido tan grandes y callados Misterios los de Eleusis si solamente revelaran el germinar del trigo, si al par inseparablemente unido no se hubiese dado el más recóndito y decisivo suceso para un ser humano, aquel en que se siente, ya sin pesar y sin angustia, existir. Existir, ser ya apto para seguir creciendo desde sí mismo indefinidamente, atravesando todas las capas de la realidad que lo contienen, para seguir victoriosamente viviente, pacificada ya la naturaleza y la historia, para él al menos. Deshecho el nudo de la tragedia que a todo individuo humano sólo por serlo aprisiona.

¿Habría surgido la espiga sin que Perséfone hubiera comido bajo tierra el grano de la granada, fruto de los infiernos donde reinaba su sombrío esposo? ¿De no haber sido raptada por este dios de abajo la espiga de oro se habría dado? ¿Pues no era acaso ello lo que se celebraba? "La diosa enteramente rubia" —sol ella misma—, Deméter la gran madre, vino a contraer nupcias a través de su hija ya que ella no podía llegar hasta ese rey del centro de la tierra. Mas ¿no era ella también la tierra? La tierra luminosa cuando el sol ha encontrado modo de fijarse en ella, y que en su interior es negra. Y así Deméter, la Negra, cuando se enluta por su hija va mostrando la condición misma de la tierra, en sí misma y en su relación con el sol. Y la condición misma de la madre que sólo en la oscuridad concibe el fruto que dará a la luz. Mientras Perséfone, la muchacha que se inclina a cortar la flor, flor ella misma, sufre al ser devorada por la tierra la pasión de la hija.[1] Esa pasión de la hija virgen, que la tragedia nos ha dado en la figura de Antígona sobre todas. Fue ella también enterrada viva, mas en una tumba construida por los hombres en virtud de un histórico decreto; Antígona, hija del padre, de la estirpe, pues, de la diosa Atenea. Mas Perséfone es hija de la madre y, ellas dos, madre e hija hermanadas como si fueran dos fases de un mismo astro, son las "Diosas de Eleusis", las únicas que allí reinan. Y entre ellas dos —el dios Plutón abajo encadenado a su condición— ofrecen el fruto granado de la espiga solar "personificada" por el apenas muchacho Triptolemo.

La mediación de Perséfone es tal que aparece como un desprendimiento, o desdoblamiento a lo más, de la madre Deméter que a través de ella, por ella, conoció el dolor y la negrura quedando ella misma intacta; sin sufrir contacto alguno con el rey infernal, sin disminución de su poder capaz de paralizar el curso todo de la naturaleza; victoriosa, al fin, sólo a la mitad de lo que parece. Mas acaso ese ciclo que la visita a su esposo y su regreso a la tierra que Perséfone establece, ¿no era también una victoria de la madre Deméter, que sólo así podía arrancar el rojo grano de la granada terrestre, el fuego, la sangre misma de las entrañas de la tierra, para crear la espiga enteramente de oro viviente, alimento enteramente puro, sustancia?

Los mitos suelen ser plurivalentes o por lo menos ambivalentes. Y así Perséfone bajó a los infiernos enamorando,

---

[1] El descender a los "infiernos" se presenta como una función propia de la hija, en la religión griega. Palas Atenea no desciende, mas se esfuerza, trabaja. La función del hijo que desciende resplandecerá en el cristianismo.

como suelen hacerlo las muchachas, a alguien de quien se creen no ser vistas, mas cuya presencia sienten, en el prado florido revoloteando de flor en flor y bajándose a coger una, una que era ella misma. Y sufrió la muchacha, según esa convertibilidad que aparece en los mitos y en las fábulas, la suerte de la flor que ella iba a arrancar de la tierra, mas a la inversa, según se da en sueños también. Y así el descenso de Deméter se da en su hija mediadora que había de cumplir lo que la madre no podía, que aunque no fuese una madre virgen había de quedar intacta siempre sobre la tierra. Se refugió en la gruta oscura, como se sabe, mas la gruta no se abrió para dejarla pasar, si era eso lo que ella buscaba, o para devorarla. Ella no podía ser raptada. Y la cadena descendente se continúa en la flor que había de salir de una hendedura por leve que fuera; la flor que tiene sus raíces en la tierra, intermediaria indispensable para que la muchacha que, en su revolotear, se detenga y cometa una cierta transgresión indispensable contra las raíces y la tierra que la retienen.

El misterio que el mito declara se nos presenta como el de la unidad en la naturaleza, por tanto en las dos diosas, madres las dos. La madre y la hija tras de las bodas, imposibles de cumplir para la madre primera. ¿Cómo ellas dos, sin concurso alguno de varón, podían concebir y dar a luz la espiga del trigo? ¿O es que la concepción había tenido ya lugar en Perséfone simbolizada por el grano rojo del fruto granado de los infiernos? Mas algo habían de realizar las dos en los Misterios, algo así como purificar la sustancia infernal, extraer de ella la esencia operante para que en una sustancia más pura diese el oro del trigo, el oro que vivifica. Mas ¿aquí solamente? La tierra cubierta por el mar de oro de los trigales, no se le aparecería al iniciado como la cumplida transmutación del opaco planeta en un astro donde la luz solar se ha avenido a casarse con ella, trascendiendo así al mito que Hesíodo nos cuenta de las bodas primeras entre Urano y Gea, condenada a guardar en su seno los frutos de su concepción; condenada a una concepción que no daría nada a luz; trágicamente intrascendente.

¿Era necesario acaso que el trigo tomara figura humana en Triptolemo, el muchacho? —muchacho, porque ya no es un niño ni llega a ser un adolescente: esa difícil edad en que está más librado a sí mismo, cuando su "sí mismo" propiamente no lo es todavía y ha dejado de serlo ya. La infancia es edad de identificación. Lo primero que el niño busca saber es que él existe, que es y que es éste, aprende su cuerpo, su nombre, su apellido, se recluye a veces y se excede para saberse. Y cuando se espiga ya no sabe bien quién es, crece a diario, vacila su saber dentro de unos límites que se agrandan, y su propio nombre se le va quedando atrás, pues ya sabe que tiene un nombre propio, y que los otros que le siguen provienen de sus padres, de los que él sin proponérselo se escapa. Es del aire, del horizonte, de lo incierto, más que de la casa que le abrigaba. Está en ese momento en que puede ir a volar, a nadar o a caminar, está disponible. Una cierta invulnerabilidad apunta en esta figura enigmática de Triptolemo. Y el hecho mismo de aparecer desnudo acentúa su carácter de revelación, de ser él la revelación obtenida por las dos diosas reveladoras.

Era el hijo Triptolemo, mas ¿de quién, de qué nupcias divinas, humano-divinas o divino-infernales? Los tres reinos, el divino, el humano y el infernal se conjugan en Eleusis, en el mito y en sus figuraciones, correspondientes a los tres planos de la constitución del cosmos: el celeste, el terrestre visible y el de los infiernos invisibles. Y lo que se nos figura que sea la peculiaridad del templo y de sus misterios en Eleusis, es la revelación del reino de abajo, de los infiernos donde también hay algo divino, y por tanto un tesoro de indispensable conocimiento para la cumplida germinación terrestre y humana. Mas los infiernos son el lugar de los muertos de donde vivo no se vuelve. Y es la vida vegetal, con arquetípica evidencia en el trigo, donde se muestra que la muerte tiene su vida, que el grano simiente se fermenta, se deshace, se pudre mas no se integra a la inercia. Ha sido solamente sacrificado para darse multiplicado en una forma, una, perfectamente viva.

La revelación obra de las dos diosas tras del sacrificio de la hija pasada por los infiernos, habría de serlo una forma entera y perfectamente viva en la espiga; y en lo humano, la aparición de una criatura dispuesta para llegar a su forma nada perfectamente viva, en Triptolemo. Triptolemo no es así hijo, el hijo de unas nupcias en ninguna de las que podían darse en ese mito revelador de los tres reinos del cosmos, donde la muerte circula, solamente circula sin asentarse. Ella, la hija, había sido la mediadora que cumple el sacrificio, mas sin traer hijo alguno de esas sus subterráneas bodas, sino tan sólo un poder liberador y un conocimiento —ya que sin conocimiento la libertad nunca puede lograrse. De haber sido Triptolemo hijo de unas determinadas nupcias, habría sido algo así como la creación del hombre, o como la revelación de un hombre diferente, pues no es un dios ni un semidiós, sino solamente un hombre en edad de acabar de hacerse. Ha sido, no nacido propiamente, sino extraído, por así decir, de su propia sustancia, purificado, renovado, reducido a lo que es. Y por eso está desnudo. Tiene que acabar de hacerse, ya él, ya descubierto ante la luz saliendo de la oscuridad, mas no de la matriz oscura del primer nacimiento, sino de la tiniebla que consigo lleva; desenredado de su laberinto inicial, de su ocultación entre su propio ser solamente nacido en la vida y bajo la muerte. Ahora la muerte le afecta de otra manera: habrá de morir, mas como el grano ha muerto —dirían—, y va con su sola forma humana hacia la unidad perfectamente viva, la identidad apetecida y accesible ya.

Es de notar que Triptolemo aparece solamente en los Misterios de Eleusis; de él no se conoce una vida propia subsiguiente a su aparición, que solamente por ello no sería un nacimiento humano, ni humano-divino, como el de Dionisos o Asclepios, por ejemplo. No tiene historia. Aparece solamente allí entre las dos diosas. Es revelación de un ser, del ser humano.

Se ha solido y se suele identificar a Triptolemo con la espiga de trigo, según esa *forma mentis,* que tantos abismos obvia de ver en ciertas figuras humanas mitológicas o fabulosas una personificación, vale decir, una especie de alegoría. Como si al ser de ese modo la historia no se hiciera aún más ininteligible y, sobre todo, como si la personificación humana no encubriera aquello mismo que se quiere revelar. Discurriendo así, además, se destruye como en este caso, y notoriamente en el Dionisos —"personificación divina de la vida"— el nexo íntimo entre la naturaleza, el hombre y lo divino. Y justamente este nexo, esta comunión, es lo que en Eleusis se daba a conocer. No una simple analogía, entre la vida humana y la vida de la naturaleza, un paralelismo, sino una unidad dentro del orden total desplegado en los tres reinos. Y lo divino aparece así sacrificado en la hija mediadora, intangible, y afectado por el dolor solamente en la madre dolorosa y potente siempre: la doncella sacrificada que rescata el tesoro, la madre divina que lo hace servir para que el orden sea. Y el hombre, en este mito, no corre una suerte diferente de la que encuentra en la filosofía de los griegos donde aparece como un ser natural. Porque es ella, la naturaleza, la que todo lo encierra; es divina, trascendente, se trasciende a sí misma. Si no hay un más allá de ella, ella misma es este más allá, plenitud de vida que se engendra a sí misma, que "reposa transformándose".

Y en ella, en la naturaleza, se han de dar así diversos modos de nacimiento, especialmente en el hombre, ser que en ella, dentro de ella, aparece de condición impar no sólo por la filosofía —por el filosofar—, sino también en estos Misterios eleusinos. Es un ser que ha de acabar de hacerse o de ser. Una especie de partenogénesis le está propuesta. Lo que en el *Banquete* de Platón se da a ver claramente, y en el *Fedón* sin duda. Y como se sabe, Platón no anduvo muy alejado de estos Misterios, ni tampoco su enigmático maestro.

LA MÁSCARA DE AGAMENÓN

Resplandece en el Museo Nacional de Atenas extraña, casi intrusa, la llamada máscara de Agamenón, encontrada en Micenas en el círculo de las que, según la ciencia arqueológica, datan del siglo XVI antes de nuestra era. El tiempo, los tiempos, pues, en que en Egipto se practicaba el arte de convertir en figura invulnerable el cuerpo dejado por la vida. Ellos, los griegos de Micenas, se contentaron con enterrar a sus príncipes solamente revestidos de una máscara de oro, remitiendo a esa forma única, en el metal solar, la voluntad de lo imperecedero. Una máscara fúnebre, una forma pura apta para ser vista en una sola mirada, una visión. Y así la máscara nos comunica ante todo, envolviendo la imagen que ofrece, esta remisión a la unidad, a una unidad en la que el ser vivo se identifica con su forma mortal, como si ella mostrara al fin la verdad total de la vida de ese alguien, al que no queda más remedio para nosotros que llamar ser. Un ser humano completo en su unidad acabada, en el instante único en que la muerte ha inmovilizado el juego de los rasgos vivos, el juego de la vida en la invulnerabilidad de la muerte. Es un espejo, una imagen directa, no una protección —o no una protección ante todo. Un espejo de la verdad.

La momia egipcia encerrada en triple sarcófago con sus escrituras sacras, rodeadas de sus objetos familiares, depositadas —las faraónicas—, en cámara sellada, verdadero templo, dicen por lo pronto del silencio, de la separación total, respecto al mundo de los vivos. Se disponen estas momias de reyes y de iniciados a emprender, o están emprendiendo ya, el viaje definitivo, el viaje de vuelta según su filiación. La máscara de oro micénica no habla de viaje alguno, sino de un ser que reposa ya enteramente visible, apto como nunca en vida para ser visto, cuando ya nadie lo verá. Mas era objetivamente visible, como una ofrenda a la luz o como un cuerpo formado por ella en la materia que por sí misma la lleva impresa. Y por su figura redonda, la barba en collar acorta el mentón, redondea el rostro entero subiendo hasta los oídos, que quedan así en el mismo plano que el rostro y la cabeza toda. Una figura redonda depositada en una de las tumbas en ronda. Cada una de estas máscaras doradas puede ser imagen del sol, y el círculo formado por todas ellas, un sol en la tierra. Mas también, una ronda, una danza en torno al sol fijada para siempre. Una danza de soles, o simplemente un solo sol en movimiento.

No eran las máscaras los únicos objetos de oro, numerosos objetos, joyas de este preciado metal, vajillas, espadas de hoja incrustada de oro, entre otros de plata y de bronce, los encontrados por Schliemann. No eran tiempos en que los muertos, y en grado eminente si eran príncipes, descendieran bajo tierra solos, privados de los objetos que fueron suyos, que según parece habría significado una desposesión. Lo suyo seguía siéndolo. Pertenecía no solamente a su vida sino a su ser. Fácilmente podría ser sentido hoy como marca, signo, de un sentido absoluto de la propiedad. Mas un sentido que sobrepasa nuestra idea de propiedad se desprende de todo ello —en Egipto, Creta, Micenas—; de que esos objetos fuesen como atributos del sujeto, si en términos de nuestra gramática queremos pensar; de que fuesen suyos en el sentido de ser, de serlo inseparablemente. El concepto de función no se había desprendido del ser que la ejercía. El ser lo absorbía todo. Y así toda la vida discurría apresada por el ser.

El hombre era esto o aquello. Los filólogos y lingüistas son los llamados a escrutar en el lenguaje —cuando está descifrado o, mejor todavía, cuando se está descifrando. Mas en la máscara reside la significación plena del ser, de ese hombre cuya última expresión, simplificada pero no abstracta, se ofrece al reino de la visibilidad. Un sol y una luz —y no es el caso único— depositados en la tierra, homenaje también a ella, a esta diosa primera como si ella tuviera que encerrar en su seno lo más preciso, la máscara de oro, acabada forma, conjunción de vida, muerte y luz.

Dos siglos después se construye la tumba monumental de Atreo con análoga y explicable ligereza en atribuir al más ilustre, a los más ilustres de esa civilización, el hallazgo maravilloso. ¿Cabe pensar que no elevaran construcción alguna los que dispusieron las tumbas en círculo, sin más señal externa que la estela, por falta de técnica apropiada, por haber estado esperando a poder realizar las construcciones ciclópeas como si ninguna otra forma de elevación fuese posible? Por el contrario, en el curso de un largo camino como el recorrido por la cultura griega, la ausencia de especiales construcciones para albergar a los muertos se hace notar. Su vocación arquitectónica se vertió en los templos y en las casas modestas que habitaban. No elevaron pirámides ni obeliscos. En los tiempos clásicos y preclásicos de la ciudad por antonomasia, Atenas, todo tendía a ser templo; solamente las estoas abrían sus alas a los ciudadanos. Sin sus dioses apenas hubieran construido. Ni los muertos ni tampoco el pasado a conmemorar despertaron su arte arquitectónico, lleno de sabiduría, de mesurado entusiasmo. Y no puede ser debida tal constancia más que a una concepción de la muerte que les fue propia desde el principio, aunque este principio estuviera tan lejos de las formas sociales y de las formas de "construcción" por la palabra, la poesía, la historia, la filosofía, no nacidas ni, que sepamos, anunciadas. Por lo mismo, este tesoro de tumbas de Micenas parece mostrar una señal reveladora de la continuidad de la cultura griega, y también de su discontinuidad, en la forma de tratar a los muertos y a la muerte. Mientras que da a conocer también algo que no se repitió, esas máscaras de oro, esa máscara que en el museo de Atenas reluce extrañamente como un escudo de la luz en su frontera; una ofrenda y no más allá. Un límite.

Un límite como lo son los espejos que producen, más aún en lugar escondido o confinado, el espejismo de la ilimitación. Y en realidad conceden a la visión algo, sí, precioso, un medio distinto de visibilidad y, sobre todo, un medio apto como ninguno a la reflexión. Y una constatación. Las figuras en el espejo aligeradas, sin peso, imágenes, se aparecen como dotadas de entidad. Y si el espejo es metálico, si es del metal que parece contener luz propia —mientras que la plata parece estarla recibiendo como de una fuente, luna y agua un tanto temblorosa—, si es en el oro, la figura tiene carácter de aparición impar, sagrada. Impronta y sello perdurable de una luz que rebasa la luz solar; cambiante al fin, dada a ocultarse, a nublarse en cualquier momento, sujeta a alteración, en fin, no invulnerable. La luz que irradia el oro es una dura, inexorable luz, inalterable, perdurable.

Una presencia de la luz a salvo de su variación, una luz que no se enciende ni se apaga, una luz que es y por lo tanto o está en la muerte, en la inexorabilidad de la muerte, o más allá de ella. Y si es más allá, habla de una vida del ser que en esa luz se aparece, y lo guarda, lo cela. Es más, es de aquí, mas se deja ver todavía. Tan usado el oro deja de ser atributo, aunque con esta intención haya sido trabajado, y aparece como sujeto, sustancia impar. No sirve, reina. Difícilmente, por bien cincelado que esté, se funde con la forma que le han dado. Mas en esta máscara de Agamenón, la forma y la materia se funden, se hacen una. Es la forma de un ser que la ha hallado, de una materia que desaparece en la forma por esa misteriosa adecuación. Es la perfección misma y por eso también resplandece sola. Sola y privada de algún oculto movimiento, de un inimaginable movimiento que le fuera propio, del que se le ha arrancado. Por lo pronto fue atraída de aquel círculo del que formaba parte, un círculo de unidades. Y ello, ya se sabe, sugiere una danza y un coro. Inimaginable en este caso porque la máscara no puede sugerir en modo alguno un movimiento de traslación, como el de los astros en su órbita. La imaginación no puede proseguir en busca de la idea de este girar, ni el pensamiento especular; mas de la memoria viene la poesía de Dante al término de su viaje de "traslación" a través del Infierno, el Purgatorio y el Paraíso: "Ma già volgeva il mio disio e il velle / si come ruota igualmente mossa / l'amor che muove il sol e l'altre estelle". Un viaje iniciático sin duda que sólo el poeta puede relatar, cuyo término, pasados los cielos planetarios, fija su ser en el movimiento de la rueda del universo, movida por lo divino enteramente.

Para la etnología, la máscara de oro resulta más preciosa que la posesión de un cráneo completo. Un rostro tal como fue de vivo, con su tocado, con su firme expresión no esquematizada, sino fijada. Y más aún, este singular rostro humano habría de interesar a los antropólogos e historiadores. En fin, parece ser algo precioso para las ahora llamadas ciencias humanas. ¿Qué reyes eran ésos, cuál su modo de entender y vivir la realeza? Mas atravesando las fronteras de las ciencias y más allá de toda pretensión científica, saltan a veces inesperadamente ciertas evidencias, a las que no es fácil renunciar, ni hay tampoco razón para ello. El ser que la máscara de oro nos ofrece es el mismo que el que vemos en una fotografía de un jefe indio de la cultura Hopi, en estado viviente. Aventurarse a pensar acerca de la raza de cada uno de esos dos rostros del *mismo* hombre, vivo uno, imagen en el espejo de la muerte otro, sería obnubilar esta evidencia. Recurrir a la creencia en la transmigración de las almas no nos traería ninguna claridad. ¿Por qué habría ido a reencarnar allí, en esa incontaminada tribu Hopi, el alma impresa en la máscara de Agamenón; allí y no en otra raza o individuo de mayor parentesco histórico? La cuestión queda intacta con este fácil recurso a una identidad individual que transmigra en diferentes cuerpos que va moldeando. Se trata de un ser que vive ahora y que parece haber vivido ya en una época alejada de la historia. Es de ello de lo que se trata ante todo y no de cómo ha sucedido así.

Más bien podría pensarse en una radical analogía de la cultura hopi y de la micénica de ese periodo que nos ha dejado la máscara real. Una analogía radical, que es tanto como decir que se trate de una misma cultura habida en lugares separados por el tiempo y el espacio, sin necesidad alguna de que se haya dado en ningún momento una colonización ni transmigración cultural. Sugiere —y no es él el único suceso— la existencia de una especie de zonas culturales donde el ser humano ha entendido y vivido idénticas nociones acerca del tiempo, del espacio, de sí mismo y del universo. De un mismo modo de concebir, en suma, su propio ser —de concebir y no de entender simplemente, de conocerse, dándose a la vida. Y usando la afortunada expresión del olvidado Max Scheler, de que "su puesto en el cosmos" haya sido el mismo. Por lo pronto se echa de ver —por lo que se sabe de la cultura de los indios hopi— de que "el puesto del hombre en el cosmos" sea efectivamente vivido, mantenido con una tal fijeza que suscite en el ánimo el sentir y la imagen de un modo de vivir humano cuanto es posible, al modo de los astros. Un espejo, pues, la máscara de Agamenón, de uno de los modos en que la condición humana se ejercita.

LA ESTELA

Un equilibrio único se alza sin hacerse ostensible entre la vida y la muerte, entre los vivientes y los ya idos. La imagen que se ofrece en la estela funeraria se distingue de la imagen de un cuerpo vivo, en una superior ligereza, erigida lo preciso para ser vista en el aire, sugiriendo otro aire más blanco y sin obstáculos; un medio sin la resistencia que a su movimiento, y aun a su simple estar, encuentra el cuerpo de carne. Y es el maestro o el amigo, o el servidor del reino de los vivos, el que asiste en algún modo al difunto, inclinándose ante él que está sentado como un dios o como un rey. Y así le mantiene ligado a la vida; un gesto leve, una solicitud sin pasión bastan para que la imagen del ido no flote sola —a veces, y en época tardía o romana, sucede con mayor frecuencia que el adolescente o la muchacha floten en soledad, como habitantes de otro reino. Mas nada hay sobre el cuerpo muerto que pese, que le mantenga encerrado bajo la porción de tierra que le pertenece, ni reducido tampoco a las solas cenizas de aquel que ya se ha ido.

La balanza simbólica que se alza cortando el paso al alma y le marca su destino último, no aparece entre los símbolos griegos, no se hace visible. Mas aquí, en el trato que dieron a la muerte y a los muertos, la balanza invisiblemente ofrece el equilibrio perfecto, la equivalencia entre el estar como vivo y el estar como muerto —el estar a lo vivo y el estar a lo muerto. Y si es así ha de ser en virtud de algo que se intercambia entre los dos estados contrarios. Los contrarios vida-muerte no llegan a ser contradictorios. Una equidistancia respecto de la mirada que contempla libre de pasión, tal como si aquel que mira con los ojos mortales, o como si en la mirada mortal también ella, algo más allá de la vida y de la muerte, contemplase desde más alto, desde una lejanía invulnerable a las dos que al abarcarlas, las hermana. Y como dos hermanas aparecen. Y así el que mira desde acá todavía vivo la imagen del reino de la muerte, se hermana con ella, con esa imagen, y la sostiene, sin asimilarse a ella, sin confundirse. Mas como ella, detenido en el instante fijo, intersección del tiempo en un intersticio que el tiempo ofrece en los puros instantes de la contemplación; en la paz de la visión que puede tener como contenido apenas nada, poca cosa; una leve imagen sin apenas relieve, y aún menos una indecisa sombra, que asegura la posibilidad de la visión, de una visión entera; una *aletheia* sin esfuerzo, no obtenida con el discursivo pensar; ni tampoco una gracia recibida, sino el simple ver que se abre en el intersticio del tiempo, como actualidad del posible ver de verdad y por entero. Un empezar a ver o estar a punto de ver que produce la quietud, el estar en sí mismo del sujeto que mira, no arrastrado por el vértigo del abismo de la muerte, y sin ser arrebatado por entusiasmo alguno; una quietud mantenida entre el abismo de abajo y el de arriba, suspendida entre cielo y tierra.

IN MEMORIAM: EL VASO DE ATENAS

En un lécito conservado en el Museo Nacional de Atenas aparece en una forma pura, simple, una escena familiar para el contemplador de estelas y vasos funerarios del Ática. El tiempo, además, ha reducido a lo esencial la decoración de este vaso que ha quedado, en su blancura, liso en más de la mitad de su superficie, para dejar libre enteramente la escena en que una mujer de belleza indefinible se dispone a seguir a Hermes, que con el caduceo vuelto hacia abajo imperturbablemente acaba de llegar a buscarla. Se siente que se ha detenido en ese instante su absoluta velocidad; es un instante equivalente más que a una sola palabra, a un silencio único, el instante del silencioso cumplimiento. Del otro lado de Hermes y sin que él parezca tenerlos en cuenta para nada, unos padres —que han de ser— que se quedan, que se han quedado por lo pronto mudos y fijos, más inanimados que la hija, que con flexibilidad de blanda planta, inclina la cabeza y tiende su mano al brazo de Hermes, en un gesto de indescifrable entrega.

Ninguna otra figura acompaña la escena, dada en términos esenciales como un teorema o un axioma, o más bien un último escollo, un enunciado matemático que en este caso acentúa, por la figura misma del dios Psicopompo y de su dócil visitada, una anunciación. Y de ser palabra, esa escena sólo un verbo tendría. Una escena en que número y verbo se hacen sentir, por su ausencia en lo visible, pues se han retirado; y quien la contempla se siente asimilado a las quietas, absolutamente silenciosas figuras de los padres, acá en este lado de la vida, separados del misterio, sin participación. Todo les ha sido sustraído, ellos son los que aparecen despojados de la vida en la imposible situación de seguir en ella, en la vida, y sin Ella, la que sin mirarlos se entrega enteramente. Y detrás de ellos, si volvieran hacia el otro lado la vista, sólo la blancura lisa, simple blancura sin brillo ni modulación alguna recibiría su mirada. El lugar de un lado, Ella separada por el silencio del instante absoluto, de otro. Ni en un lado, ni en el otro hay tiempo. El transitar del tiempo que en las demás escenas de la cerámica griega se siente aleteando; que en la estatuaria, por ritual "arcaico" que sea, se siente bañándolas, no aparece en los vasos y estelas funerarios.

Las figuras de los dioses transitan por el tiempo y lo avivan, y a veces lo concentran como tesoro concedido a su inmortalidad. Es el mismo tiempo del que los mortales disponen limitadamente, y que para ellos junto con el espacio se despliega ilimitadamente. Nunca el arte griego muestra la intención de situar las figuras divinas en un lugar fuera del tiempo sensible, ni de la extensión visible. Sólo en el arte funerario se produce la detención o la huida del transitar temporal. Y con esa levedad confiada a la realización de las manos de artistas y de artesanos, se pone de manifiesto la diferencia entre las imágenes de los vivientes —de los que ven y son visibles, de los que escuchan y tienen palabra— y de aquellos que descendieron a los inciertos lugares de la sombra, del silencio, de la privación del tiempo. No abrigaron una teología de la muerte; renunciaron desde muy pronto a toda idea de conservación del cuerpo. Las máscaras del período micénico dejaron el rostro del supuesto Agamenón, rey victorioso, devorado por el rencor de la esposa, la tenebrosa madre condenada por la luz de Apolo. El silencio, el recogimiento absoluto que emana de la máscara de oro, manifiesta algo invulnerable, algo así como la impenetrabilidad del ser que se retiró de la vida y que ya nada tiene en común con ella, separado, absoluto. Invulnerable forma vaciada en el metal solar, un sol que apenas puede ser visto sin hacer ver nada, una frontera de la luz invisible. Ningún culto al cuerpo del difunto que, devuelto a la tierra, no ofrecerá resistencia alguna a la destrucción de sustancia y forma y que cuando sea arrojado al fuego se consumirá en él, como en un acto de fe, en este elemento divino de naturaleza más activa, viril, por así decir. Tal como la teología de Heráclito llamará a realizar —o la fe predecesora— a esta entrega total del cuerpo con el tiempo que aún le quedaba depositado en la paciencia de la madre tierra. Mas queda de esta destrucción una imagen. La imagen del ser vivo aún, en el instante indescifrable del tránsito; se irá elevando, alzándose, en una verdadera ascensión. No queda ya nada, sólo la memoria que ha ido más allá del recuerdo, unas palabras conmemorativas, pensamiento.

Ella, la que se entrega indescifrablemente, aparece en el lécito, todavía en el tiempo, mas flotando ya sobre su curso como cuerpo que desde el fondo del fluir de la vida aflora a su superficie, dejándose ver. En el río de la vida, de la simple vida, el ser está a medias sumergido, y sólo en algunos instantes que pasan rápidamente aparece su visión deslumbrante. Y ahora, Ella está ahí, visible enteramente y sin deslumbramiento, dócil a la mirada; forma de lo que fue y de lo que apenas ha dejado de ser. Una forma que no corre, ni lo apetece, hacia el futuro, alterándose al modo de la inestable forma de la presencia viva, simplemente viva que se escapa de sí, que se desmiente; llamada sin tregua desde un más allá, que no es un más allá de la simple vida. Y ahora, la llamada está en Ella, en ella misma contenida, encerrada ya para siempre, como si su vida se hubiese detenido por contenerlo ya todo. No va ya hacia nada, ni admite nada. Y la nada misma se diría que no la afecta. Se ha cerrado en Ella la vida sobre sí misma, se ha vuelto hacia adentro envuelta en el ser. Y el tiempo la rodea sin amenaza, porque ya Ella ha tomado su tiempo, todo su tiempo consigo, y deja el resto del tiempo libre —su vida ya no consumirá más tiempo. El tiempo y la vida no se amenazan ya mutuamente. La vida en Ella no sustrae ya nada a la forma, a esa forma semiviviente, flexible, que parece haber alcanzado, estar alcanzando ahora, en el instante mismo, dócil como es enteramente en esa su entrega indescifrable. Un instante mismo de una vida la que se entrevé y que sólo la razón puede dictaminar que sea perecedera. La razón usual ha de detenerse ante los sucesos del ser y de la vida, y más todavía si se dan en el absoluto de la muerte; estos sucesos están propuestos a la visión, aunque no se dejen ver sino entrever a lo más, porque ese ver sería comunión. Una comunión que a los vivos que aquí quedan les está prometida por esa misma presencia invulnerable del que está todavía aquí, no propiamente en la vida, sino sobre ella, alzándose desde ella, sostenida —según parece—, sólo por su docilidad absoluta. Una forma absoluta, todavía sin salir del tiempo. Un instante absoluto elevándose desde las profundidades del tiempo, desde lo más recóndito del ser viviente. La razón no puede ejercitarse. No hay discurso. Y así se pierde la razón en este instante. Sólo la comunión la recobraría.

Desde la vertiente en que los vivos se quedan en el tiempo, que inexorablemente comenzará a fluir para ellos separándolos de la forma perfecta del ser que se ha ido, se siente que esa su vida incipiente y cierta sea una vida refleja, que la esté recibiendo de un foco inaccesible que la irá llevando hacia sí. Y dejará la forma perfecta abandonada, confiada ya entonces solamente a la memoria, a la memoria impresa indeleblemente por la visión única, configurada por el instante absoluto. "Et nunc manent in te", permaneceré en ti, dice, en ti, en aquel que no volverá más a verla, en el solo ser en quien esto se verifique.

Ha vuelto a ser Ella ahora sólo criatura. Ahora, ya que para el que recibe la presencia de la entrega indescifrable, los momentos de la temporalidad, pasado, presente, futuro han de ser recorridos como estaciones de una pasión; recorridos y también vividos a la vez, sincronizadamente, sin que por ello se fundan en unidad. Ha vuelto a ser criatura, pues, igual a su nacimiento. La forma que en su día recogió la llamada de la vida ya no puede contenerla, al par que de ella rebosa. Ya que la vida se desborda de las formas que la contienen, ha de irse. La vida pide formas indefinidamente para colmarlas y salir luego de ellas, para seguir transitando, según es su esencia —agua que corre incesante. Y la forma se abre y luego se consume, según la ley de lo viviente: alzarse con la vida y abrasarse en ella como llama. La yedra que acaba, tan húmeda, en yesca. Y así la criatura viviente se mantiene aleteando en el espacio diferencial, que va desde el agua al fuego, a un fuego propio y al de la luz de arriba, hija de un sol que la enciende, que la hiere a medida que ella va alcanzando visión, ¿será siempre el ver una herida de la luz? Una visión que ha de acabar viéndose a sí misma, y que cuando la criatura la alcanza, se nos presenta ya como del todo creada. Mas ahora la criatura, acabado su nacimiento visible, no resiste al desbordarse de la corriente de la vida, ni se defiende de la luz. Un cierto fuego prosigue todavía en la forma perfecta, entregada. Forma pura de una belleza inexorable al borde mismo de la diafanidad. La respiración que le falta se muestra como la anunciación de otro medio ambiente donde la vida no consume ya nada, ni se consume.

Hermes el Psicopompo es el veloz, el más ligero de los dioses, el mensajero de pies alados —según variaciones del mito también cojo. Su ligereza de mensajero de la muerte, ha de estar en proporción con el "inescrutable designio de Zeus". La velocidad de la luz ha de ser menor que la de sus pies alados cuando se acercan al elegido por la muerte, al fulminado por el designio divino, para recoger su aliento último, la última flexibilidad de la vida. Y así la ligereza de esa entrega indescifrable de la doncella pura —del alma pura o purificada— ha de exceder a la de la luz. Pues la luz mide toda velocidad conocida, y Hermes, mensajero del inescrutable designio divino, ha de ganarla, y la entrega ha de verificarse así, en un instante absoluto, sin medida posible en el tiempo. En este tiempo medido por la velocidad de la luz; el tiempo ultraterreno del *Fiat lux* al que la luz obedeció, siendo más veloz que nada, más que ninguna otra criatura por haber sido primeramente creada.

No aparece en la mitología griega, como se sabe, ningún relato referente al *Fiat* creador, creador de todo el universo y, antes, de la luz que, según hemos de creer, de ella proviene. Y la física comprueba esta condición de la luz de ser la criatura primera —la ágil por obediente. Y con la luz, bajo ella, la vida. Si la vida hubiera surgido coetáneamente con la luz, la muerte no tendría lugar. Mas la vida vino después con la creación de las especies animales, tras de la separación de las aguas, tras de la escisión operada por el *Fiat* y por su luz. Los pies alados de Hermes habían de ser, pues, más veloces que las flechas del mismo Apolo. Hermes como mensajero de la muerte viene de la oscuridad divina y de la luz no vista por mortales. Ya que aquí nos llega el último paso de esa luz primera, naciente por la palabra, la luz que es al par verbo, el Verbo.

Y así se ha de encender una y otra vez la llama, la parpadeante, perecedera luz mortal de que disponemos. La antorcha de Hécate alumbrando la ascensión de Eurídice desde los infiernos, es luz mortal. Y si Orfeo irreprimiblemente volvió la cabeza, no pudo ser sino por esta luz sin vida. Perséfone, como se ve en un vaso del Museo de Berlín, prosigue como sin ver esta luz de las antorchas de Hécate, que sólo a medias la rescata.

Una paz más allá del equilibrio mostrado por la proporción, por la desolación de la escena indescifrable del lécito ahora blanco —¿lo estuvo en un principio, o no llevaba los colores de la muerte?—; una trascendente luz, única y homogénea, que circula, y obliga por tanto a circular, que se da en la blanca roca de la Acrópolis. La circulación de la luz se hace allí no sólo evidente sino visible, sensible. Los sentidos adormecidos se despiertan, llamados por esa luz de la roca sobre la que se erigen algunos templos reducidos y elevados a su condición esencial de signos. No es la arquitectura erigida por los hombres sino lo que de ella ha sido y mantenido por lo divino. Ese signo que de toda ofrenda pura a los dioses trasciende. Nada en la Acrópolis, según nos dicen, estuvo dedicado a la muerte, ni al morir. Toda ella fue un ara, una simple ara, mas no puede ni ha podido nunca erigirse sin una danza circular en torno, sin un recorrer luz y sombra, muerte y vida, ocultación y manifestación; hasta que todo con ayuda del tiempo, Cronos, que restituye al fin todo lo por él devorado, se establece. Un ara de luz, que ahora es ella la que circula. La luz establecida, fijada sin dejar de ser viviente. La visibilidad donde, si nada vemos con estos ojos de mortales, todo podría ser visto.

Y así se siente. Un ara en que la luz del firmamento desciende como en su lugar más apropiado, una luz que identifica pasión y conocimiento, agonía y ser en la identidad, *Ara coeli*.

Una luz provisoria sin duda, una estación de la luz, relativa y absoluta a la par. Una referencia como toda luz visible. Un mínimo despliegue, un leve mostrarse de la luz original siempre virgen, intacta en todos los pasos de su tránsito sobre la tierra, creando su propio medio allí donde se hace un tanto visible, y más sentida que vista. Un aviso o noticia de esa luz primera. Y así, la muchacha —sin edad— de la escena que se muestra en el lécito, la entrega indescifrable, parece ir llevada hacia esa luz. No parece que vaya a descender a los infiernos para volver desde ellos alumbrada por las antorchas de Hécate. Y aun si este viaje fuera de necesario cumplimiento, iría luego a albergarse en esa luz que la recogería guardándola, envolviéndola en el tiempo, otro tiempo ya, más tiempo, el tiempo de una nueva concepción. Un irse haciendo el nuevo ser al par que transita. Tránsito más allá de la muerte, atravesando la muerte. Tal como les sucedió a esos siete durmientes que entraron en la caverna tras de haber bebido una agua y comido un fruto puros. Y allí se durmieron en espera de la resurrección.

V

EN LA TRADICIÓN JUDEOCRISTIANA

EL LIBRO DE JOB Y EL PÁJARO

¿Habrá sido alguna vez representado el Libro de Job en un recinto sacro? Tal como nos es conocido tiene la forma de un "auto sacramental". Tiene del teatro el poder convocante: vengan a ver y a oír, todos… Libro sagrado no debió ser nunca esotérico. Y en caso de ser vía de iniciación —de las múltiples que han debido de existir con validez efectiva— tendría un uso muy semejante al del teatro, aunque se diera a conocer por simple lectura en voz alta. Es para ser leído en voz alta; con diferentes tonos; cada interlocutor con su voz propia. Podría ser también un sueño, una "Pasión" vivida en sueños, cosa muy del gusto del Oriente y más del árabe —parece que Job lo fuera. Y por ello mismo apto para servir como paso en una iniciación, si se lograba que el iniciado pasase por donde Job pasó: por la desposesión completa que sólo le dejó vida y vigilia para asistir a sus males. Extrañado de todos, dice él "a todos me he vuelto extraño" y era tan sólo el reflejo de la extrañeidad mayor de todas las posibles, y que a todas las hacía posibles. Se encontró Job extraño de su Dios, no de Dios, como un hombre moderno diría, no de Dios como un moderno nombra a esta ya más que realidad, idea de Dios. Pues lo que el hombre moderno proclama es simplemente que de Dios ha perdido la idea, o que la rechaza. Nada más.

Job es figura de una tradición donde Dios propiamente no existe. Lo que existe es *mi Dios* —o nuestro. Y aún más precisamente: mi Señor, a quien el ver y el oír, o el oír y ver a un su mensajero es cosa posible, tan posible que lo raro es que no advenga. Y para cada figura ejemplar tenía su nombre, para cada espejo su figura. Uno y único se ofrecía en múltiples nombres, que más que acepciones diversas, eran vías de apelación y convocación. El nombre divino que en el Libro de Job más frecuentemente aparece es el Omnipotente y el Hacedor. El arcano que a Job se le presenta insondable es lo que en teología y aun fuera de ella, dentro del pensamiento occidental, se nombra voluntad. Mas Job no abstrae, como nunca se abstraerá mientras tiene lugar el trato directo, íntimo, personal del hombre con su Señor. Aún bajo un cierto nombre determinado que le señala la vía y el puente —toda palabra sustancial y sustantiva es puente y vía porque es centro que se abre—, no se produce una escisión del ser que por ella y a través de ella se adelanta. Él sigue siendo el que es, inagotablemente arcano en cada nombre que lo revela, puente y vía de su inaccesibilidad; vía que se abre, puente que se tiende, y que puede ser, sernos retirado. La relación personal, no la existencia de Dios, es la que juega.

Y lo que juega en este libro es aún algo más que la luz y la sombra divinas, su voz y su silencio, aunque Job en el momento más hondo de su abismo diga querer ver su rostro, de ir a buscarle como va al septentrión, al oriente, al mediodía y al ocaso sin encontrarlo nunca. Es el Señor de la voz y de la mudez, y es el torbellino quien lo anuncia. Él se pasea por las nubes, todo lo ve, es cierto, como lo repiten en esa rara polémica tanto Job, sus tres amigos, como el cuarto personaje, el joven. Todo lo escruta y nada se le oculta. Su aparición es como voz que antes de articular palabra alguna, ha acallado a este drama de voces denunciándolo como juego o sueño de voces. Job y sus voces, sus voces que podrían ser las suyas propias también, las voces de su razonamiento discursivo. Job mismo que habiéndose hecho extraño se habla como otro, discurriendo sobre el caso. Humillación que no es raro que se produzca en el terreno de la des-gracia.

La estructura de esta obra debe de haber servido de modelo a toda tragedia cristiana y aun a toda tragedia occidental más que la tragedia griega. La tragedia de Job de no haber hallado solución completa con la vuelta del favor divino, sería el núcleo de toda tragedia y por tanto de la forma misma de este género que como tal contendría toda posible tragedia: el hombre encerrado dentro de su existencia, a solas, sin más. A solas con su conciencia —con esa "ciencia" que el Hacedor puso en su corazón— y sin más que soportar fortuna y desdicha, soportar tanto la una como la otra. Y desde una exigencia que le abre a la ley. El hombre determinado esencialmente por su nacimiento, por haber nacido sólo hombre, un más allá de la bestia y de la planta, a las que envuelve y rebasa por la inexorable conciencia que su saber de la ley le impone. El hombre con su carga, con la carga de padecer su propia trascendencia. En todo tiempo será así, cuando el hombre se quede solo.

En todo tiempo, cuando el hombre se queda solo anda debajo de esa su carga que es tanto como decir debajo de sí mismo: "Hoy andaba debajo de las aguas / sin que fuese milagro comparable. Hoy andaba debajo de la muerte / y no reconocía sus cimientos. Andaba a la deriva por debajo del cuerpo / confundiendo los dedos con los ojos. Hoy andaba debajo de mí mismo sin poder contenerme", dice el poeta de hoy José Ángel Valente. Debajo de sí mismo y debajo de las aguas de la propia vida, y de las aguas de la creación confundidas, el hombre cuando se suelta.

La estructura de este Libro de Job se nos aparece simple y diáfana, apta para contener una doble revelación: la del Dios omnipotente y hacedor, Señor del hombre, y la revelación del hombre. Mas queda la tercera en que se conjugan las dos: la revelación del Señor de la palabra presentándose tan cabalmente como autor, que a los oídos de los hombres a quienes una semejante directa revelación les es impensable que les llegue, les suene en los confines de una justificación.

Y es que la estructura de toda la obra está determinada, *dada* en verdad, por la cercanía del ser divino. Y más que cercanía, término que señala una distancia, por la mezcla. Está —Él— no sólo en todas partes sino entre todos los seres y, como aparece ya en el prólogo, dentro de todo acontecimiento, dentro de esto que a Job le sucede: quedarse sin su Dios. No está —Él— jamás solo. Se diría que no tiene más retiro que el insondable misterio de su "voluntad". Mas como luego si no la explica, la declara, vuelve a estar no sólo presente, sino dentro de todo más que nunca.

Y así la soledad de Job, la soledad que sorberá hasta las heces de su cáliz el hombre de Occidente, Job la toca por momentos. Sus discursos son raramente monólogo. Son estos discursos tritemáticos: clama a su Señor, se lamenta y razona a solas, contesta a sus interlocutores —y a través de ellos se diría que a todos los que juzgan. Se mueve su ánimo como un péndulo. Cuando llega al confín de la queja, a su Señor, esperanza y desesperación se unen y potencian. Y como Job resiste no se desintegran, retrocede, cae más bien en la soledad y se queda entonces en memoria: queda a solas con su memoria e invoca a la muerte, se entrega a ella por breves instantes en la más completa pasividad. Va y viene así entre dos puntos extremos: el clamor, la queja, la invocación, esperanza-desesperación, y la pasividad que anticipa el definitivo yacimiento. Mas los amigos están ahí y no dejan de hablarle, la razón al uso entonces la legalidad más bien, habla por ellos. La atención de Job, péndulo que va de uno a otro extremo, ha de detenerse por fuerza en esa razón que se le ofrece como el fiel de la balanza, como el reposo del péndulo: un punto estático, un silogismo, un encierro: pues el Señor condena sólo al inicuo: "reconoce tu iniquidad", salta de la situación a que has llegado, y volverás a su favor. Le ofrecen la evidencia a partir de la cual el curso de su vida tornará a correr por el antiguo cauce. Mas el movimiento del ánimo de Job no puede detenerse en semejante equilibrio, ni en ningún otro —en verdad ése sería el único. Perdería lo único no ya que tiene, sino que es. Perdería su ser que se le revela y se afirma —que se es— entre estos dos polos: su entrega a la muerte, su ir en esperanza y desesperación unidas hacia su Dios, para adentrarse en él. De haber podido esconderse en él Job, aun lleno de dolores, se hubiese aquietado. Clamaba más que por lo que le habían quitado, por lo que le habían dejado: por haberse quedado ahí, ahí intacto en su fondo último, según clama todo verdadero desgraciado.

No quería revestirse, volver a poseer, volver a esa su feliz vida cuya sustancia precaria ahora se le revelaba. Job no ansiaba que se le restituyera esa vida: nacimiento impuro, días contados, felicidad perdediza. Le dolía más que las llagas y que los hijos perdidos, el quedarse así tal como al pedérsele todo; se le revelaba, conociéndose ya como larva; como una criatura apenas nacida, sin posible acabamiento. Pedía tan sólo a su Señor, su Señor siempre, ser aniquilado, ser devuelto al antes de su nacimiento. Ya que Él no le había llevado para sí y no se le había abierto como guarida.

Job no ansiaba tampoco, allá en el arcano de su voluntad, en el abismo de su ser, un lugar sobre la tierra. No veía, ni quería ver el lugar del hombre. No era un filósofo Job. Y sus amigos le proponían, sin ser tampoco para nada filósofos, el lugar del hombre. Las razones que ellos esgrimen son en buena parte las mismas que el clamor de Job profiere. Sólo se apartan estas razones entre sí en un punto, en un solo punto que hace imposible el entendimiento entre Job y los amigos aconsejantes, el punto que señala el lugar del hombre en relación con su Señor, el punto decisivo de toda existencia. "Quien se conoce a sí mismo conoce a su Señor" enuncia el saber islámico —no tan recóndito, dicho sea de paso, como para que alguien no iniciado en él conozca algunas de sus sentencias. Y lo que se entiende es que no se trata de dos conocimientos que se sigan, sino de uno solo, de un punto en el que algunos privilegiados residen, donde vivir es conocer y conocer es vivir sin separación. Y por tanto, sin método, sin necesidad ni posibilidad de vía alguna. Algo así como la respiración cuando de veras se respira.

Y de ahí que el coloquio entre Job y sus aconsejantes no avance ni un solo paso. Se trata de un despliegue reiterado de razones, razonantes las de ellos, entrañables las de Job. Y todo se vuelve dar vueltas literalmente alrededor del punto inalcanzable. Cada grupo de razones gira en torno a su punto. Y las dos ruedas como en danza ritual se cortan, se entrecruzan, se separan, mas nunca coinciden porque el punto en torno al cual giran no es el mismo para las dos. Y así en ronda de razones los antagonistas y el protagonista de esta tragedia podían haber seguido indefinidamente durante toda su vida, durante toda la historia. Que es justamente lo que sucede, lo que sigue sucediendo, aunque los antagonistas se dirijan al hombre sólo para que se ahínque en su soledad y aun para que rompa, si alguna fibra le queda, el cordón umbilical —no importa si en ello le van sus entrañas. Y aunque el mismo Job no reconozca, no se reconozca "debajo de sí mismo", confundiendo visión y tacto emparedado entre lo que ve y lo que toca, suelto de sus entrañas. Un persistente error ha llevado a creer al hombre occidental, dentro de la tradición de Job tanto como en la de Edipo, que enaltecerse exija desarraigarse, desprenderse de las propias entrañas. Sólo el corazón como símbolo y representante de ellas ha encontrado alguna fortuna, mas olvidándose cada día más ese aspecto del símbolo corazón, de ser depositario del gemir de las entrañas trabajadoras, proletarias. Ellas trabajan a toda hora, a toda hora soportan, ofrecen y producen. Y ese su exceso se derrama vivificante, si se les deja abierto el corazón para que entren. Y al corazón abierta la mente para que en ella cante y diga. El corazón, que con su música rescata el crujir de las entrañas que se resecan, cuando no les llega ni una lágrima desde los ojos que fijos sólo para ver ya no lloran; puro cristal, pura retina. Sólo para ver sirven los ojos, solamente para ver, se ha creído —se sigue creyendo. Y así los ojos que no lloran se confunden.

Las razones de Job diferían de las de sus antagonistas diciendo las mismas palabras. El argumento era otro porque esas sus razones subían a su garganta desde sus entrañas. Job lloraba, llora; invoca, clama al borde del delirio, yesca ávida de abrasarse en la zarza ardiente, sarmiento retorcido. Lo que ha quedado de Dionisos tras de su terrestre felicidad que se hunde en la tierra buscando en su entraña la muerte. No soporta el estar sobre ni afuera. O dentro de su dios como una raíz, o allá abajo sin nombre en las entrañas de la muerte terrenal. Mientras que los amigos aconsejantes, erguidos, seguros de sí y de ocupar el lugar justo —del justo que nunca puede estar abatido— razonan. Y sus razones reaparecerán a lo largo de la historia de la razón triunfante, la razón del erguido, del que ha capitalizado el trabajar y el padecer de sus entrañas; sordo a ellas, con la sordera del que convierte en piedra la claridad que se derrama de la sangre y enmuran los espacios entrañables para que a ellos no descienda el logos. Profetas, precursores al menos, de la razón que se desentraña haciéndose así inextricable. En lugar del panal donde la abeja, alma, deposita su oro asimilable, el laberinto cerrado, símbolo de las entrañas petrificadas, en cuyo centro el bramar de la vida engendra crimen.

Porque la vida es aliento abrasador, se anuncia con el bramido del toro de fuego y de la paciente pacedora vaca. Y así siguen los antagonistas de Job, sin refrescar con su aliento la calentura de Job, el que se quema por no quemarse. Y están allí sin llanto, sólo viendo, y al estar sólo viendo, juzgando. Así hasta que llega salido del torbellino del viento y de la nube de fuego Él, el Señor.

Y más que descender Él, el Señor, desde lo alto se presenta como voz que articula el bramido del viento, el bramar de los cielos, los mismos que se habían ensañado enviando a Job el misericordioso, al revés de la misericordia. Y no se presiente que la suerte de Job sufriente de tan irremediables males fuera a transmutarse. No era posible. La devolución de sus perdidos entrañables bienes, reduciría a sueño toda la situación: sueño el haber perdido hijos, sustancia, crédito, y sueño igualmente la voz del Señor, su palabra. Todo un sueño, emanación del subterráneo temor de tenerlo todo, de la avidez que siempre teme perder su presa. Y Job quedaría así reducido a ser la figura del que ha logrado poseer hasta el colmo de su deseo y soñando descubre su originaria indigencia: una revelación sin duda. Una revelación que sólo en otro paso de la historia humana, de la verdadera, esa que sigue el serpear de la relación del hombre con su Dios, ha podido darse. Se ha dado ya y no ha de estar lejos de ser su más adecuado lugar: los sueños de un autor que había de conocer muy desde lejos y desde adentro a Job y al Libro, Kafka. Hebreo en quien la fidelidad a la tradición se manifiesta como al suceso de hoy corresponde, en la placa negativa del hombre solo, de ese Josef K. de *El proceso,* a quien en el auge de esa mediocridad por la que se desliza, una mañana le es notificado por unos extraños burócratas que está sometido a un proceso, en el que se presiente le va la vida. Mas no debe de irle más que la vida que se desliza, no la libertad, ni el ser, ni nada, pues no se extraña. No pregunta ni preguntará nunca a lo largo de la paciente obra; no reclama a esos grises burócratas como él, que se han deslizado en su cámara en la intimidad de su despertar al día, según hace Job a su Señor que es el mismo Hacedor de todas las cosas y su propio autor.

El Señor de la Palabra que desciende a dársela a él, sólo a Job. Es lo que se nos impone más allá de la esperanza de que el pobre Job vaya a recuperar bienes, hacienda, crédito; tanto se impone que borra desde que aparece la situación que la motiva. Él está ahí y habla. El hombre de dolores recibe ahora la palabra. Todo ha pasado ya, todo se ha hecho pasado, la palabra del Señor instaura el presente. No hay esperanza. No hay lugar a la esperanza. Todo se ha detenido. La historia de Job, los razonamientos históricos o historizantes de sus amigos, el suceso mismo ha quedado en suspenso, el yacer de Job y su aflicción. Pues se asiste a una doble revelación o más bien a una revelación completa: la revelación de la palabra, la revelación que es ella misma, la palabra divina, y la revelación que viene con ella. Son el universo y su autor los que se revelan a la miseria humana sostenida por Job, que ahora aparece a las claras revelando al hombre mismo, invulnerable en su miseria, en la infinitud de su trascendente padecer.

En el presente que la presencia del Omnipotente crea, se borran todas las cosas; sólo existen por su palabra. El Hacedor rememora ante Job, para Job, la creación como en un rito litúrgico llevado a cabo no por el sacerdote delegado, sino por el autor mismo, por Él. El universo primero en su totalidad, los animales después, surgen como astros, como resplandecientes enigmas ante la miseria humana viniendo desde su principio, presentes más que si lo estuvieran ante sus ojos, en la plenitud de la presencia que les confiere la palabra divina. Ante la miseria humana sostenida por Job aparece el esplendor de la creación recitada como un poema por el "poeta del cielo y de la tierra" —"Poeta" dice el Credo de la Iglesia griega. Todo estaba ahí realmente, mas ahora lo está también verdaderamente, desde su raíz gloriosa, sin que se desvanezca el misterio de su existencia. Es el poema cumplido, la palabra del autor que nombra y aún describe su acción, que la presenta a esa su criatura caída en abandono.

La conjunción humano-divina se verifica como un mutuo comparecimiento. Cara a cara el hombre y su autor, copresentes los dos en y por la palabra. Los dos sostienen la palabra; son los únicos que en este cuadro de la creación la tienen. En el prólogo aparecen las criaturas angélicas y entre ellas el Delator, dentro igualmente del orbe de la palabra. Mas el Señor no ha bajado rodeado de sus ángeles, de las criaturas de esa parte de su reino donde su presencia se manifiesta constantemente. Aquí, donde Job reside, se ha ocultado dejando sólo a sus criaturas. Baja Él solo con su palabra, a dar su palabra. Y es el poema de su obra, de su trabajo se diría hoy. Ha trabajado Él. Y en eso solamente el hombre se le asemeja. Y más que asemejarse, se le emparenta el hombre cuando le habla de hacer. Y en esto están solos, cara a cara. Al hacer del autor, que sabe como autor todos los secretos de sus criaturas, la guarida de donde sale la aurora, las medidas que sostienen la tierra, la separación de las aguas y de la tierra firme y fecunda, lo que hay dentro de la muda figura de los animales, a ese hacer que es ver y saber sin pensar, corresponde el trabajo del hombre que sin saber y sólo viendo desde afuera, ha de domar la bestia enigmática, guardián de su secreto de criatura, ha de moverse sobre la tierra cuyas medidas desconoce, inclinarse sobre ella para que entregue su fruto sin conocer el arcano de su seno. Le ha entregado el Señor al hombre algo muy suyo, el hacer, el haber de hacer. Mas a partir de la aceptación de todo lo que constituye el universo y del universo mismo. Criatura inacabada el hombre que tiene que valerse a solas bajo la ocultación y la sombra del "Dios del trabajo".

La revelación del hombre ha lugar en esta historia de Job entrelazada con la revelación divina. Job cuando su Señor —el hacedor de todas las cosas— se manifiesta en una sin par teofanía, está desposeído de todo y corroído por el sufrimiento. Todo su ser sufre. No consiste más que en un puro, total padecer: sufre en su carne, en su alma, y su conciencia le pone en evidencia su humana condición que él no enuncia al modo de los filósofos, mas que la filosofía no tiene sino que repetir ya sin queja. Tres evidencias y no una sola desatan el gemido de Job: nacimiento impuro, muerte cierta y entre los dos, sufrir injusticias. Y si la pura filosofía no tiene en cuenta el aspecto religioso del nacimiento —pureza-impureza— la sustituye como en los estoicos —especialmente Séneca— con la evidencia de un nacimiento que lleva dentro de sí la muerte. En estas evidencias tanto en Job como en el filósofo, el sentir del tiempo al actualizarse en pensamiento se agudiza cuando la destrucción convierte en pasado lo que fue vivido como un indefinido presente. Ya que la plenitud dichosa suspende el sentir del paso del tiempo. Y todo había pasado ya para Job que como un cántaro vacío a punto de romperse estaba cuando el hacedor del mundo llegó hasta a él.

Job sufría de todas esas evidencias que declara. Mas como las declara clamando, padecía de algo más, de algo que le desataba el clamor, que abría sus entrañas haciendo salir de ellas las razones, esas mismas razones que el pensar de la filosofía enuncian sin queja alguna, pues no hay a quién. El dios de la filosofía no es quién, sino qué —lo que no ha dejado de ser una maravilla, una humana maravilla— mas no es el dios, señor amigo y adversario, el que abandona. Como pensante —al modo tradicional en Occidente— el hombre no tiene un dios a quien reclamar, un dios de sus entrañas. Las entrañas fueron desde el principio sometidas, acalladas en el curso del filosofar. Sólo Empédocles las nombra como receptoras del logos —"dividiendo bien el logos, repartiéndolo bien por las entrañas". Y ha de haber en ello alguna conexión con el descubrir los cuatro elementos, "raíces del ser" como los nombra. Pues las entrañas ¿no son acaso raíces del ser viviente en las que, además, los cuatro elementos entran? En ellas hay fuego y agua —sangre— aire y tierra, ellas los transforman, los alquimizan. Raíces últimas, por escondidas y por ser la fragua del sentir, de ese sentir original y originario que propone y exige del pensamiento ser desentrañado, llevado a la luz, al orden de lo visible. Generadoras de orden, su embrión.

No es posible, pues, que el pensamiento filosófico haya roto con ellas totalmente, pues de ser así habría caminado libremente, con la libertad soñada —libre de todo ensueño menos de ése. De ser así la filosofía no hubiera, según ha hecho, conducido la esperanza y aun la avidez —esa avidez específica y noble de conocimiento que es alimento, participación. No puede afirmarse que, por ejemplo, la teoría de las ideas platónicas no pretenda recoger y conducir esa hambre congénita de las entrañas humanas, y ese sueño brotado una y otra vez de su fondo, de encontrar un alimento puro totalmente aplacatorio. Mas no pide ese alimento la filosofía, ni en Empédocles, sino que parte a descubrirlo en soledad. La filosofía peregrina sola.

Y Job no está ni por un instante en soledad, es lo único que no padece. Padece el abandono. Y el abandono, más que la soledad específica del filósofo; lo cual revela la trascendencia del ser humano en lo que tiene de invulnerable.

Por el abandono que el filósofo en cuanto tal no puede sufrir, Job asume la totalidad del padecer a solas desde su sola trascendencia despierta, plenamente actualizada. Pues le ha sido retirado el término, un término tan inmediato que la llenaba. No había habido vacío en la vida ni en el ser de Job. Su vida había sido colmada hasta rebosar, y su ser estaba lleno porque sabía y sentía que tal plenitud le llegaba de la amistad de su Señor. No había visto su propio ser, no lo conocía. Se creía ser el que cumple los preceptos de la justicia y derrama la misericordia.

Y era bella la vida. Una liturgia doméstica, según la armonía. Sus siete hijos varones celebraban cada día por turno la fiesta en su casa, a la que asistían las tres hijas doncellas; tres vírgenes visitando la casa de los siete hermanos que eran siete como los planetas, como los días de la semana, como las Pléyades —constelación de los pueblos del sur. Y ellas tres ¿a qué constelación correspondían o a qué yerbas paradisiacas? Orden humano y cósmico era ese girar, espejo de un orden de terrenal paraíso. Y la ciudad a la que Job iba a rogar en el templo, a cumplir con lo justo, a derramar misericordia, centro humano-divino donde se bañaba como en un río del paraíso la vida de Job. Todo ello había pasado sin razón. No se le cerró el paraíso como a Adán, sino que se le destruyó ante sus ojos dejándole en el polvo y en su vacío. Era el vacío lo que habitaba en la ciudad de su sufrir, el vacío del paraíso pulverizado. Era pues el paraíso el que había perdido Job, tanto como pueda ser paraíso un lugar —una situación— aquí en esta Tierra. Lo era por ese giro armonioso en el que su vida se deslizaba, y porque el Señor le era en algún modo cercano.

Pues según parece, la condición paradisiaca estaba determinada en sustancia por la presencia del Señor, del Hacedor, por una presencia familiar dada, si no constantemente, en forma asequible. El Hacedor no se había ocultado, no estaba detrás de su obra, inaccesible. La ley no era allí necesaria. Toda la vida estaba regulada. Una única advertencia prohibitiva que ahora desde tan lejos, se nos figura ser como el límite. El Árbol, aunque se nos dice que estaba también "en medio" se nos presenta como el centro de un mundo de una vida mortal. Los dos Árboles estaban en medio, a modo de dos centros. En el dado sin restricción estaba la vida, el presente perfecto. En el prohibido estaba, según sucedió, una promesa, un futuro.

La caída se verificó, pues, en el futuro con la consecuencia de que el pasado se abriera al par. Un pasado doble: el pasado remoto del paraíso, el presente aquel del cual aun el hombre criado en otras tradiciones, ha guardado memoria y nostalgia; y el pasado de este futuro en el cual Adán había ingresado: un tiempo configurado por un fugitivo presente, por un pasado remoto que esconde su felicidad bajo la culpa, y por un futuro que se le presenta también doblemente: el futuro lejano, el futuro propiamente dicho del que se desprende un porvenir inmediato, el mañana, los días todos encadenados en curso, dependientes unos de otros y, sobre todo, de algunas acciones decisivas que el hombre realiza o que omite. Y a todo ello se le podría llamar historia: el futuro en el que Adán cayó se nos presenta como la historia humana.

La historia, vida en el tiempo sucesivo, en una sucesión como un discurso, pura relatividad que confina con un tiempo absoluto —el del presente paradisiaco— y con el futuro siempre abierto y ahora mayormente obsesivo a causa de la muerte cierta. Confín a atravesar, sombra de un centro.

La caída en el futuro fue irremediable. El lleno de la historia no ha ocupado, a lo largo de los siglos que conocemos y en las tradiciones diversas que nos han llegado, el espacio del futuro. Por llena que haya sido la historia humana, la colectiva, la de cada uno, el futuro como un pájaro desconocido se abre más allá y aun sobre ella. El tiempo sucesivo, encadenado discurso, no borra con su discurrir la presencia del futuro.

Las grandes religiones tradicionales, y aun las culturas que como islas van surgiendo cada día, merced a la apasionada y apasionante investigación de ese conjunto de ciencias que puede llamarse antropología, se nos presenta como figuras de un orden que restaure lo más posible el estado primero del hombre, del hombre en su vida inicial y en su inicial contorno: la relación perdida entre el ser humano y su medio o "lugar natural". El verdadero "estado de naturaleza", pues.

Job, merced al favor divino y al cumplimiento constante de la ley igualmente divina, merced a la justicia y a la misericordia o la gracia, vivía en un estado de naturaleza casi paradisiaco. Pues la ley divina enderezará al cumplirse la caída, que es el estado inicial en que el hombre histórico se encuentra. El signo de este estado casi paradisiaco es el ritmo que preside la vida. El ritmo que enlaza las horas, los días de la semana, las épocas del año. Toda cultura ha perseguido ese ritmo, esos ritmos plurales enlazados —se ha olvidado, parece. Un ritmo, sin duda, uno y múltiple que preside y aun crea el movimiento ordenado, los movimientos todos de la criatura humana, del cielo y de la tierra. Había salido Job de ese ritmo paradisiaco más desventurado que Adán sin saber por qué. Pues él, Job, cumplía lo mandado sin desconocer por ello el favor que debía a su Señor. Él sólo debía haber hecho su parte. La verdad era que todo se había invertido y todo se había fragmentado.

Y así el Hacedor llega hasta Job con su creación, como si en verdad se le hubiera olvidado. Ahora es suya, su creación. Los animales que enumera son como emblemas divinos, para el mísero Job arcanos. Como arcanos a la vanguardia del Hacedor. Una barrera se diría que de su Señor le separa, un dintel infranqueable, inmediato. Si Job conociese el secreto de estos enigmas vivientes con los que tiene por fuerza que tratar, estaría más cerca de su creador. Tendría, para adentrarse en ese su secreto, que conocer después todos los demás enigmas que enuncia: tendría que poseer la ciencia de los astros, de las medidas de la Tierra, los números del universo. La ignorancia se le presenta a Job como barrera de insalvable separación. Si llegara a conocer todo eso... Mas a Job no se le ocurre. No hay el más leve indicio de que tal idea cruce su mente. ¿Sería una tentación la que el Señor le presentaba al enumerarle su obra? Nada se nos dice, pues de una parte Job no incurre en ansia de conocer para ser como su Dios. Y nada se nos dice, ni insinúa tan siquiera, de las intenciones divinas que permanecen enteramente ocultas sin dejar entrever una solución. La solución parece ser ésta: el conocimiento de Job, su aceptación de su propio "ser", un ser creado como los otros, el animal, la planta, los astros, en el lugar que es ahora la tierra desconocida. El "ser así" entre el nacimiento y la muerte, en la incertidumbre de su suerte en medio de un universo de arcanos.

No se le dice más acerca de su ser a Job, el hijo del hombre. El protagonista de la historia, ¿quién era o qué era propiamente? Propiamente, ¿tenía o era algo? Lo que equivale a preguntarse: ¿cuál era su específica relación con su Señor, hacedor del cielo y de la tierra, de todo, de Job? Y como nada acerca de ello aparece revelado por la palabra creadora, Job en verdad no tiene un puesto singular en el poema de la creación.

Job acata simplemente, y sin más, la presencia y las palabras de su Dios. Ya no clama, ahora que le tiene presente, ahora que le ha dado palabra y presencia; no se queja, ahora que puede quejarse ante Él, ante Él mismo, seguro de que le oye. Sus amigos razonantes: es como si se hubieran borrado con sus razones. Job es el único que sigue existiendo, ahora el único subsistente que se afirma. Mas sus razones entrañables le han abandonado; se han acallado, así como las razones de sus amigos se han disipado por el viento que anunció la presencia divina.

No, no podía Job caer en la tentación de ir a saber por sí

mismo los secretos de cada criatura, de disponerse a develar el arcano. Sus razones eran en todo momento entrañables. Su relación con su Señor era desde adentro, y la perdida comunicación con seres y cosas no podía dársele separadamente: no podía dársele desde afuera, por una razón calculadora, por ciencia del número y de las medidas. Y así se haría dueño de las cosas y de los seres, rival de su Señor, o nada. Una nada si Él simplemente —como bien puede suceder un día— lo dejaba a su entero albedrío, encerrado en su conocimiento, en su propiedad.

Sólo se le hubiera podido ocurrir a Job ir hacia esos seres que formaban la vanguardia de su Señor, tan próximos a él entrañablemente, a ver, a ver si a través de ellos, emblemas de la vida divina, intimaba con su Señor. Todas las razones, pues, habían desaparecido. Bajo la presencia del Hacedor y ante su poema Job era tan sólo una entraña.

Ya no podía Job reducirse más. Su ser se había quedado en lo invulnerable. La nada no se había hecho ni dentro de él, ni en torno suyo. La nada, de donde la acción divina había sacado todas las cosas, no apareció. Por el contrario, el abismo estaba tan colmado por la presencia del Hacedor y de su obra, que no se sentía su existencia. En esto al menos la situación seguía siendo la misma que aquella perdida al caer en la desgracia. Job había vivido siempre en la plenitud, inicialmente en la de la felicidad en aquel su Paraíso, mantenido por el cumplimiento de la ley. El paraíso de la ley, podemos pensar, pues su cumplimiento tenía por parte de Job un carácter de ofrenda. No era el rigor de la ley, sino el camino de la ley. Más bien el diálogo entre Job y su Señor. Cada acción cumplida era como una palabra. No era necesaria la súplica ni la invocación. No había entre ellos dos abismo alguno ni inaccesibilidad, sino un puro comparecimiento, como una liturgia, como un juego en que todo está regulado. No había sacrificio alguno ni casi movimiento por parte del Señor, ni por parte del hombre. El Libro de Job es uno de esos raros textos religiosos en que el sacrificio no aparece, tal como no se vislumbraba tampoco en el Paraíso.

Y Job prueba después, sin transición, la plenitud del sufrimiento. Desposeído de todo menos de su sentir. El conocimiento le invade en forma de revelación. Su misma conciencia se le revela. Pues parece que la conciencia de sí y aun la conciencia como tal, sea algo que al hombre le haya llegado siempre por una cierta forma de revelación. Una revelación nacida al privársele de la comunicación con el ser del que depende todo. Y en los filósofos, a través de la ignorancia o de la duda total. Job ha recibido con el padecer la revelación de sí. Estación plenaria en que el ser humano se manifiesta como aquel que padece su propia trascendencia. Sufre de ser, sufre de conocerse. Mas la aniquilación no llega, ni el vacío. Ni el limo de la tierra de donde debía haber sido formado le recogía. Es ahora una historia Job, una queja que parte una y otra vez de un ser inextinguible. Es una herida, una sola herida, una palabra reiterada. Es uno y único en un incesante nacimiento. Job está naciendo. Entre la vida y la muerte unidas es un aliento. Es un puro aliento en lo que se ha quedado.

Y el aliento no parece que pueda reducirse, esencia palpitante de la vida —la vida palpita— de una apenas nada, de un algo que al ser dejado por el aliento queda todo lo más en una forma que se reduce a signo. Un signo esquelético, un jeroglífico que jamás podría ser descifrado por nadie que no supiere que eso es lo que ha quedado de un viviente que, tan poderoso y complejo, perdió tan sólo y nada más que el aliento.

Job había perdido hasta la palabra, tras de haber pronunciado las muy breves que concluyen como un amén, el largo poema de su Señor. Ya nada tenía qué decir, ni qué hacer, ni qué vivir. Tan sólo alentar. Los animales señalados por el Señor se erguían mudos con su enigma sobre Job. Ellos eran signos directos, vasos de la voluntad todopoderosa, y algo así como su séquito, o quizá los guardianes de su insondable ciencia. Ellos no aparecen ante Job sabiendo, ciertamente, pero ellos son saber, contienen la sabiduría lograda y viviente. Job ¿contenía algo? ¿Era contenido por algo? ¿Dónde estaba, cuál era el lugar de Job, este hijo de hombre? ¿Cómo podía reclamar algo? Era el hombre en esta estación una herida que se sufre. Una herida que "se es". Un aliento que no se derrama expirando ni se llena inspirando. Menos ningún viviente podría llegar a ser, a no ser por esta reflexión, por este recaer sobre sí su propia trascendencia. Reflexión del ser significada por el aliento que mantiene el sufrir, y por el verse. Un aliento que se ve viendo a su Señor, un aliento revelado y revelador. Un mínimo espejo palpitante. Un punto tan sólo en medio de la creación. Pues su Señor había sido movido por el hombre Job, a descender y a rememorarle su creación, mas sin descubrirle el secreto de la prueba a que le había sometido. Y tampoco venía a recoger su aliento, a absorbérselo, que era quizá lo que Job anhelaba, su única razón de esperanza.

No fue absorbido el aliento de Job por su Señor. El epílogo nos relata cómo Job fue después revestido nuevamente: hijos, hijas, bienes, crédito acrecentado. Mas en ese punto, cuando Job era nada más que el núcleo invulnerable del hombre recibiendo la revelación de su ser, cuando sólo era una herida palpitante por el aliento, nada sabía de su ventura, no la esperaba. No se movía por ella, iba tan sólo hacia su Señor. Y de haber conocido la ventura que le aguardaba le hubiera resultado para él algo externo que no se adhería a su intimidad, a ese su ser que se le había quedado al descubierto por la des-posesión.

La intimidad entre los dos seres —el divino y el humano— no se había producido. Lejos de ello, Job estaba ante su Dios aún más extraño cuando ya era sólo una entraña y una sola visión. Él había desplegado su creación. Todo estaba lleno. Ellos, los animales, cada uno un enigma. Y entre todos, ese extraño, misterioso pájaro que abandona sus puestas en germinación bajo el suelo sin guardián alguno, mientras desde lo alto, impasible y distraído, no parece ni tan siquiera de esta germinación, que apenas alienta, darse cuenta alguna.

Los traductores del Libro de Job, especialmente en las tradiciones griegas y orientales, se han detenido ante este pájaro en el esfuerzo de identificar la especie. Hasta tal punto ha aparecido incierta la especie, que se han dedicado eruditos estudios a este tema contenido en el capítulo 39, versículos 13 a 18.

Entre el paraíso perdido y el recobrado se abre ante el que recorre esta historia, como abismo, la situación de abandono. La presencia divina y la divina palabra enumeradora, no muda este estar bajo el ser, revestido de dones que no son su ser, sino que lo envuelven y revisten. Job era él, él mismo con sus hijos, su casa, su fortuna, su fama de varón justo, piadoso, amigo fiel de su Señor. Y privado de ello, sólo es una entraña que gime; sólo vida que no cesa, aliento que no se apaga, llaga. Y no parece que se la haya dado el lugar propicio de crecimiento para ese ser que sólo le pertenece. Un lugar para que su clamor se haga palabra ordenadora. Justo, pues lo era, no tiene posibilidad de germinar.

Y el Justo, se dice en otro texto sacro, "germinará como un lirio y florecerá en la eternidad ante el Señor".

Tan sólo un indicio aparece en este Libro de Job, de esa promesa dada al justo. Un indicio en ese pájaro extraño que aparece en el capítulo 39, versículos del l3 al 18 de la Vulgata, sea cual sea su identificación encontrada por los traductores. Aunque una identificación exacta —en la Vulgata aparece como el avestruz— podría esclarecer o precisar el sentido del símbolo, si como tal se le toma. Este pájaro desprevenido, absorto en no se sabe cuál certeza, "se ríe del jinete y del caballo". Y si se ríe es porque está cierto de que no podían ser destruidas esas criaturas apenas germinantes que ha dejado ahí, bajo la arena, en el abandono: "Durator ad filios suos, quasi non sit suos" vers. 16. Como si no fueran sus hijos, así los tiene ni los mira. Mas luego, "Cum tempus fuerit, in altu alas ergit; deridit equum et ascensorem ejus".

No son estos hijos del pájaro criaturas ya formadas, sino como todas las crías que de los pájaros provienen, embriones. Pues solamente una parte de la "animalia" pare hijos ya formados. Reptiles, aves y peces dan a luz embriones dotados de vida, prometidos a ella y al cumplimiento de su forma, tan escondida mientras se agitan. Y más todavía, los de ese tan extraño pájaro, bajo tierra, sin sentir el aliento del padre, el calor de la madre. A solas en la vida, sin más vida que la que en sí llevan indecisa como un alba, tal como si fuesen los primeros y aun los únicos vivientes. Los justos abandonados ¿se verían en un futuro por encima de sí, más allá de sí, sobre un árbol gigantesco, árbol de vida sin duda, como si sólo allí sobre ese árbol les aguardara su forma, su forma endeble prometida? Un árbol que habría de ser, si el símbolo es valedero, un árbol invulnerable de un reino más allá del paraíso y sin posible salida, sin finitud.

Ha sido un punto privilegiado el abandono en que Job fue dejado caer. El punto que le ha arrancado de poseer y de ser poseído. Pues le sucede al que posee, que es poseído a su vez fatalmente. Mas como Job era un justo estaba poseído solamente por la inercia, alojado en el paraíso de la ley y del favor divinos. No podía sentirse a sí mismo, menos aún verse. Y colmado pasaba sus días sin la revelación de su originaria miseria y de su originaria infinitud. Le recordó el Señor que Él había puesto la ciencia en lo más adentro del hombre, en sus vísceras. Mas esa ciencia a Job, hombre abandonado, de nada le valía. Y así da como toda respuesta la de que una vez ha hablado y no volverá a hablar más. El abandono pues, se nos revela de mayor trascendencia que la palabra humana. Pues parece que esta humana trascendencia se revele en la total desposesión, y que el abandono sea el punto privilegiado donde se anulen las fuerzas poseedoras y posesivas. Job cayó en el último fondo del abandono. En su yacija era la imagen de la putrefacción. Mas se iba pudriendo sin morirse. Y quizás sea ello revelación. ¿Qué clase de vida se le revelaba estando más allá de la muerte, probando más en la vida que nunca lo que la muerte da? Descortezado y descarnado, despertaba en su núcleo invulnerable.

Se diría que la corriente de la vida pasaba por Job en su pudridero, atravesándolo. Una corriente circular cuyo centro no era ya el suyo, el de Job. La circulación de la vida toda sin término pasaba por su ser de larva, de embrión. Una larva, un conato de ser, pero un germen, un embrión que en esa larva había despertado. "Penetrabo omnes inferiores partes terrae / et inspiciam omnes dormientes, / et iluminabo omnes sperantes in Domino", se lee en el *Eclesiástico* 24, 45.

Un influjo vivificante ha caído desapercibido, y aun insensiblemente, sobre Job en el lugar del abandono, dejado como si hubiera caído de tan hondo en las aguas primeras de la vida. Como al descuido un influjo, un espíritu vivificante y profético había hecho de Job una de sus parábolas.

Cuando se quedó sin palabra, hundido en el silencio, ¿llegaría Job a sentirse en ese pájaro, con ese pájaro, bajo ese pájaro invulnerable que deja sus crías germinar como si suyas no fueran, sabiendo que levantarán las alas? —¿qué levantarán las alas? *Cum tempus fuerit.*

El hombre y lo divino, de María Zambrano,
se terminó de imprimir y encuadernar en noviembre de 2020
en Impresora y Encuadernadora Progreso, S. A. de C. V. (IEPSA),
calzada San Lorenzo, 244; 09830 Ciudad de México.
La edición, al cuidado de Víctor Hugo Romero
y Miguel Cruz Martínez, consta de 2 500 ejemplares.